# Das große Stulpen-Strickbuch

Caro Vellmann

# Das große STULPEN STRICK BUCH

Die 50 schönsten Modelle fürs ganze Jahr

# Inhalt

# Lange Armstulpen

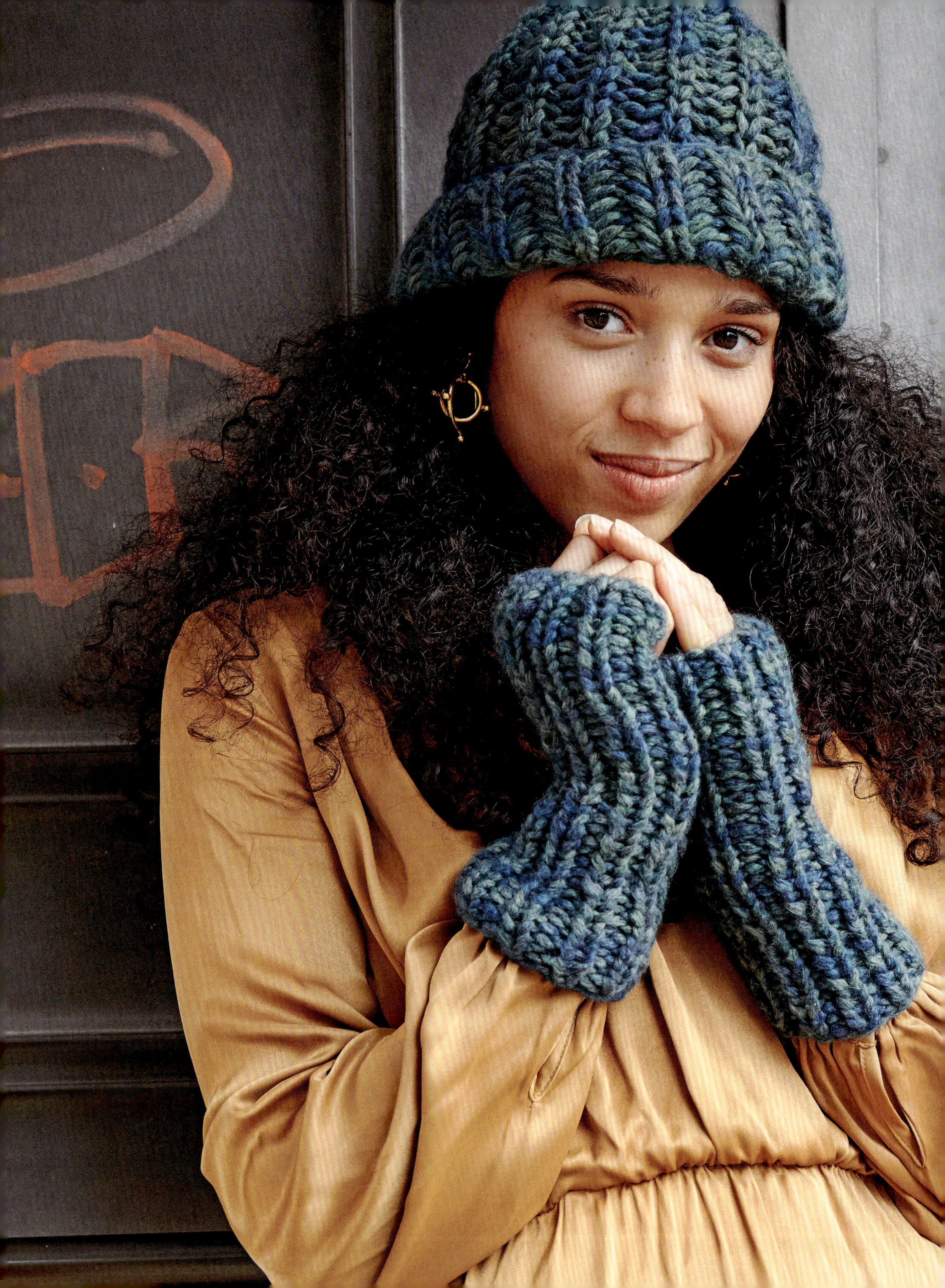

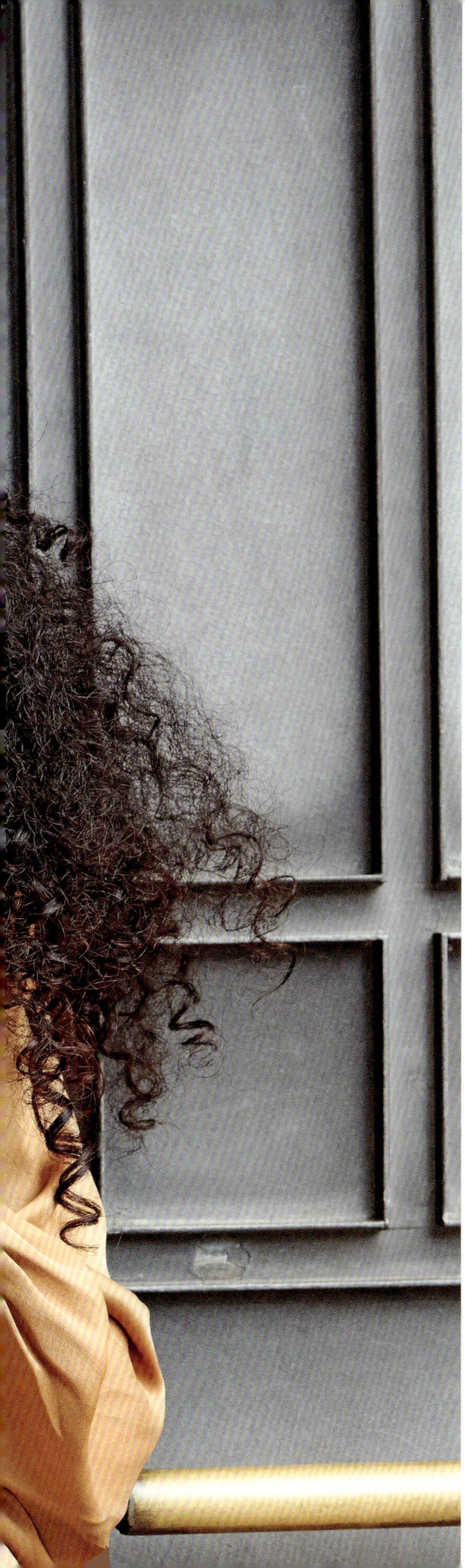

# Deep Sea

Hier kommt die Farbe aus dem Garn!

Schwierigkeitsgrad ★

**Größe:**
25 cm Länge

**Material:**
- Schurwoll-Mischgarn (54 % Schurwolle, 18 % Modal, 16 % Polyamid, 12 % Baumwolle, LL ca. 60 m/50 g), 100 g in einer Melange aus Petrolblau und Petrolgrün
- 1 Rundstricknadel 8 mm

**Muster:**
**Rippenmuster:** Stets 1 M rechts und 1 M links im Wechsel stricken.

**Maschenprobe:**
**Rippenmuster** mit Nadel 8 mm:
10 M und 10 R = 10 × 10 cm.

**So wird's gemacht:**
20 M anschlagen und ca. 25 cm im Rippenmuster stricken, dann alle Maschen abketten. An den Seitenkanten die unteren 15 cm und die oberen 4 cm zusammennähen.

Die zweite Stulpe in gleicher Weise arbeiten.

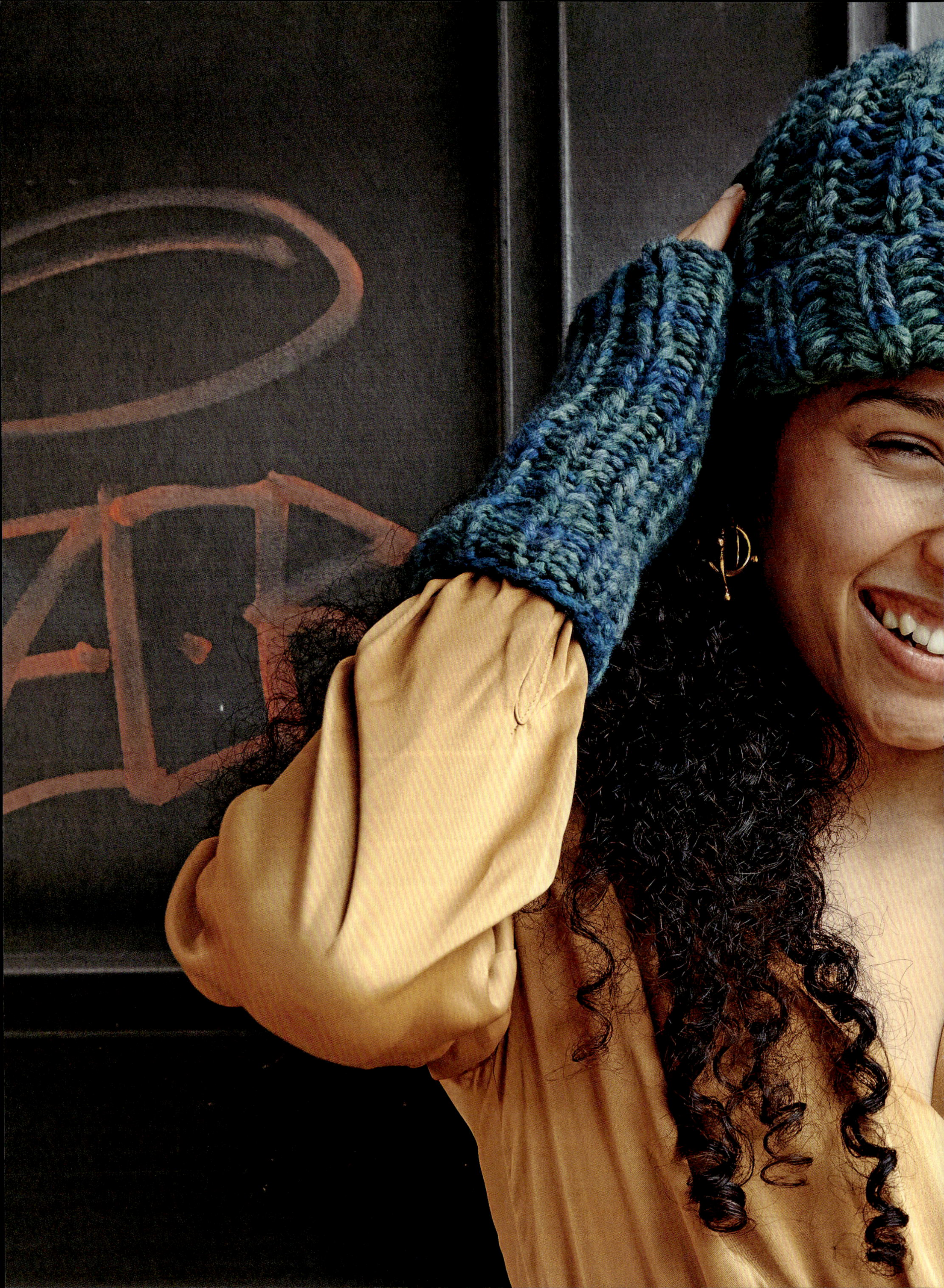

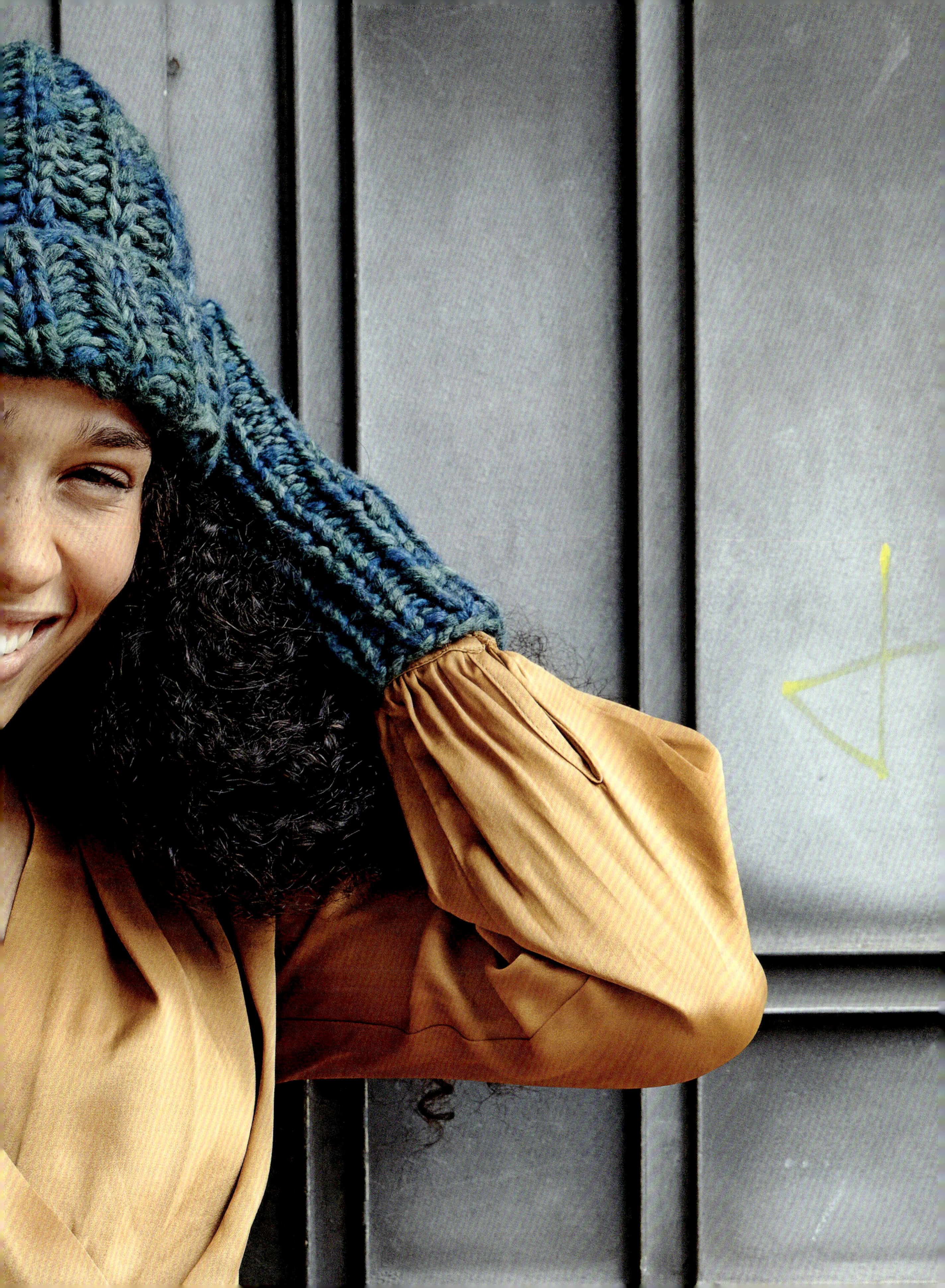

# Cloudy Dream

## Wolkenleichte Stulpen aus edlem Kaschmir

Schwierigkeitsgrad ★

**Größe:**
30 cm Länge

**Material:**
- Schurwoll-Kaschmir-Mischgarn (78 % Schurwolle, 12 % Kaschmir, 10 % Polyamid, LL ca. 110 m/50 g), 50 g in Hellgrau meliert
- Lurex-Garn (83 % Viskose, 17 % Lurex, LL ca. 200 m/25 g), 25 g in Weiß/Silber
- 1 Nadelspiel 5 mm

**Muster:**
**Rippenmuster:** Stets 2 M rechts, 2 M links im Wechsel stricken.

**Maschenprobe:**
**Rippenmuster** mit Nadeln 5 mm:
9 M und 11 Rd = 10 × 10 cm.

**Hinweis:**
Die Stulpen doppelfädig mit je einem Faden Hellgrau meliert und Weiß/Silber stricken.

**So wird's gemacht:**
36 M auf dem Nadelspiel anschlagen, die Maschen zu 8-10-8-10 M auf vier Nadeln verteilen und in Rd im Rippenmuster arbeiten.

Nach 60 Rd auf der 1. Nadel die 3. und 4. M für das Daumenloch abketten und in der nächsten Rd. wieder neu anschlagen.

Nach weiteren 16 Rd die Arbeit beenden und alle Maschen locker abketten.

Die zweite Stulpe in gleicher Weise arbeiten.

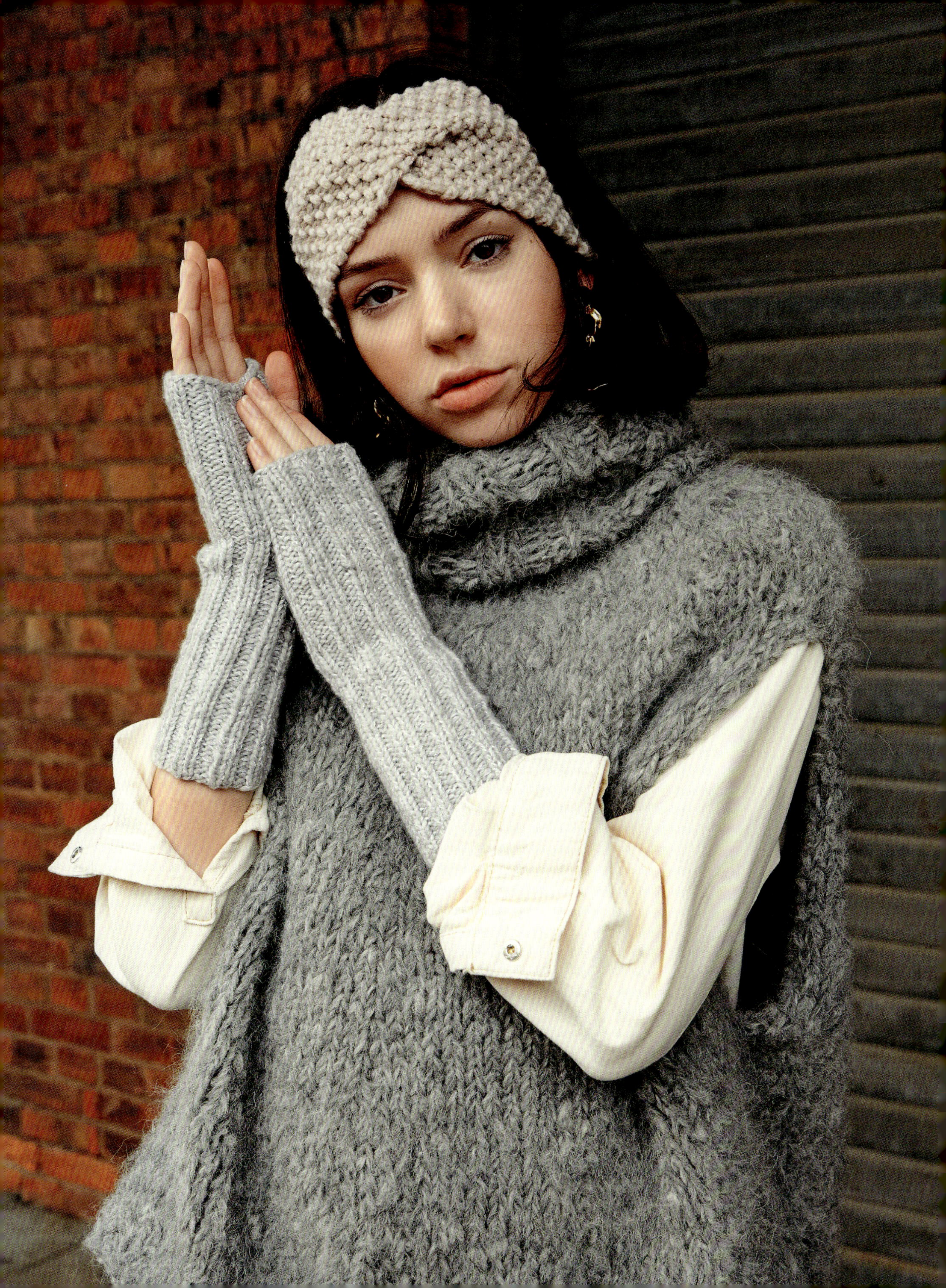

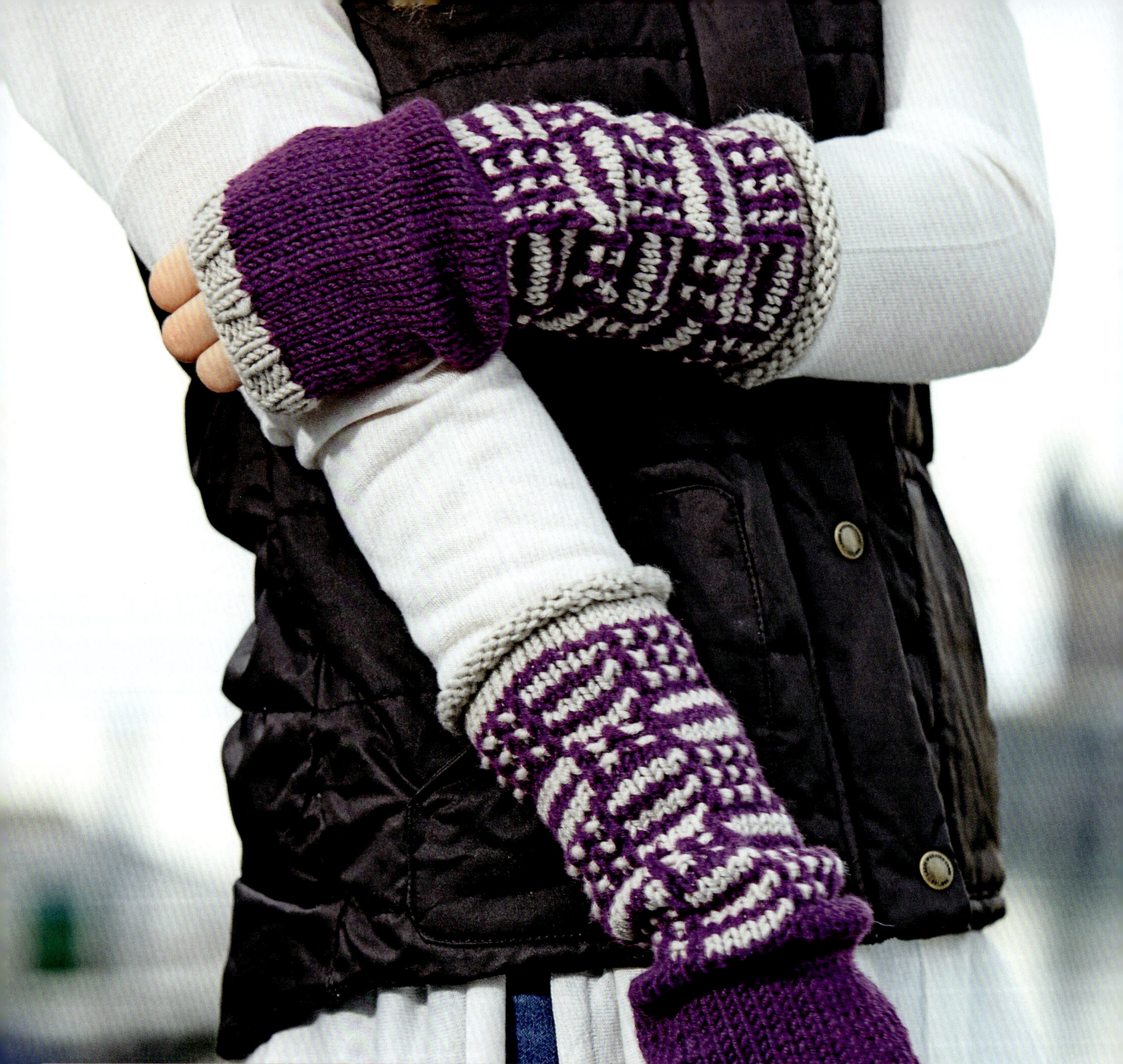

**Strickschrift**

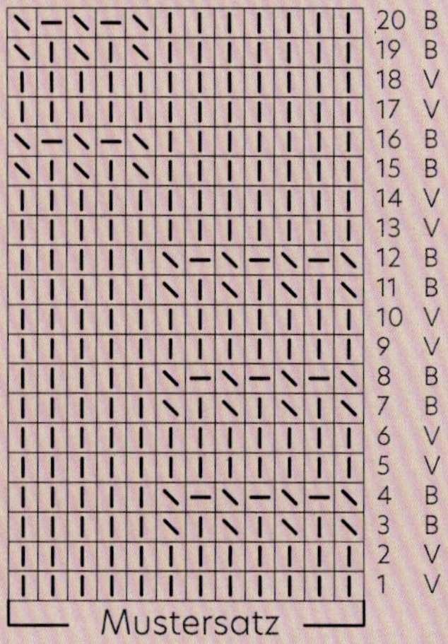


**Zeichenerklärung**

V = Violett
B = Beige
| = 1 Masche rechts
– = 1 Masche links
\ = 1 Masche links abheben, dabei den Faden hinter der Masche weiterführen

# Mystic Violet

## Armstulpen im Hebemaschenmuster

Schwierigkeitsgrad ★★

**Größe:**
30 cm Länge

**Material:**
- Schurwoll-Mischgarn (54 % Schurwolle, 18 % Modal, 16 % Polyamid, 12 % Baumwolle, LL ca. 60 m/50 g), 100 g in Violett und 50 g in Beige
- 1 Nadelspiel 4,5 mm

**Muster:**
**Glatt rechts in Runden:** In allen Runden stets rechte Maschen stricken.
**Hebemaschenmuster:** Maschenzahl teilbar durch 12. Laut Strickschrift in Runden stricken. Gezeichnet sind alle Runden. Den Mustersatz insgesamt 3 × stricken. Die 1.–20. Runde stets wiederholen, dabei die Farbangaben neben den Rundenzahlen beachten.
**Rippenmuster:** Stets 2 M rechts, 2 M links im Wechsel stricken.

**Maschenprobe:**
**Hebemaschenmuster** mit Nadeln 4,5 mm:
19 M und 32 Rd = 10 × 10  cm.
**Glatt rechts** mit Nadeln 4,5 mm:
19 M und 26 Rd = = 10 × 10 cm.

**So wird's gemacht:**
Linke Stulpe
36 M in Beige **anschlagen**, zu je 12 M auf drei Nadeln des Nadelspiels verteilen und die Arbeit zur Runde schließen.

Für die **Rollblende** 3 cm glatt rechts, für den Schaft 16 cm = 52 Rd im Hebemaschenmuster stricken, auf jeder Nadel liegt ein Mustersatz. Danach die Maschen ab Rundenbeginn mit je 9 M auf vier Nadeln verteilen und **glatt rechts in Violett** weiterstricken.

Für den **Daumenkeil** nach 2 cm = 6 Rd ab Ende des Hebemaschenmusters vor den letzten 8 M der 1. Nadel und nach den ersten 8 M der 4. Nadel jeweils 1 Umschlag arbeiten und diesen in der folgenden Runde rechts verschränkt abstricken. Diese Zunahmen noch 4 × in jeder 2. Rd wiederholen = 46 M.

In der 18. Rd ab Hebemaschenmusterende die letzten 6 M der 4. Nadel und die ersten 6 M der 1. Nadel **stilllegen**. Dafür je 1 M auf der 4. und 1. Nadel neu anschlagen = 36 M.

Nach 11,5 cm = 30 Rd ab Ende des Hebemaschenmusters für das **Bündchen** 1 Rd rechte Maschen und 1,5 cm im Rippenmuster in Beige stricken. Dann alle Maschen locker abketten, wie sie erscheinen.

Die 12 stillgelegten Daumenkeilmaschen wieder aufnehmen, aus dem Neuanschlag 2 M dazu auffassen und die 14 M auf 3 Nadeln verteilen. Die Arbeit zur Runde schließen und 3 cm **glatt rechts in Violett** stricken, danach die Maschen locker links abketten.

Rechte Stulpe
Ebenso stricken, aber den Daumenkeil auf der 2. und 3. Nadel arbeiten.

# Rainbow

## Trendige Stulpen mit Volants

Schwierigkeitsgrad ★★★

**Größe:**
22 cm Länge

**Material:**
- Schurwoll-Mischgarn (75% Schurwolle, 25% Polyamid, LL ca. 420 m/100 g), je 100 g in Braun sowie in einer Melange aus Regenbogenfarben
- 2 Nadelspiele 3 mm

**Muster:**
**Double-Face-Technik:** Siehe hierzu »Grundkurs Double-Face-Stricken« ab Seite 172.

**Maschenprobe:**
**Double-Face-Technik** mit Nadeln 3 mm: 26 M und 34 Rd = 10×10 cm.

**Hinweis:**
Die Volants nicht in der Double-Face-Technik, sondern mit einfachen Maschen arbeiten. Zunächst je einen Volant mit braunem und einen mit buntem Garn getrennt stricken.

**So wird's gemacht:**
Für den **bunten Volant** das Garn abwickeln, bis die rote Farbe erscheint. Nun 136 M mit dem roten Faden anschlagen und gleichmäßig auf dem Nadelspiel verteilen. Den Volant in Runden stricken und den Rundenanfang mit einem Kontrastfaden markieren.

In der 1. Rd im Wechsel 4 M links und 13 M rechts stricken. Dann in jeder 3. Rd wie folgt **abnehmen**: die erste der rechten Maschen jeweils abheben, die nächste stricken und die abgehobene darüberziehen. Außerdem jeweils die letzten beiden der rechten Maschen zusammenstricken. Dies wiederholen, bis nur noch 40 M übrig sind.

Nun noch 2 Rd stricken, wie die Maschen erscheinen, und die Arbeit zur Seite legen.

Den zweiten **Volant mit braunem Garn** und dem zweiten Nadelspiel ebenso arbeiten. Anschließend den braunen Volant so in den bunten stecken, dass die linken Seiten aufeinander und die Nadeln sowie die beiden Fäden parallel liegen.

Um die Volants für das weitere Stricken in der Double-Face-Technik zu **verbinden**, bilden je eine Masche der vorderen Nadel und die folgende Masche der hinteren Nadel eine Doppelmasche. Dazu die Maschen der vorderen und der hinteren Nadel im Wechsel vorsichtig auf eine Nadel ziehen.

Dann in der **Double-Face-Technik** laut Zählmuster (siehe Seite 19) weiterarbeiten. Den Rapport 5× stricken. Das Zählmuster dabei immer von rechts lesen. Den Rundenanfang mit einem Kontrastfaden markieren. In den unifarbenen Runden alle rechten Maschen in Bunt und alle linken in Braun arbeiten. Nach 65 Rd alle Maschen locker abketten.

Die **zweite Armstulpe** ebenso arbeiten.

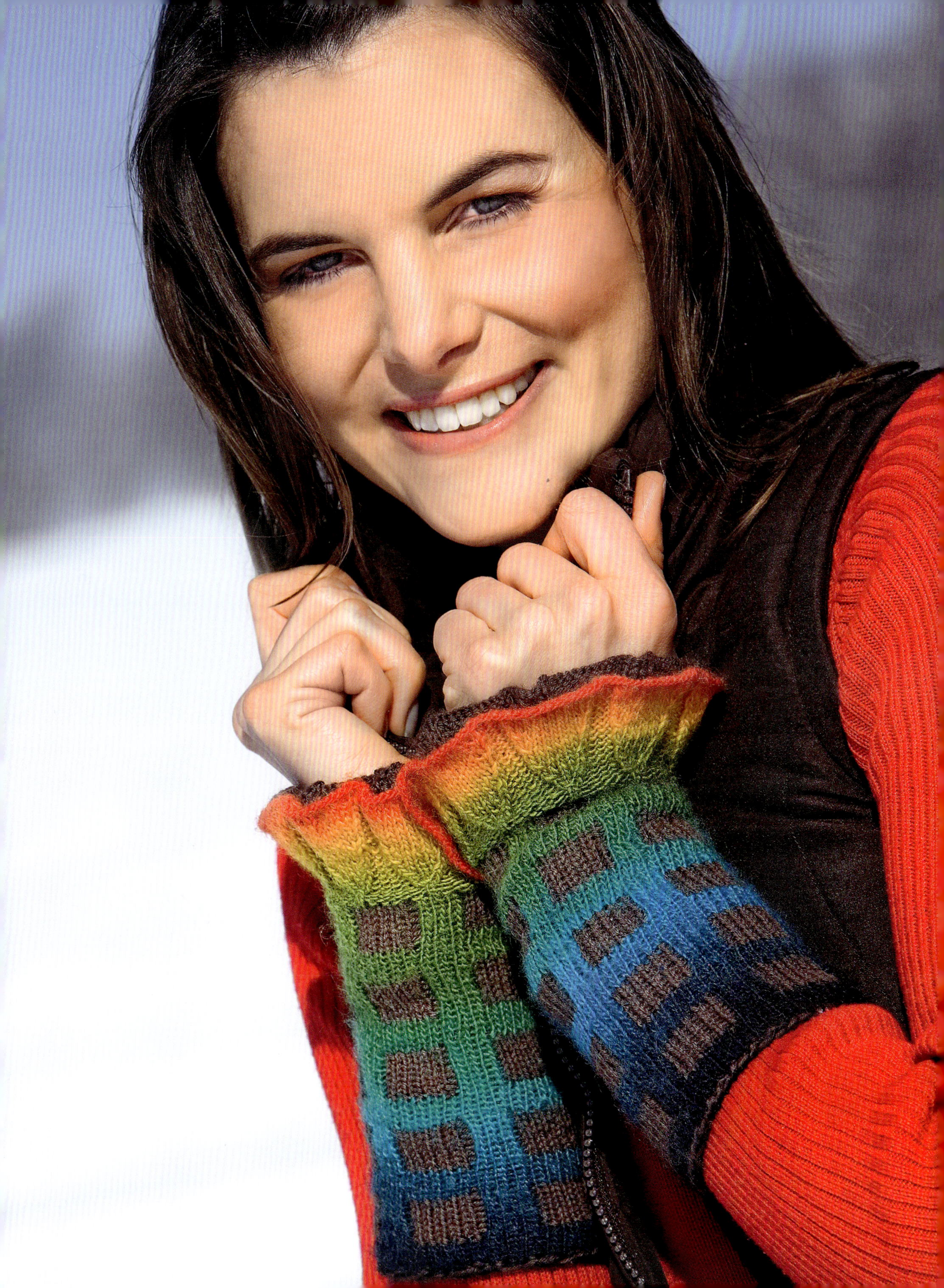

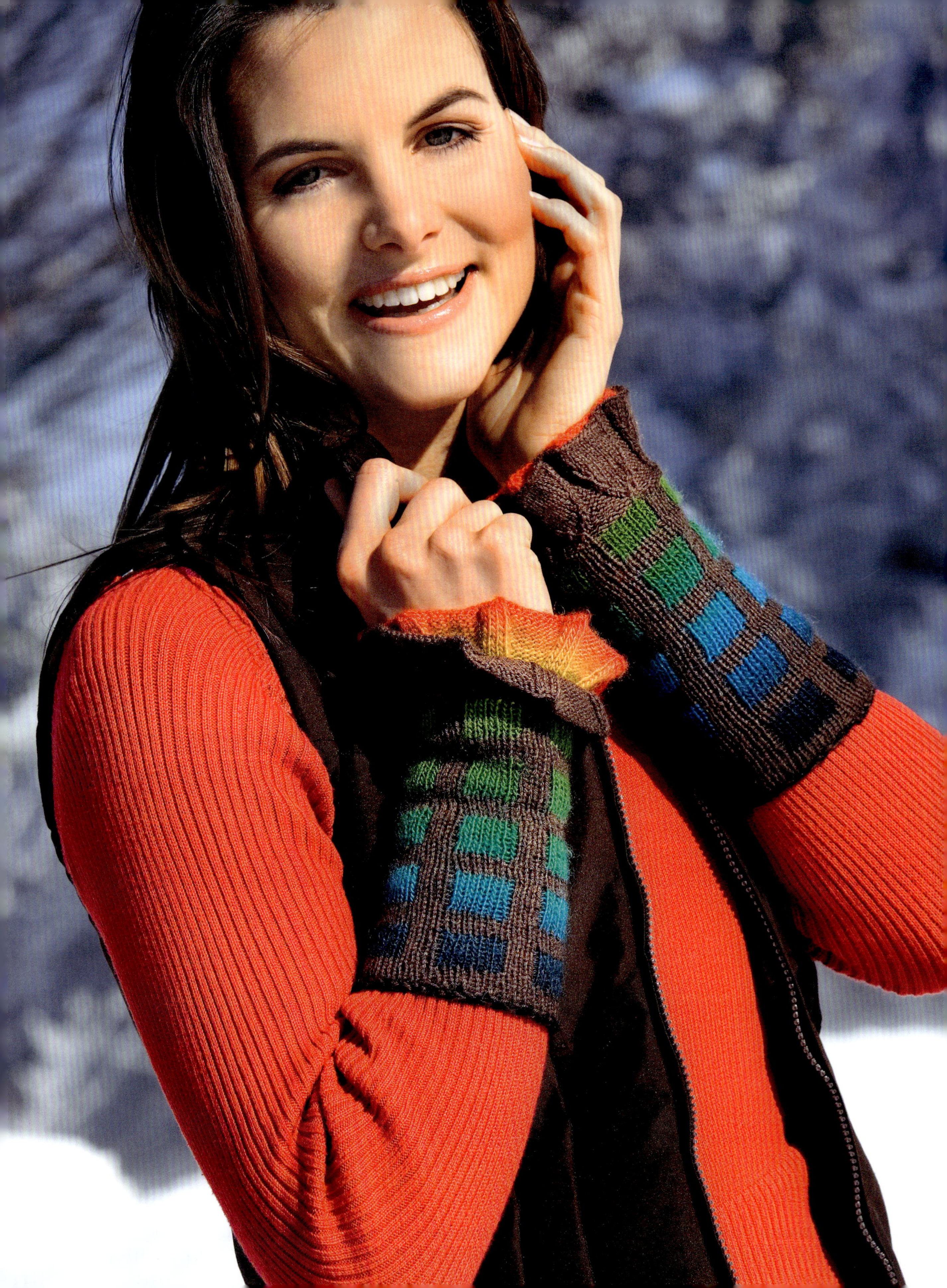

## Zählmuster

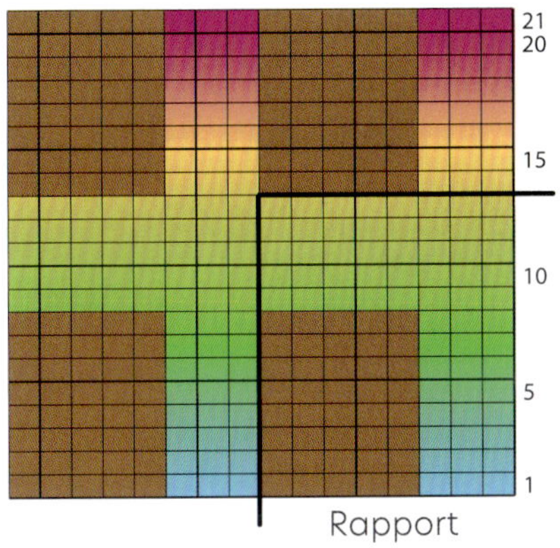


## Zeichenerklärung

Das Zählmuster zeigt nur die rechten Maschen der Vorderseite.

# Bright spotted

## Armstulpen in Double-Face-Technik

Schwierigkeitsgrad ★★

**Größe:**
22 cm Länge

**Material:**
- Alpaka-Garn (100 % Baby-Alpaka, LL ca. 170 m/50 g), je 50 g in Hellgrün und Violett
- 1 Nadelspiel 3 mm

**Muster:**
Double-Face-Technik: Siehe hierzu »Grundkurs Double-Face-Stricken« ab Seite 172.

**Maschenprobe:**
Double-Face-Technik mit Nadeln 3 mm:
4 M und 38 Rd = 10 × 10 cm.

**So wird's gemacht:**
Mit beiden Garnen gleichzeitig 44 Doppelmaschen aus je einer hellgrünen und einer violetten Masche anschlagen. Die Doppelmaschen gleichmäßig auf 4 Nadeln verteilen.

Nun die Stulpen in Runden nach Zählmuster stricken. Den Rundenanfang mit einem Kontrastfaden markieren.

In der 56. Rd für das Daumenloch 8 Doppelmaschen abketten und in der 57. Rd wieder 8 Doppelmaschen dazu anschlagen.

Nach 80 Rd alle Maschen locker abketten.

Die zweite Stulpe ebenso arbeiten.

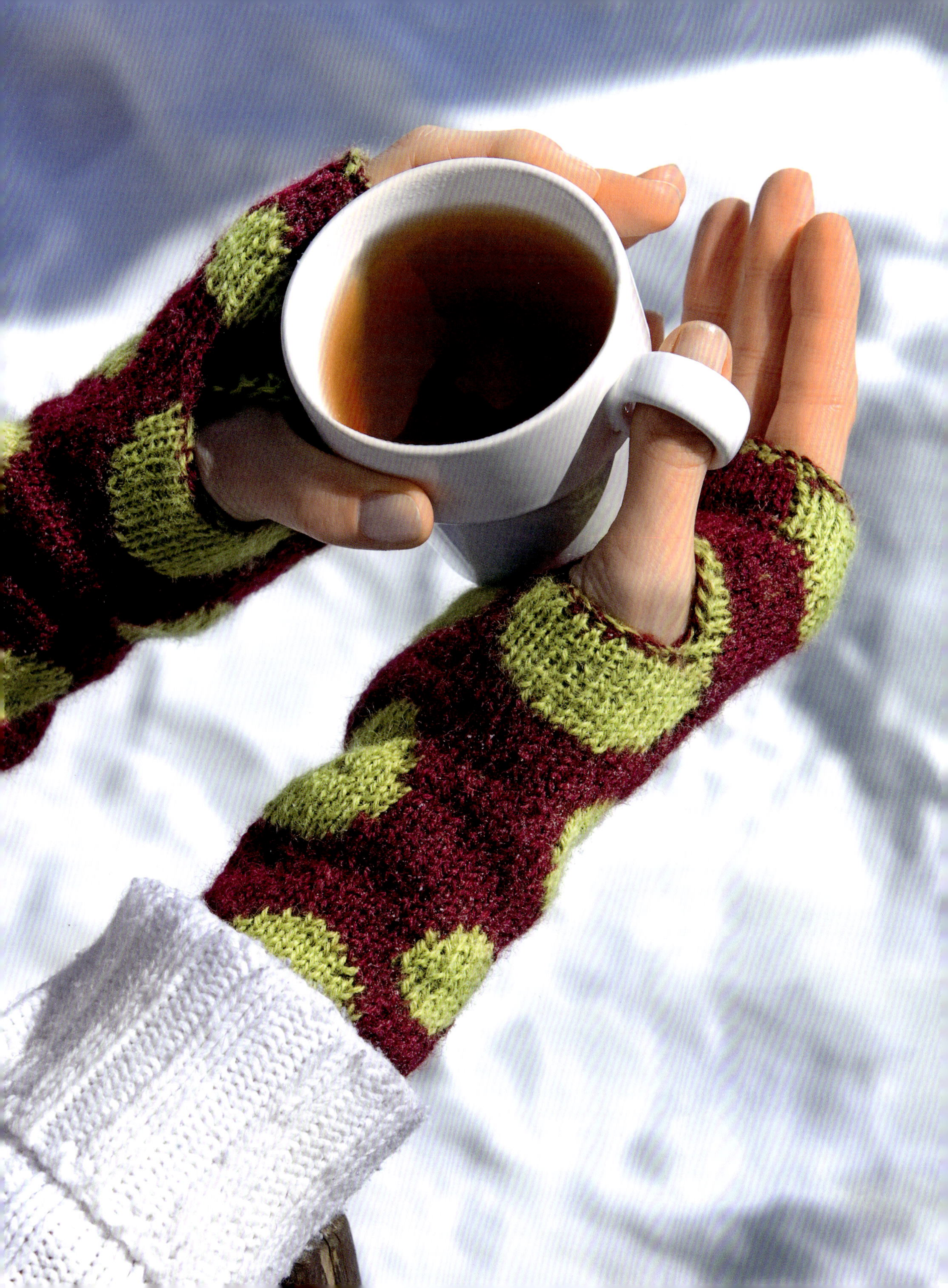

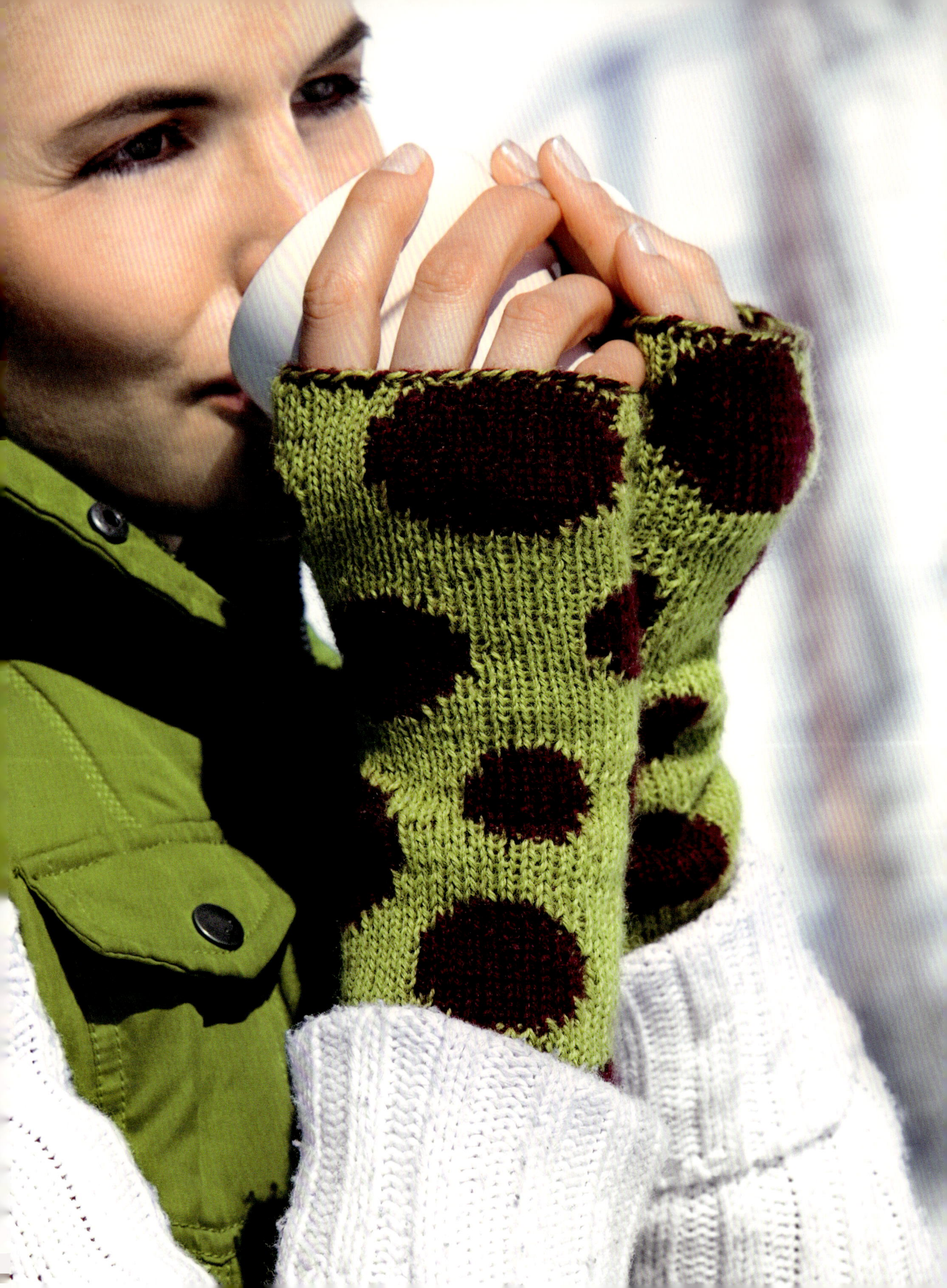

## Zählmuster

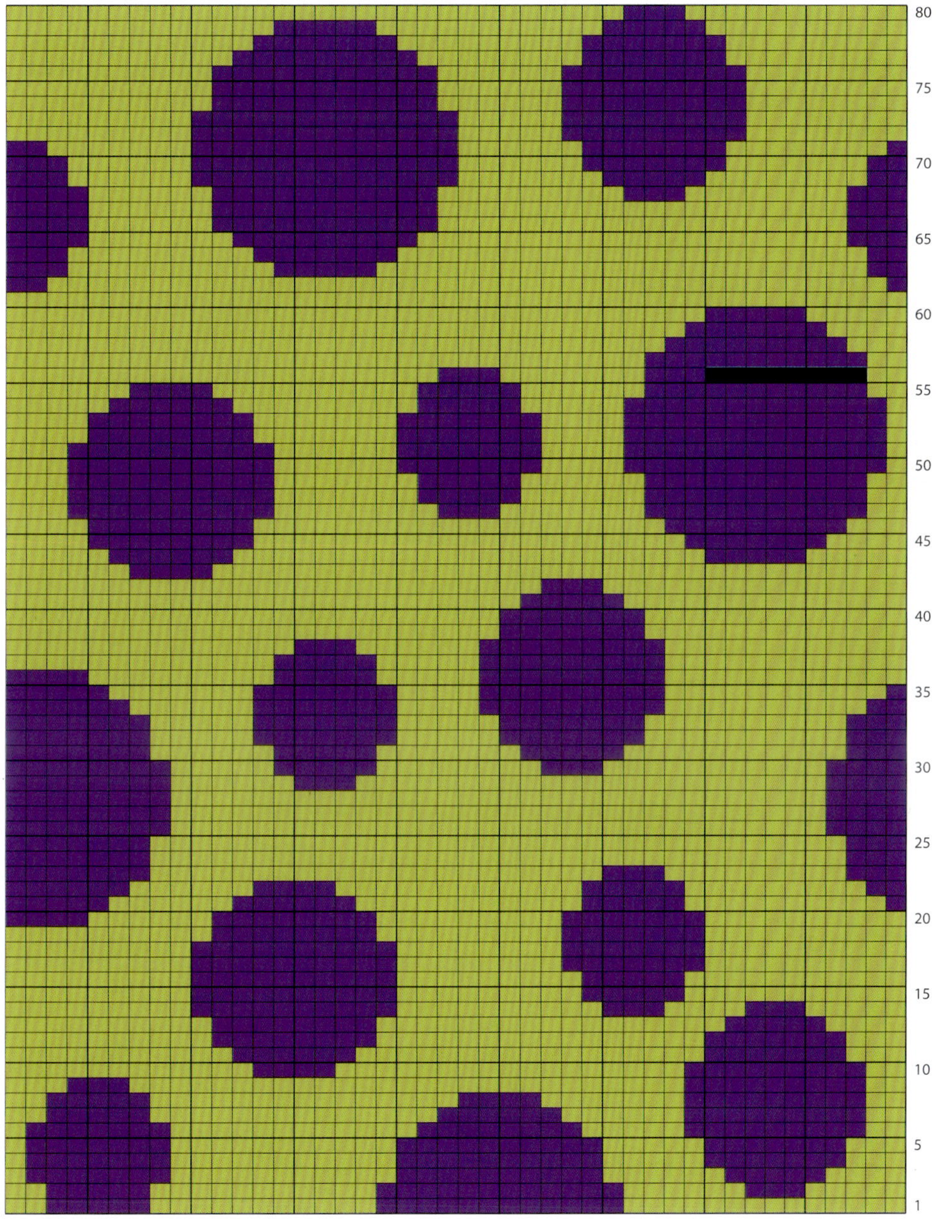


## Zeichenerklärung

Das Zählmuster zeigt nur die rechten Maschen der Vorderseite.

# Nordic Knitting

## Mütze & Stulpen in Fair-Isle-Technik

Schwierigkeitsgrad ★★

### Größe:

**Mütze:** 54–58 cm Kopfumfang
**Stulpen:** 22 cm Länge

### Material:

- Woll-Mischgarn (75 % Wolle, 15 % Polyamid, 10 % Polylactid, LL ca. 100 m/50 g), 100 g in Fuchsia und je 50 g in Schwarz und Sand
- 1 kurze Rundstricknadel 3,5–4,5 mm
- 1 Nadelspiel 3,5–4,5 mm

### Muster:

**Rippenmuster:** Stets 1 M rechts, 2 M links im Wechsel stricken.
**Glatt rechts in Runden:** In allen Runden stets rechte Maschen stricken.
**Fair-Isle-Muster:** Die Maschenzahl muss durch 6 teilbar sein. Laut Zählmuster 1 bzw. 2 in Jacquardtechnik stricken, dabei den unbenutzten Faden stets locker auf der Rückseite der Arbeit mitführen. In der Breite den gezeichneten Mustersatz stets wiederholen.

### Maschenprobe:

**Fair-Isle-Muster** mit Nadeln 3,5–4 mm:
20 M und 26 Rd = 10 × 10 cm.

### So wird's gemacht:

**Mütze**
Am unteren Rand beginnend in Schwarz 108 M **anschlagen** und zur Runde schließen.

Für den **Bund** 4 Rd glatt rechts und 6 Rd im Rippenmuster arbeiten.

Weiter im **Fair-Isle-Muster** in den angegebenen Farben stricken. Laut Zählmuster 1 in der Breite den Mustersatz 18 × stricken, in der Höhe die 1.–30. Rd. 1 × arbeiten.
Dann laut Zählmuster 2 die 1.–18. Rd stricken. Den MS in der Breite 9 × stricken, dabei die Abnahmen vornehmen wie eingezeichnet.

Mit geringer werdender Maschenzahl die Maschen auf das Nadelspiel nehmen. Die restlichen 18 M mit dem Arbeitsfaden fest **zusammenziehen** und diesen vernähen.

Zum Schluss einen **Pompon** mit einem Durchmesser von 6 cm in Fuchsia anfertigen und an die Spitze der Mütze nähen.

**Stulpen**
Mit dem Nadelspiel 42 M in Schwarz anschlagen und zur Runde schließen. 4 Rd glatt rechts und 6 Rd im **Rippenmuster** arbeiten.

Weiter im **Fair-Isle-Muster** in den angegebenen Farben stricken. Laut Zählmuster 1 in der Breite den Mustersatz 7 × stricken, in der Höhe die 1.–41. Rd 1 × arbeiten.

Dann 6 Rd im **Rippenmuster** und 4 Rd glatt rechts stricken. Alle Maschen abketten.

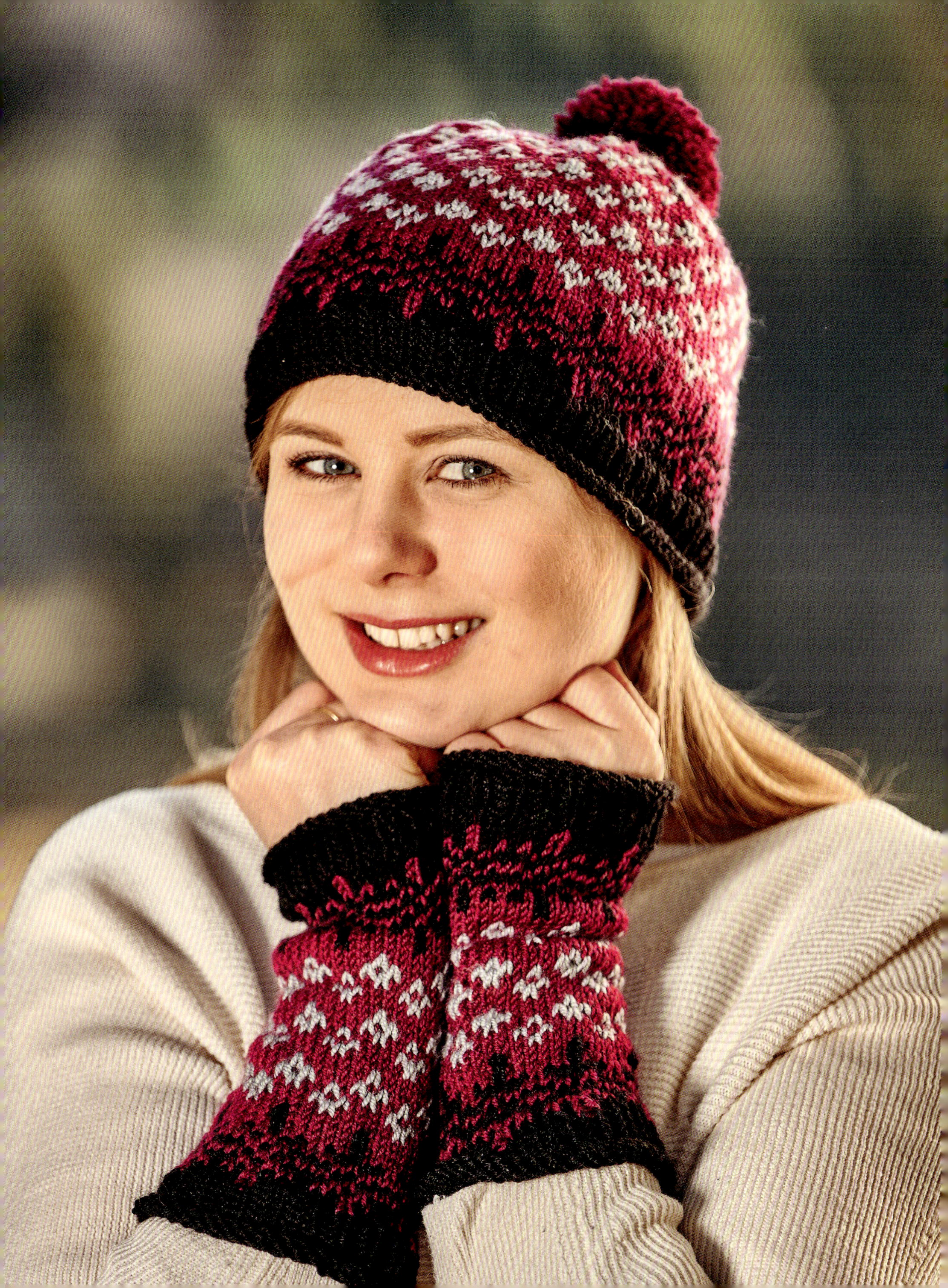

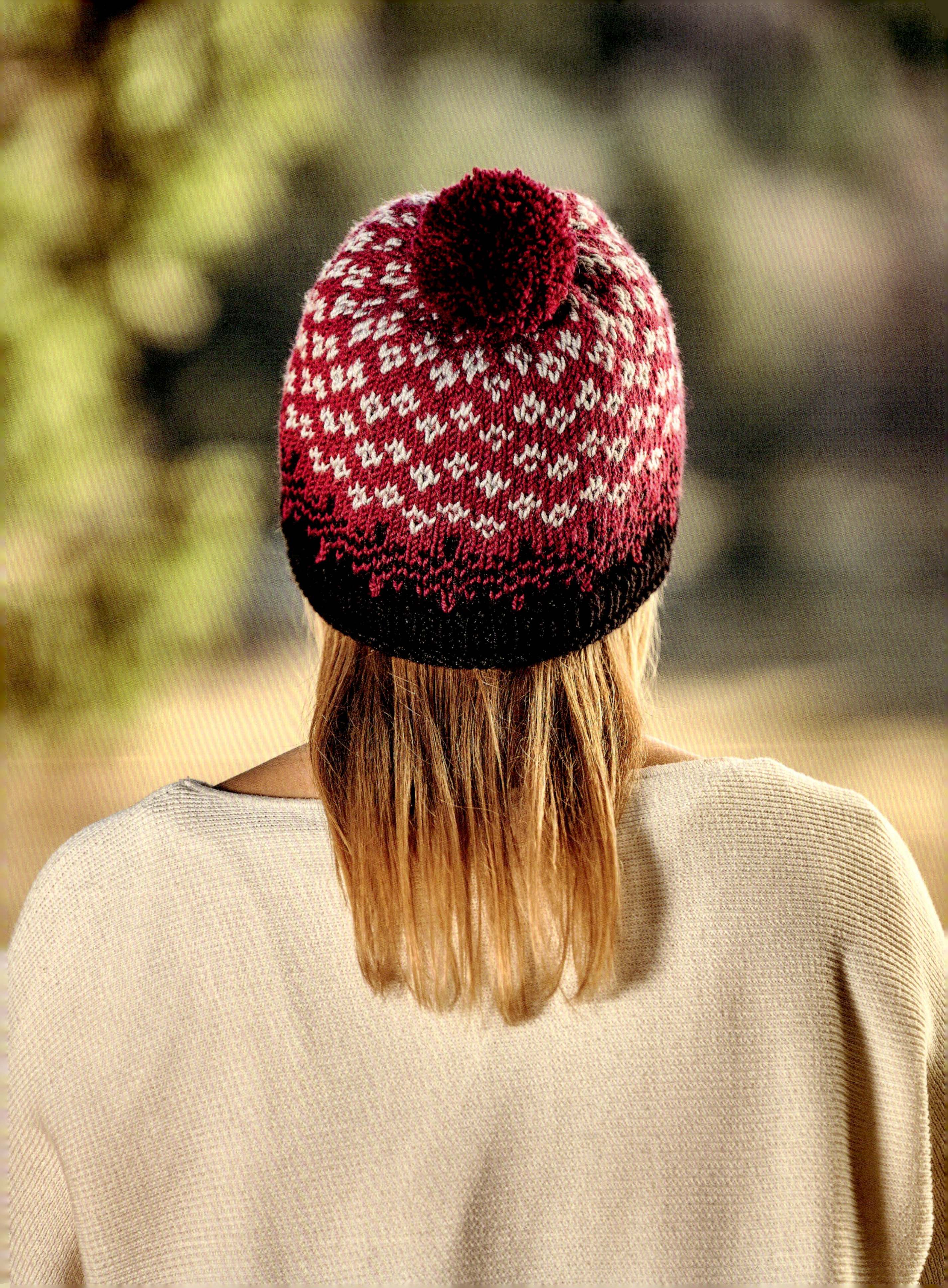

### Zählmuster 1

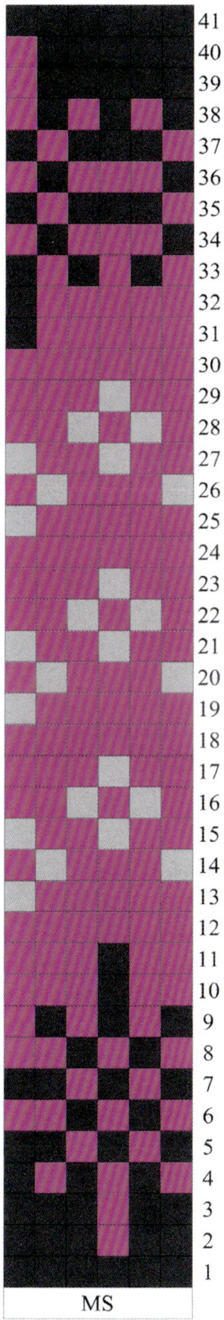

### Zählmuster 2

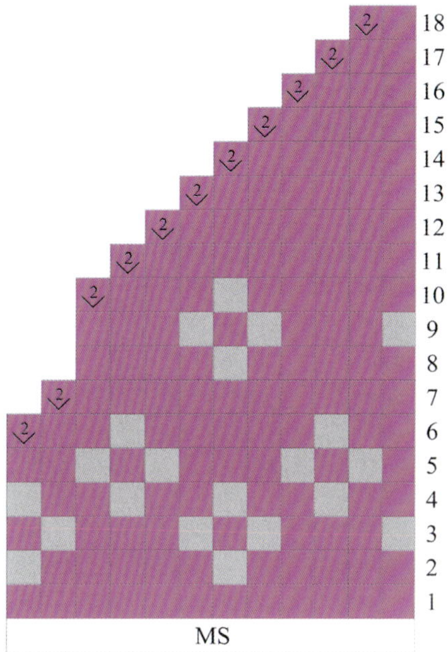

### Zeichenerklärung

- = 1 Masche rechts in Schwarz
- = 1 Masche rechts in Fuchsia
- = 1 Masche rechts in Sand
- = 2 Maschen rechts zusammenstricken in Fuchsia

MS = Mustersatz

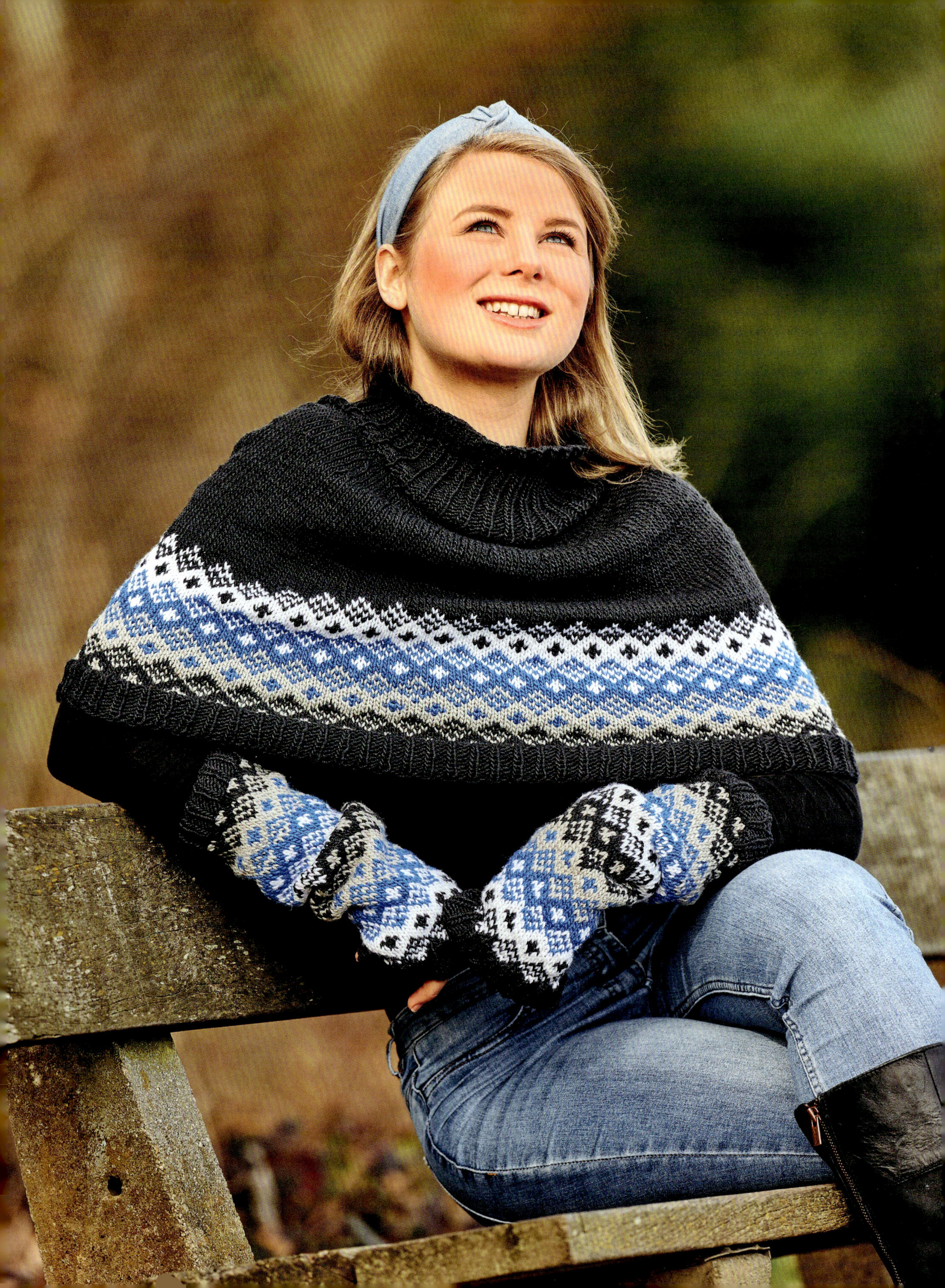

# Lighthouse

## Poncho & Stulpen mit leuchtend blauen Akzenten

Schwierigkeitsgrad ★★

**Größe:**
**Poncho:** 36–42 (44–50)
**Stulpen:** 34 cm Länge

**Material:**

- Woll-Mischgarn (75 % Wolle, 15 % Polyamid, 10 % Polylactid, LL ca. 100 m/50 g), 250/350 g in Anthrazit und je 100/150 g Royal, Stein und Weiß
- 1 kurze, und 1 normale Rundstricknadel 3,5 mm
- 1 Nadelspiel 3,5 mm

**Muster:**
**Rippenmuster:** Stets 1 M rechts, 2 M links im Wechsel stricken.
**Glatt rechts in Runden:** In allen Runden stets rechte Maschen stricken.
**Fair-Isle-Muster in Runden:** Die Maschenzahl muss durch 6 teilbar sein. Laut Zählmuster (siehe Seite 30) in Jacquardtechnik stricken, dabei den unbenutzten Faden stets locker auf der Rückseite der Arbeit mitführen. In der Breite den Mustersatz stets wiederholen, in der Höhe die 1.–36. Rd 1 × arbeiten.

**Maschenprobe:**
Fair-Isle-Muster mit Nadeln 3,5 mm:
20 M und 26 Rd = 10 × 10 cm.

**Hinweis:**
Die Angaben für beide Größen sind durch einen Schrägstrich voneinander getrennt. Steht nur eine Angabe, gilt sie für beide Größen.

**So wird's gemacht:**
**Poncho**
An der unteren Kante beginnend mit der normalen Rundstricknadel 264 (288) M in Schwarz anschlagen und zur Runde schließen. 10 Rd im **Rippenmuster** arbeiten.

Weiter im **Fair-Isle-Muster** laut Zählmuster in den angegebenen Farben stricken. Den Mustersatz in der Breite 44/48 × stricken. In der Höhe die 1.–36. Rd 1 × arbeiten.

Weiter glatt rechts in Schwarz stricken, dabei für die **Schulterrundung** in der nächsten Runde 22/24 × die 11. und 12. M rechts zusammenstricken. Dann noch 6 × in jeder 6./8. Rd über den gleichen Abnahmestellen je 2 M rechts zusammenstricken = 110/120 M.

Mit geringer werdender Maschenzahl die Maschen auf die kurze Rundstricknadel nehmen. Noch 9 cm im **Rippenmuster** stricken, dann alle Maschen locker abketten.

**Stulpen**
Mit dem Nadelspiel 54/60 M in Schwarz anschlagen, zur Runde schließen und 8 Rd im **Rippenmuster** arbeiten.

Weiter im **Fair-Isle-Muster** laut Zählmuster in den angegebenen Farben stricken. Den Mustersatz in der Breite 9/10 × stricken. In der Höhe die 1.–36. Rd 2 × arbeiten.

In Schwarz noch 8 Rd im **Rippenmuster** stricken, dann alle Maschen locker abketten.

Die **zweite Stulpe** in gleicher Weise stricken.

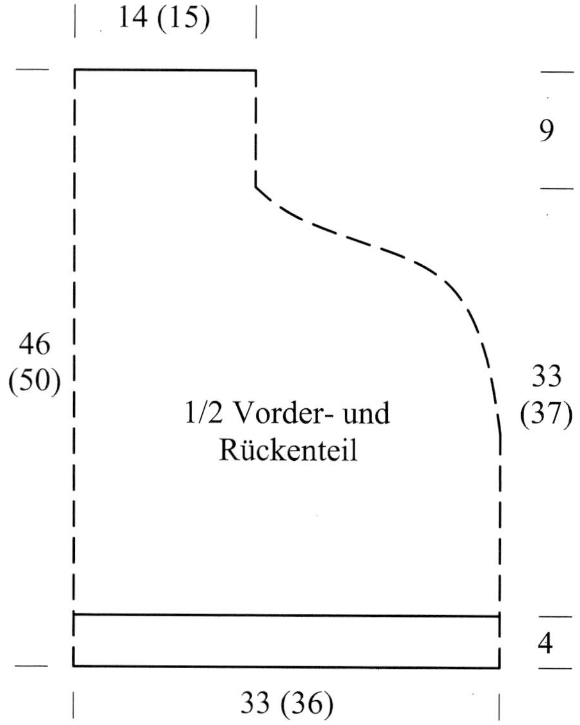


**Zählmuster**

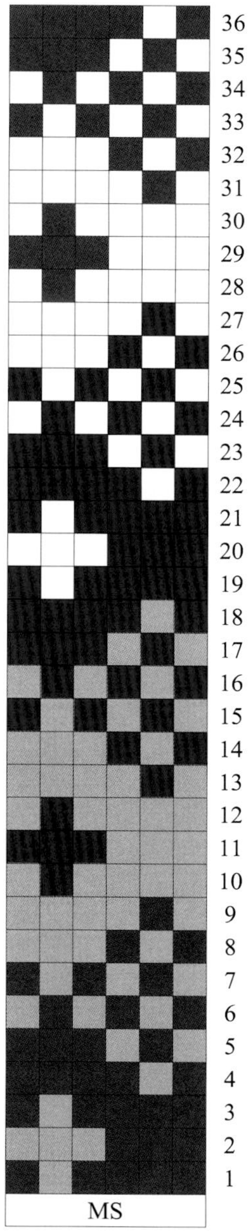


**Zeichenerklärung**

■ = 1 Masche rechts in Anthrazit

■ = 1 Masche rechts in Stein

■ = 1 Masche rechts in Royal

□ = 1 Masche rechts in Weiß

MS = Mustersatz

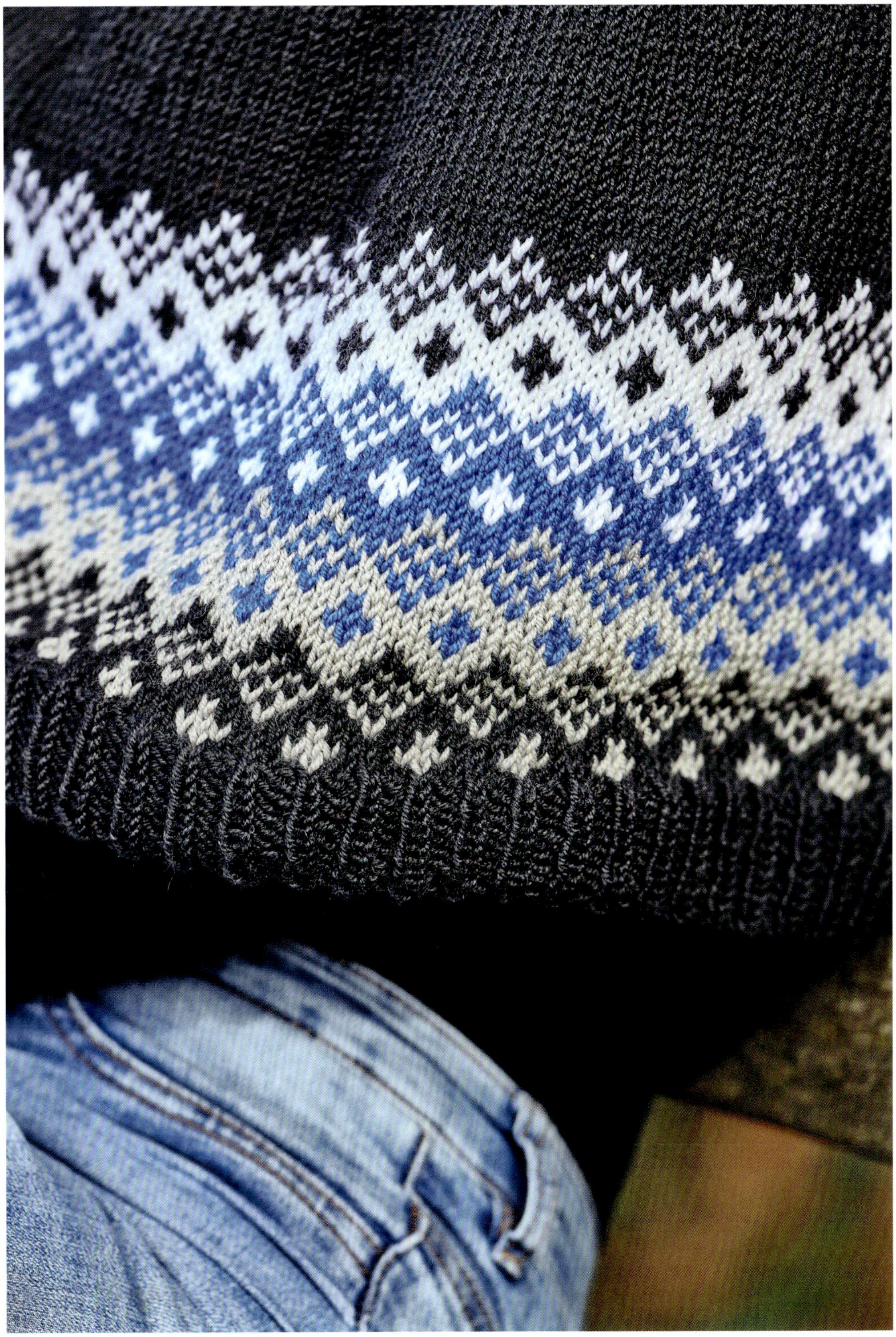

# Light and Clear

## Himmelblaue Armstulpen im Käfermuster

Schwierigkeitsgrad ★★★

### Größe:

18 (Handgelenk) bzw. 24 (Arm) × 30 cm (Umfang × Länge)

### Material:

- Schurwoll-Garn (100 % Merino extrafein, LL ca. 400 m/50 g), 50 g in Hellblau
- 2 Rundstricknadeln 3,5 mm

### Muster:

**Glatt rechts in Runden:** In allen Runden stets rechte Maschen stricken.
**Kraus rechts in Runden:** Abwechselnd 1 Rd rechte und 1 Rd linke Maschen stricken.
Käfermuster (siehe Seite 176): Die Maschenzahl muss durch 6 teilbar sein. Das Muster in Runden nach Strickschrift arbeiten. Gezeichnet sind alle Runden. In der Breite den Mustersatz zwischen den beiden Pfeilen, in der Höhe die 1.–4. Rd stets wiederholen.

### Maschenprobe:

**Käfermuster** mit Nadeln 3,5 mm:
24 M und 36 Rd = 10 × 10 cm.

### So wird's gemacht:

Insgesamt 40 M gleichmäßig verteilt zu je 20 M auf zwei Rundstricknadeln anschlagen. Maschen zur Runde schließen, ohne dabei die Anschlagkante zu verdrehen. Den Rundenübergang markieren und für das **Bündchen** 10 Rd glatt rechts stricken.

Dann die **Maschen** wie folgt **einteilen**:
1 M rechts, 18 M im Käfermuster, 1 M rechts (= Nadel 1), 1 M rechts, 18 M im Käfermuster, 1 M re (= Nadel 2). In dieser Einteilung 10 × die 1.–4. Rd des Musters stricken = 40 Rd.

Weiter in der Mustereinteilung arbeiten, dabei für die **Unterarmzunahmen** in der folgenden Runde vor der ersten Masche von Nadel 1 und Nadel 2 je 1 M verschränkt aus dem Querfaden zunehmen = 42 M. In den folgenden 19 Rd (= 1 × die 2.–4. Rd und noch 4 × die 1.–4. Rd des Käfermusters) die zugenommenen M rechts stricken.

In der folgenden Rd wieder jeweils 1 M verschränkt aus dem Querfaden vor der 1. M jeder Nadel herausstricken, die **zugenommenen Maschen** rechts, alle übrigen M weiter in der Mustereinteilung stricken = 44 M. In den folgenden 19 Rd (= 1 × die 2.–4. Rd und noch 4 × die 1.–4. Rd des Käfermusters) alle zugenommenen Maschen rechts stricken.
In der folgenden Rd noch einmal jeweils 1 M verschränkt aus dem Querfaden vor der 1. M jeder Nadel herausstricken, die zugenommenen Maschen rechts, alle übrigen Maschen weiter in der Mustereinteilung stricken = 46 M. In den nächsten 7 Rd (= 1 × die 2.–4. Rd und noch 1 × die 1.–4. Rd des Käfermusters) alle zugenommenen Maschen rechts stricken.

Nun noch 6 Rd **kraus rechts** stricken, dann alle M locker abketten.

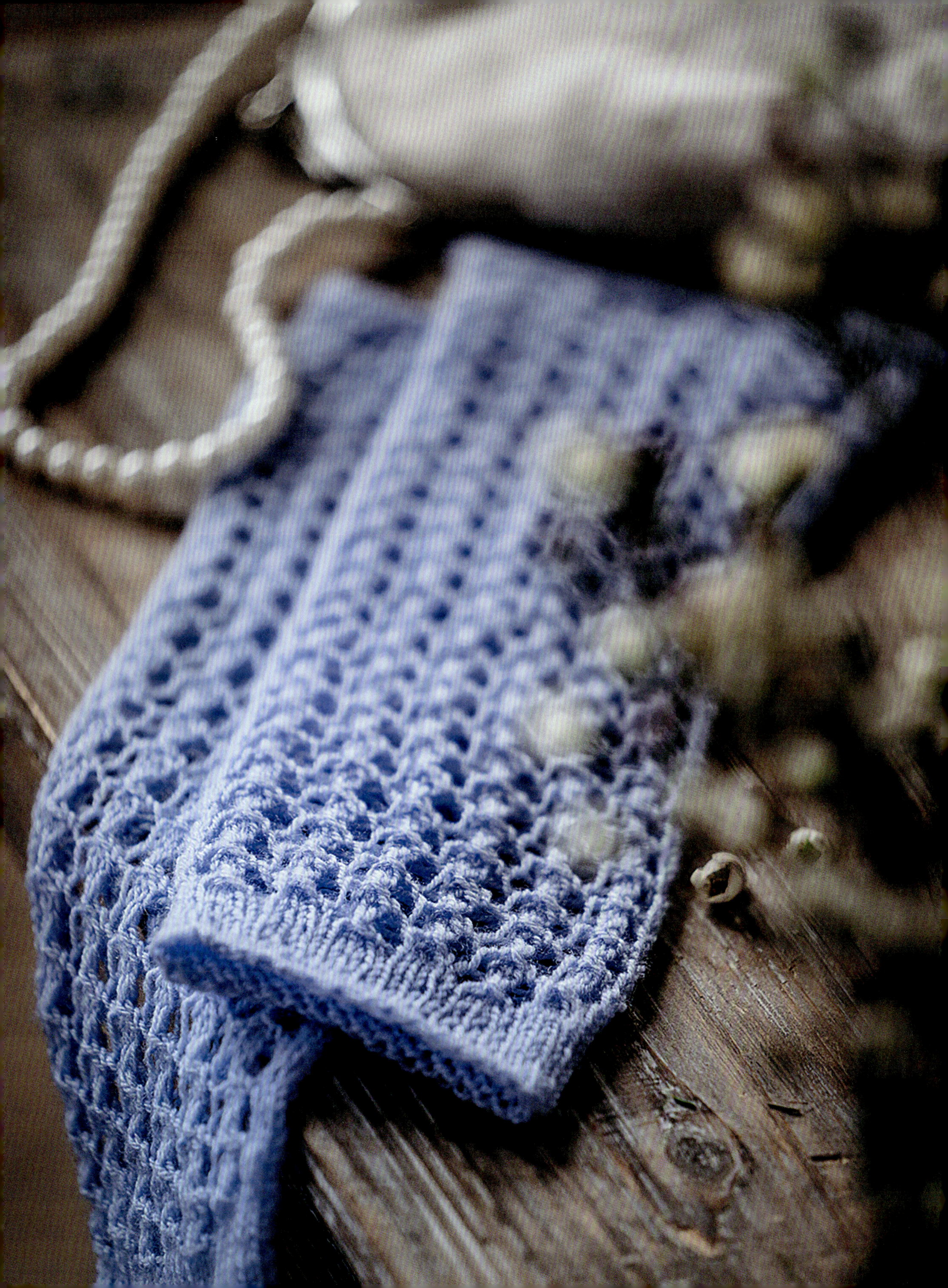

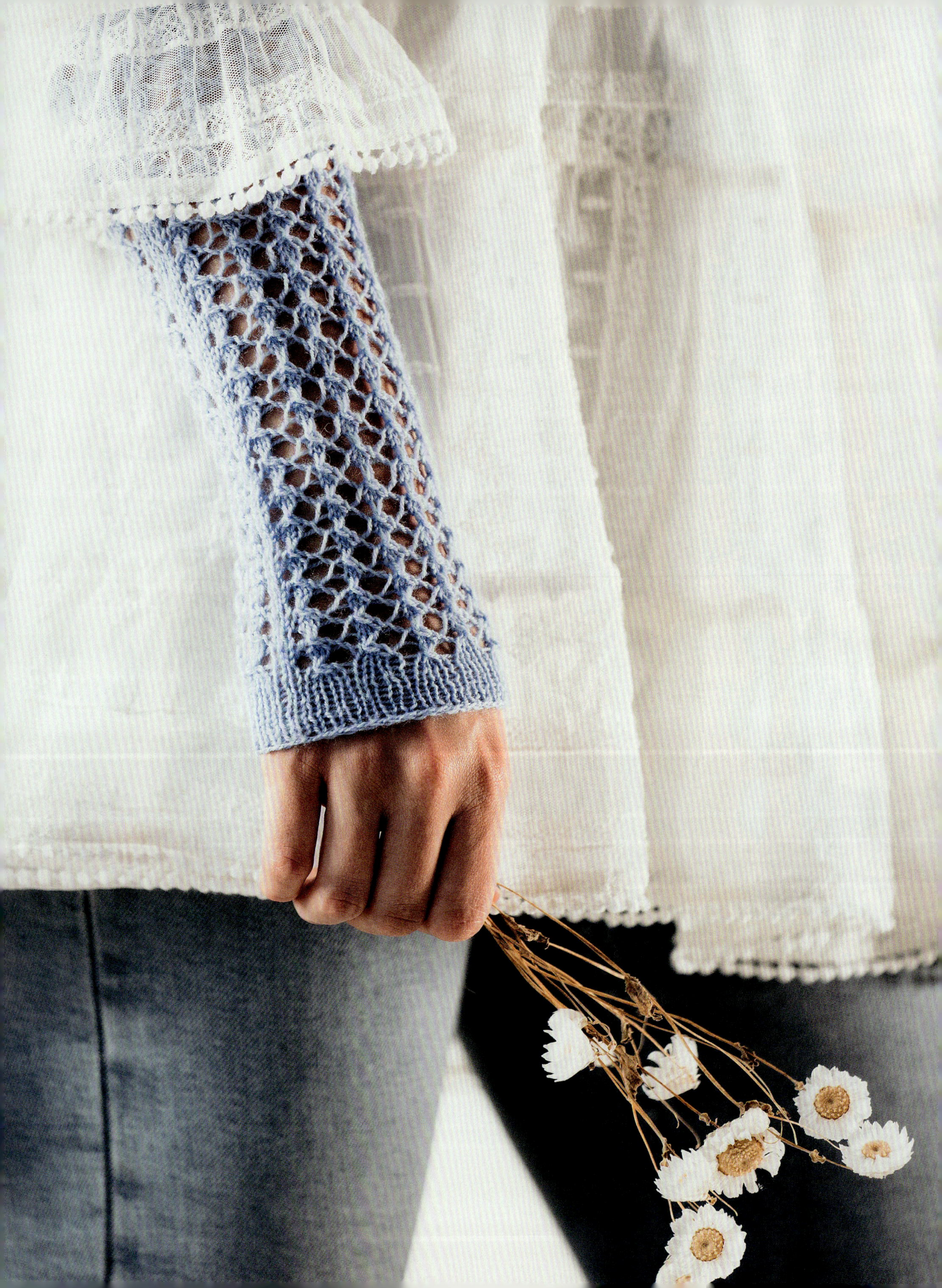

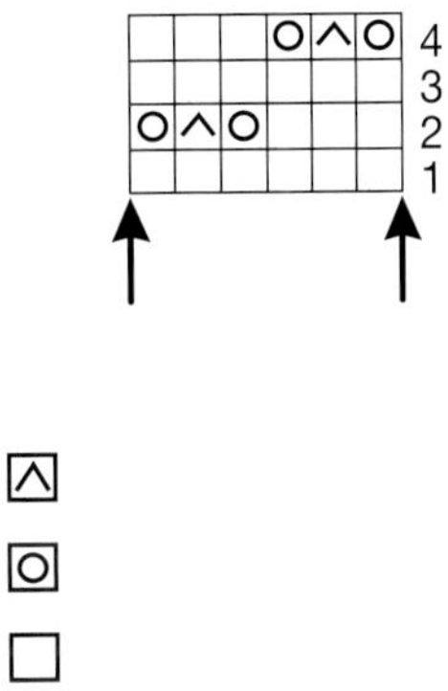

### Zeichenerklärung

- △ = 1 doppelter Überzug
- ○ = 1 Umschlag
- □ = 1 Masche rechts

# Touch of Spring

## Frühlingshafte Armstulpen

Schwierigkeitsgrad ★★★

**Größe:**
34 cm Länge

**Material:**
- Schurwoll-Mischgarn (75% Schurwolle, 25% Polyamid, LL ca. 400 m/100 g), 100 g in Flieder
- 1 Nadelspiel 2,5-3 mm

**Muster:**
**Glatt rechts in Runden:** In allen Runden stets rechte Maschen stricken.
**Kraus rechts in Runden:** Abwechselnd 1 Rd rechte und 1 Rd linke Maschen stricken.
**Rippenmuster:** Stets 2 M rechts, 2 M links im Wechsel stricken.
**Blattmuster:** Laut Strickschrift arbeiten. Die Maschenzahl muss durch 15 teilbar sein. Es sind nur die ungeraden Runden gezeichnet. In den geraden Runden alle Maschen und Umschläge rechts stricken. In der Breite den Mustersatz von 15 M und in der Höhe die 1.-32. Rd stets wiederholen.

**Maschenprobe:**
**Glatt rechts** mit Nadeln 2,5-3 mm:
28 M und 40 Rd = 10 × 10 cm.

**So wird's gemacht:**

**Linke Stulpe**
Mit dem Nadelspiel 60 M anschlagen, die Maschen zur Runde schließen und für die hintere Blende 2 cm im **Rippenmuster** stricken. Danach im **Blattmuster** fortfahren.

Für den **Daumenkeil** nach 23 cm ab Anschlag in der folgenden Runde nach dem ersten Mustersatz aus der Masche vor der ersten kraus rechten Masche 1 Links-Zunahme und aus der Masche nach der zweiten kraus rechten Masche 1 Rechts-Zunahme arbeiten. Diese Zunahmen noch 4 × in jeder 2. Rd wiederholen und die zugenommenen Maschen jeweils kraus rechts stricken = 70 M.

In der folgenden 2. Rd die 12 kraus rechten Maschen des Daumenkeils abketten und in der folgenden Runde über den abgeketteten Maschen wieder 2 M neu dazu anschlagen und diese kraus rechts stricken = 60 M.

Nach 31 cm ab Anschlag für die vordere Blende im **Rippenmuster** stricken. Nach 3 cm Blendenhöhe alle 60 M locker abketten.

**Rechte Stulpe**
Genauso stricken, dabei die Maschen für den Daumenkeil gegengleich aufteilen.

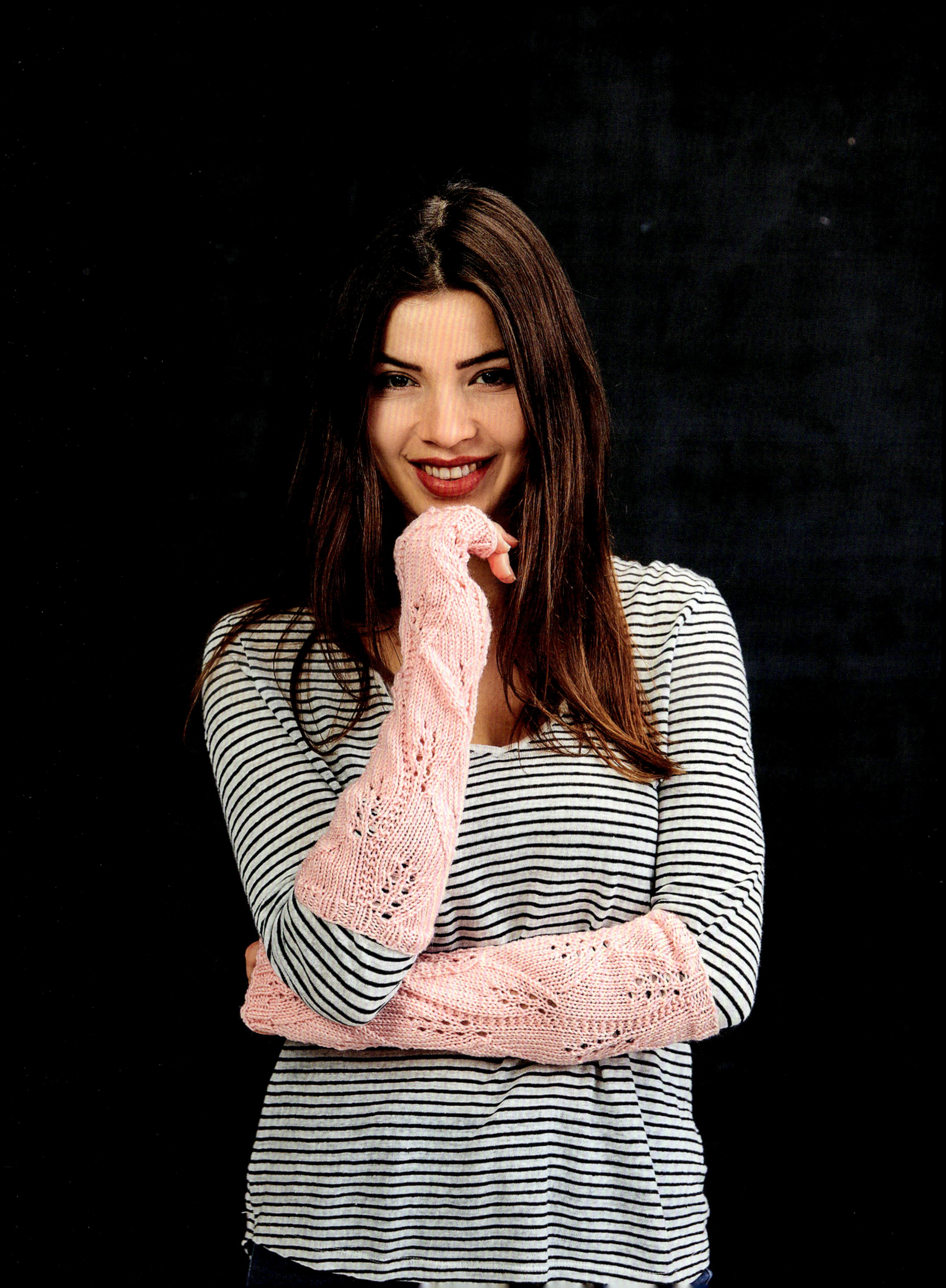

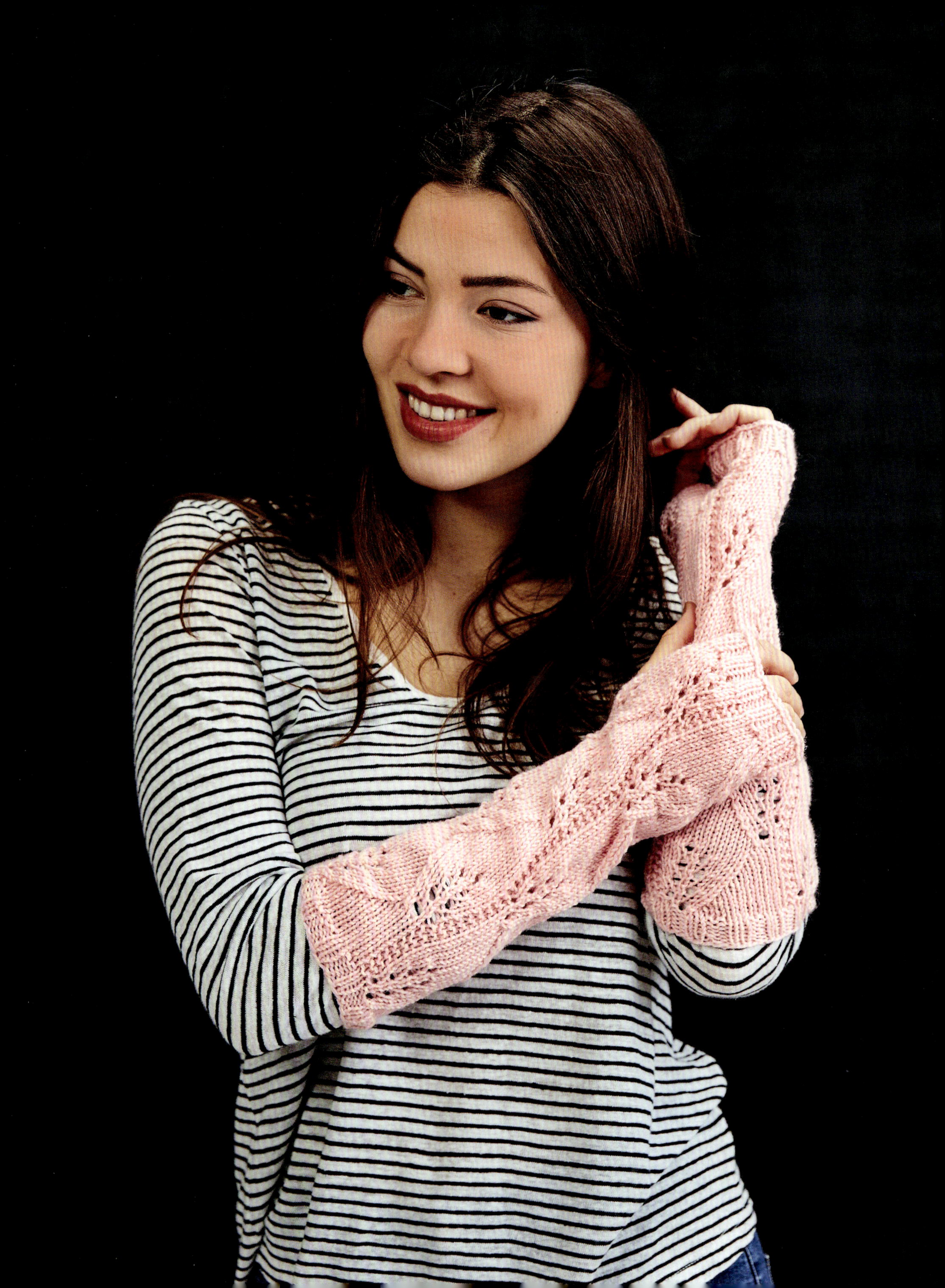

**Zeichenerklärung**

I = 1 Masche rechts

U = 1 Umschlag

⩗2 = 2 Maschen rechts zusammenstricken

↓ = 1 einfacher Überzug

× = 1 Masche kraus rechts

MS = Mustersatz

**Strickschrift**

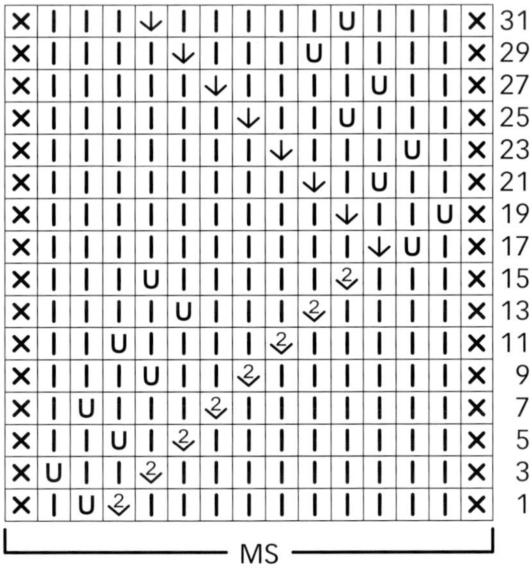

# Shiny White

## Armstulpen im Strukturmuster

Schwierigkeitsgrad ★★

**Größe:**
26 cm Länge

**Material:**
- Woll-Mischgarn (75% Wolle, 25% Polyamid, LL ca. 100 m/50 g), 100 g in Wollweiß
- 1 Nadelspiel 3,5-4,5 mm
- 1 Zopfnadel

**Muster:**
**Glatt rechts in Runden:** In allen Runden stets rechte Maschen stricken.
**Rippenmuster:** Stets 1 M rechts, 1 M links im Wechsel stricken.
**Hebemaschenmuster:** Die Maschenzahl muss durch 7 teilbar sein.
**1. Rd:** * 1 M rechts, 1 M abheben, dabei den Faden hinter der Arbeit mitführen, 4 M rechts, 1 M abheben, dabei den Faden hinter der Arbeit mitführen, ab * stets wiederholen.
**2.-6. Rd:** Die 1. Rd stets wiederholen.
**7. Rd:** * 1 M rechts, 1 M auf eine Zopfnadel vor die Arbeit legen, die folgenden 2 M rechts stricken und die Masche der Zopfnadel rechts stricken; 2 M auf eine Zopfnadel hinter die Arbeit legen, die folgende Masche rechts stricken, dann die 2 M der Zopfnadel rechts stricken, ab * stets wiederholen.
**8. Rd:** Rechte Maschen stricken.
Die 1.-8. Rd stets wiederholen.

**Maschenprobe:**
**Glatt rechts** mit Nadeln 3,5-4,5 mm:
22 M und 32 Rd = 10×10 cm.

**So wird's gemacht:**
**Linke Stulpe**
Mit dem Nadelspiel 44 M locker anschlagen und die Maschen zur Runde schließen. Den Rundenanfang markieren. Für die **hintere Blende** über 4 cm im Rippenmuster stricken.

Danach im **Hebemaschenmuster** weiterarbeiten und in der 1. Rd zum Musterausgleich gleichmäßig verteilt 5 M zunehmen = 49 M.

Für den **Daumenkeil** nach 16 cm ab Anschlag in der folgenden Runde aus der 15. M 1 Links-Zunahme und aus der 16. M 1 Rechts-Zunahme arbeiten. Diese Zunahmen noch 3× in jeder 2. R wiederholen und die zugenommenen Maschen jeweils glatt rechts stricken = 57 M.

In der folgenden 2. Rd die 10 glatt rechten Maschen des Daumenkeils abketten und in der folgenden Runde über den abgeketteten Maschen 2 M neu dazu anschlagen. Die neu angeschlagenen Maschen wieder in das Muster einfügen = 49 M.

Nach 24 cm ab Anschlag für die **vordere Blende** nochmals im Rippenmuster stricken, dabei in der 1. Rd gleichmäßig verteilt 5 M abnehmen. Nach 2 cm Blendenhöhe alle 44 M locker abketten.

**Rechte Stulpe**
Genauso stricken, dabei die Maschen für den Daumenkeil gegengleich aufteilen.

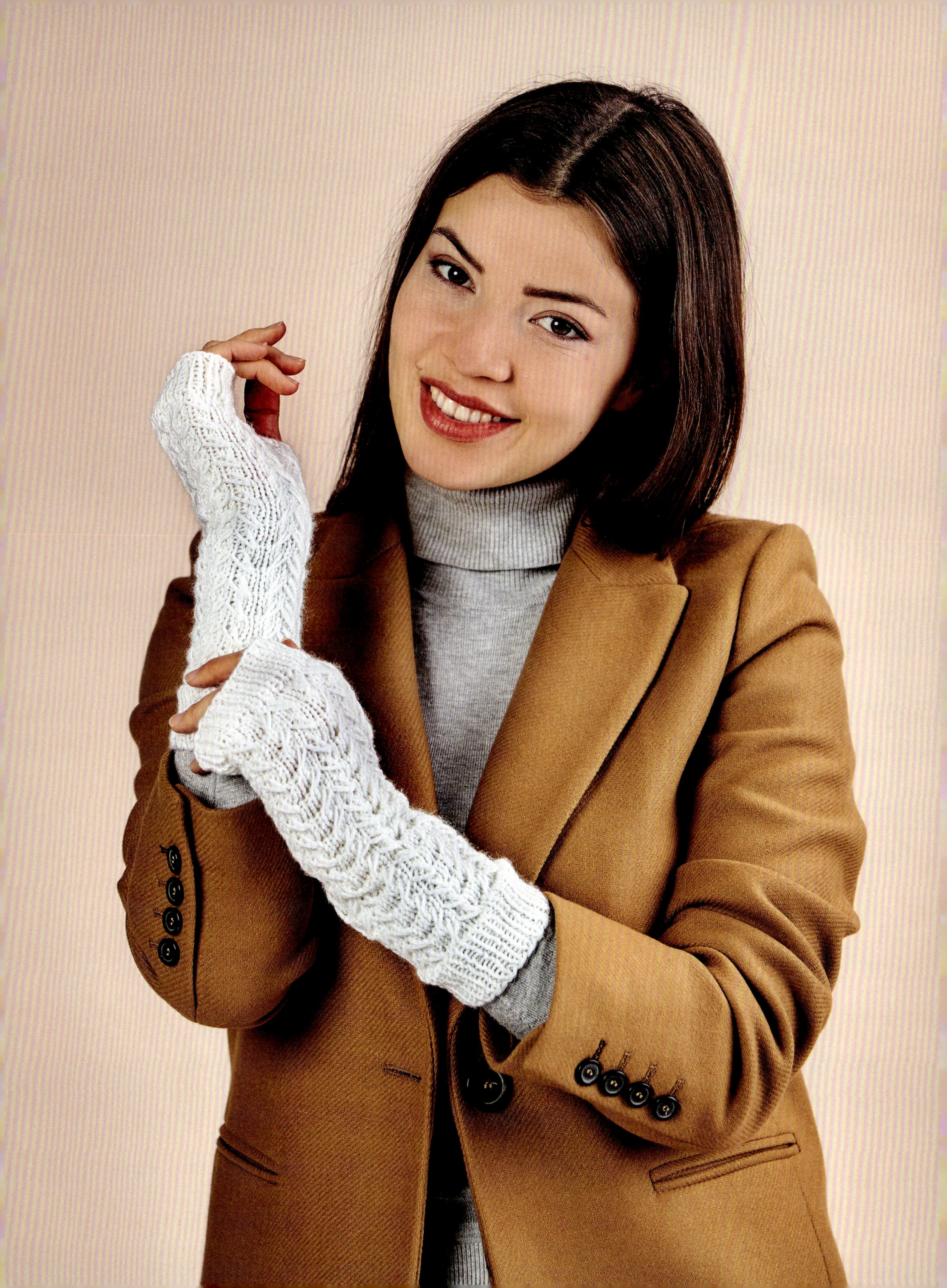

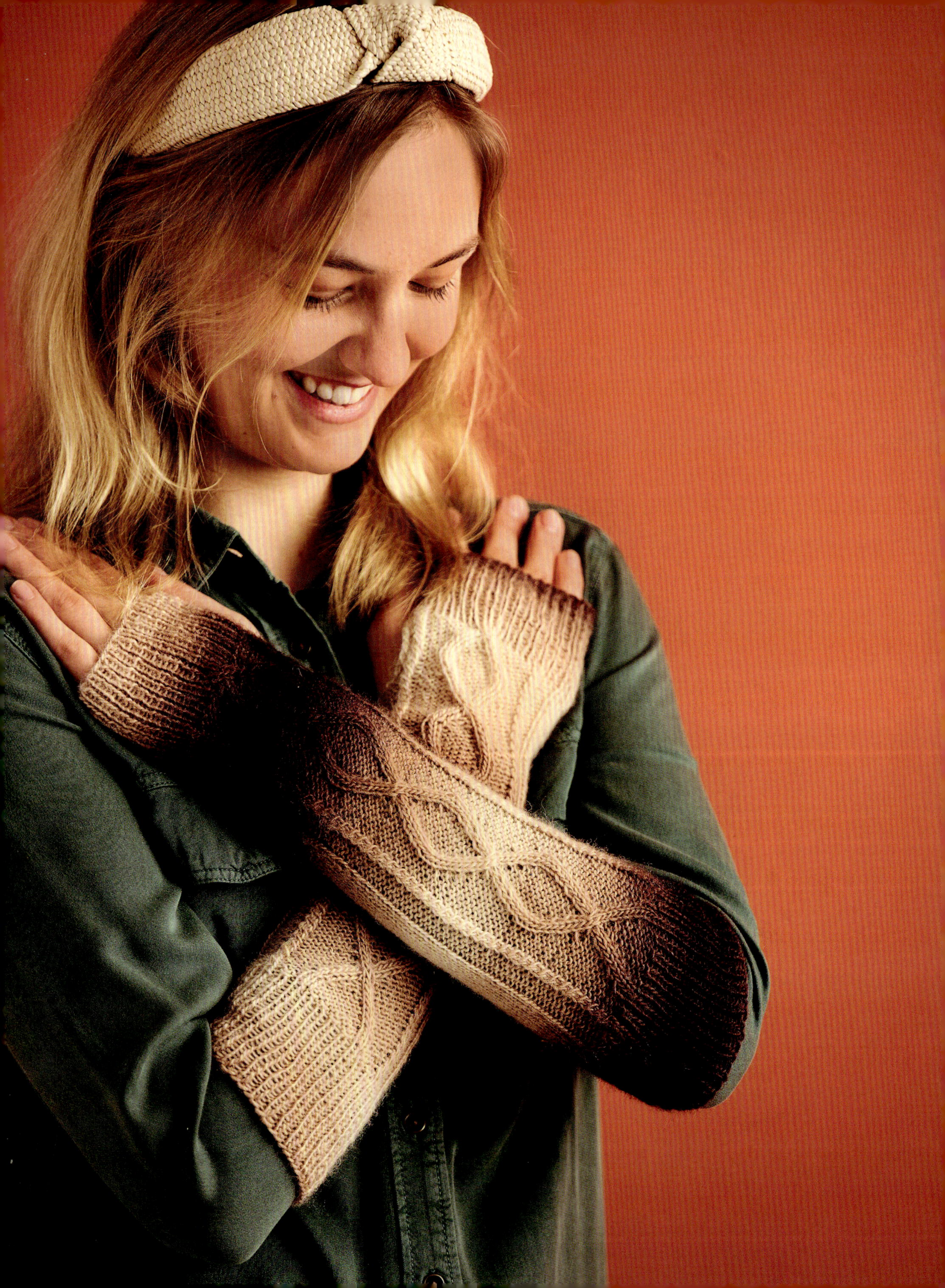

# Autumn Leaves

## Armstulpen im herbstlichen Farbverlauf

Schwierigkeitsgrad ★★

**Größe:**
38 cm Länge

**Material:**
- Schurwoll-Mischgarn (75 % Schurwolle, 25 % Polyamid, LL ca. 400 m/100 g), 100 g in einer Melange aus Brauntönen
- 1 Nadelspiel 2,5-3 mm
- 1 Zopfnadel

**Muster:**
**Glatt rechts in Runden:** In allen Runden stets rechte Maschen stricken.
**Glatt rechts in Reihen:** In Hinreihen rechte, in Rückreihen linke Maschen stricken.
**Rippenmuster:** Stets 1 M rechts, 1 M links im Wechsel stricken.
**Rautenstreifen über 22 M:** Laut Strickschrift arbeiten. Es sind nur die ungeraden Runden bzw. die Hinreihen gezeichnet. In den geraden Runden bzw. Rückreihen alle Maschen stricken, wie sie erscheinen. Die Einteilung der Maschen in der Breite ist in der nachfolgenden Anleitung aufgeführt. In der Höhe die 1.-20. R/Rd stets wiederholen.

**Maschenprobe:**
**Glatt rechts** mit Nadeln 2,5-3 mm:
28 M und 40 Rd = 10 × 10 cm.

**So wird's gemacht:**

**Linke Stulpe**
Mit dem Nadelspiel 58 M locker anschlagen und die Maschen zur Runde schließen. Den Rundenanfang markieren. Für die **vordere Blende** über 6 cm im Rippenmuster stricken.

Anschließend in folgender **Mascheneinteilung** weiterarbeiten: 3 M links, 22 M Rautenstreifen, 3 M links, 30 M rechts.

Für das **Daumenloch** nach 2 Rd über den folgenden 4 cm in hin- und hergehenden Reihen weiterarbeiten.

Anschließend wieder in Runden stricken und nach 32 cm ab Anschlag - möglichst nach einer 20. Rd der Strickschrift - für die **hintere Blende** nochmals 6 cm im Rippenmuster stricken. Dann alle Maschen locker abketten.

**Rechte Stulpe**
Gegengleich stricken. Die Maschen nach der vorderen Blende gegengleich aufteilen.

**Strickschrift 1**

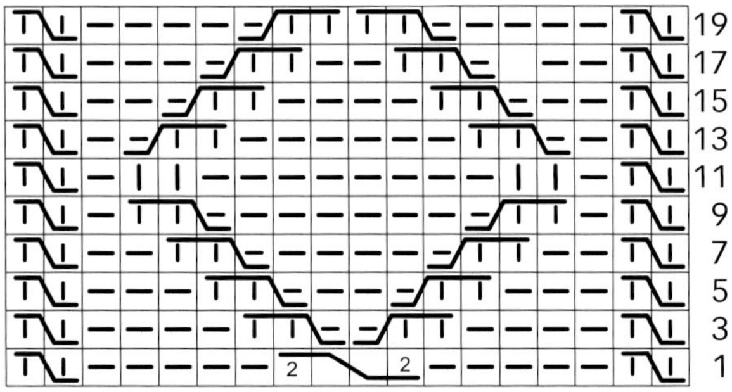

**Strickschrift 2**

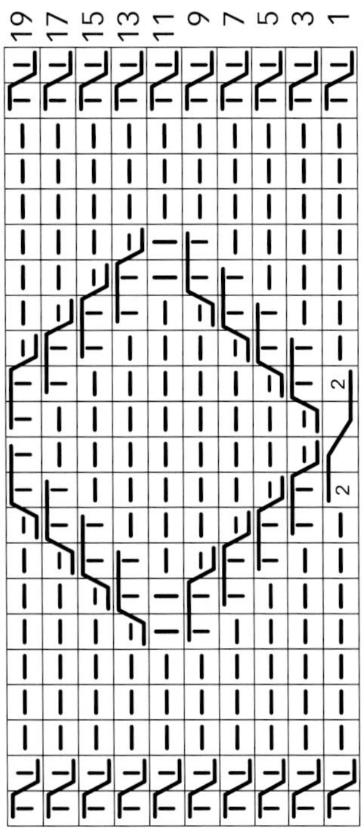

**Zeichenerklärung**

 = 1 Masche glatt rechts

 = 1 Masche glatt links

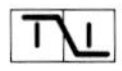 = 2 Maschen nach links verzopfen (= 1 Masche auf 1 Zopfnadel vor die Arbeit legen, die folgende Masche rechts stricken, dann die Masche der Zopfnadel rechts stricken)

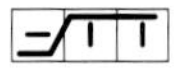 = 3 Maschen nach rechts verzopfen (= 1 Masche auf 1 Zopfnadel hinter die Arbeit legen, die folgenden 2 Maschen rechts stricken, dann die Masche der Zopfnadel links stricken)

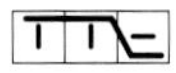 = 3 Maschen nach links verzopfen (= 2 Maschen auf 1 Zopfnadel vor die Arbeit legen, die folgende Masche links stricken, dann die 2 Maschen der Zopfnadel rechts stricken)

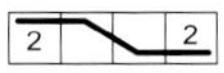 = 4 Maschen nach links verzopfen (= 2 Maschen auf 1 Zopfnadel vor die Arbeit legen, die folgenden 2 Maschen rechts stricken, dann die 2 Maschen der Zopfnadel rechts stricken)

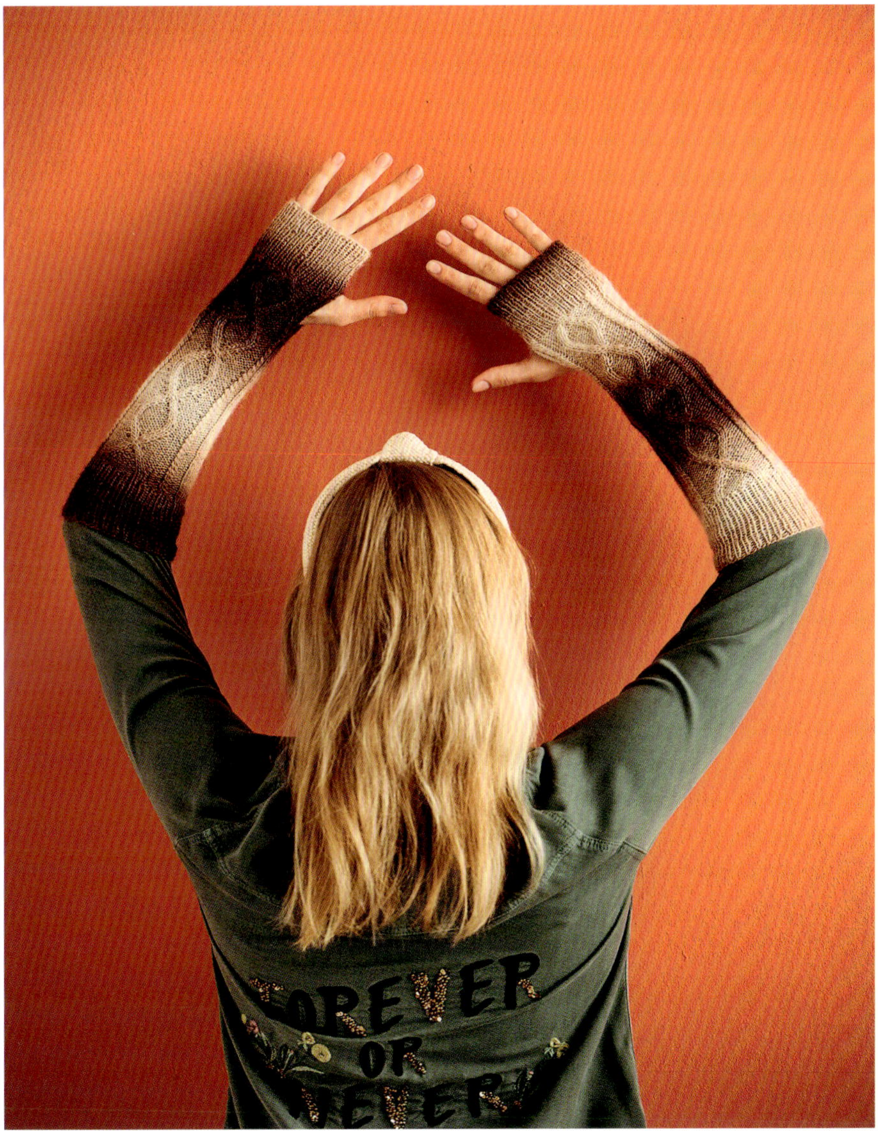
OR

# Double Featured

## Hier wechseln Farbe und Muster

Schwierigkeitsgrad ★★★

**Größe:**
26 cm Länge

**Material:**

- Lurex-Alpaka-Garn (45 % Soft Lurex, 40 % Alpaka, 15 % Schurwolle, LL ca. 110 m/50 g), 50 g in Silber
- Mohair-Seide-Garn (70 % Mohair, 30 % Seide, LL ca. 210 m/25 g), 25 g in Petrol
- je 1 Nadelspiel 3,5 und 6 mm

**Muster:**
**Rippenmuster:** Stets 2 M rechts, 2 M links im Wechsel stricken.
**Kraus rechts:** In Runden abwechselnd 1 Rd rechte und 1 Rd linke Maschen stricken.

**Maschenprobe:**
**Rippenmuster** im Lurex-Alpaka-Garn mit Nadeln 3,5 mm:
20 M und 45 Rd = 10 × 10 cm.
**Kraus rechts** im Mohair-Seide-Garn mit Nadeln 6 mm, leicht gedehnt:
14 M und 23 Rd = 10 × 10 cm.

**Hinweis:**
Die Angaben für beide Größen sind durch einen Schrägstrich voneinander getrennt. Steht nur eine Angabe, gilt sie für beide Größen.

**So wird's gemacht:**
Äußere Stulpe (2 ×):
24/28 M in Silber anschlagen. Die Maschen gleichmäßig zu je 6/7 M auf vier Nadeln verteilen und 16 cm = 37 Rd im Rippenmuster stricken. Anschließend die Maschen locker abketten, wie sie erscheinen.

Innere Stulpe (2 ×):
38/44 M in Petrol anschlagen. Die Maschen zu 9-10-9-10/11 M auf vier Nadeln verteilen. Weiter kraus rechts stricken.

Nach 8 cm = 36 Rd ab Anschlag für den Daumenschlitz die ersten 10 M abketten und in der folgenden Runde neu dazu anschlagen.

Nach 5,5 cm = 25 Rd ab Daumenschlitz alle Maschen locker abketten.

Zu guter Letzt
Die petrolfarbene Stulpe 4,5 cm über die silberfarbene Stulpe schieben und die Anschlagkante locker annähen. Danach die Stulpe umdrehen, sodass die äußere über der inneren Stulpe liegt.

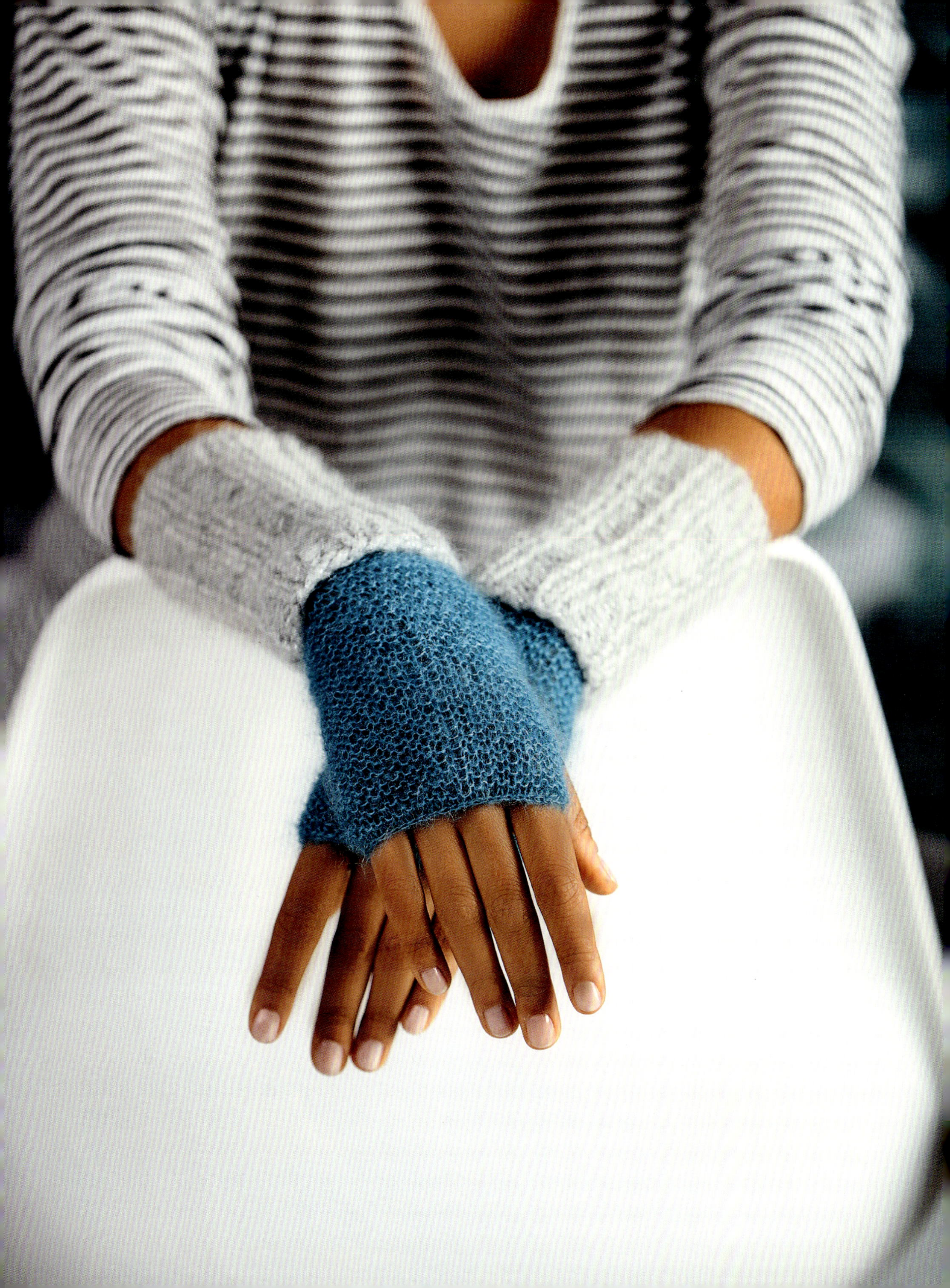

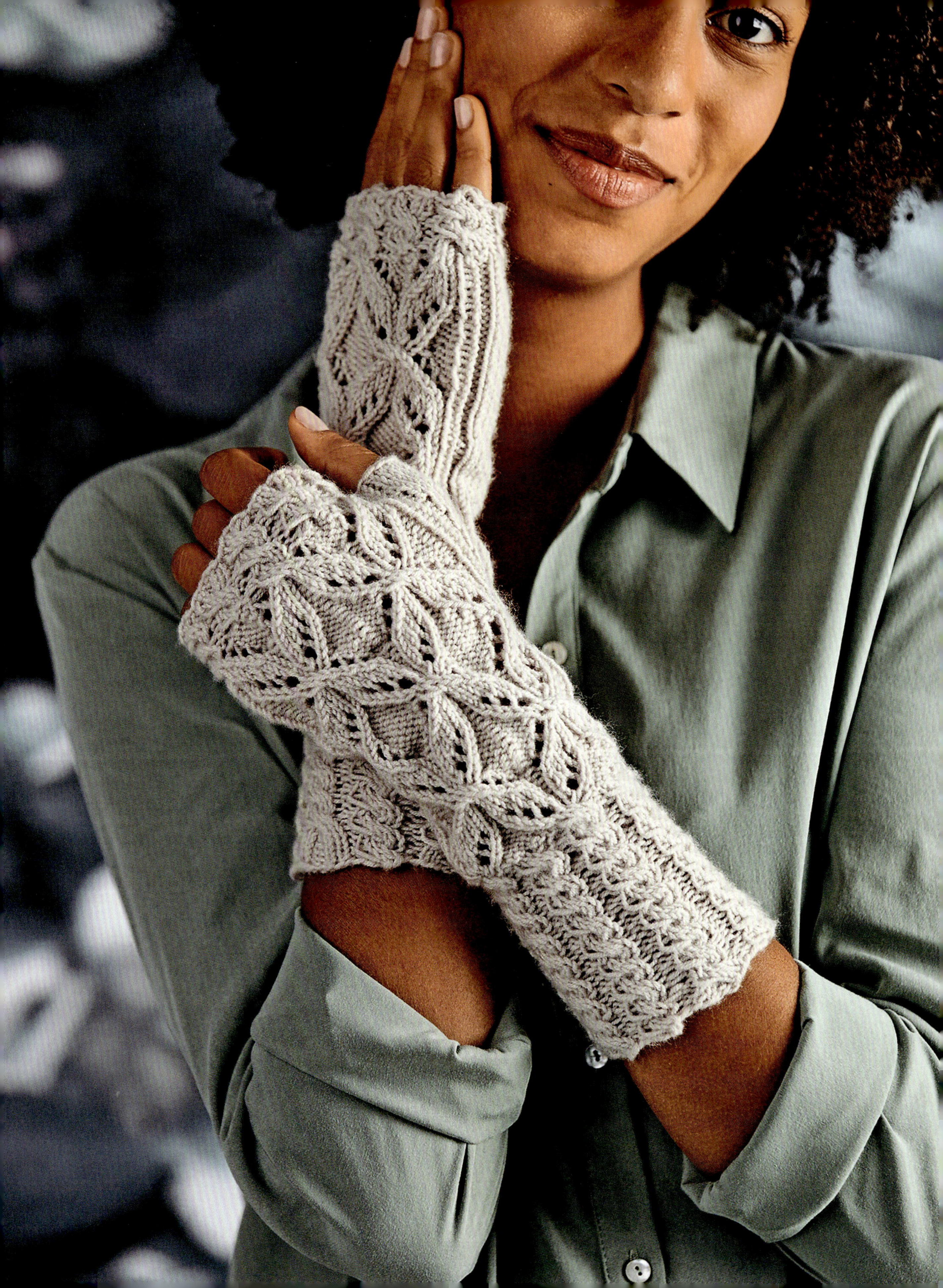

# Spring Fever

Frühlingszarte Armstulpen mit Zopf-Ajourstrukturen

Schwierigkeitsgrad ★★★

**Größe:**
26 cm Länge

**Material:**
- Schurwoll-Garn (100 % Schurwolle, LL ca. 185 m/50 g), 50 g in Beige
- 1 Nadelspiel 3,5 mm

**Muster:**
**Glatt rechts:** In allen Runden stets rechte Maschen stricken.
**Glatt links:** In allen Runden stets linke Maschen stricken.
**Zopfmuster:** Die Maschenzahl muss durch 14 teilbar sein. Laut Strickschrift arbeiten (siehe Seite 50). Es sind alle Runden gezeichnet. In der Breite den Mustersatz stets wiederholen. In der Höhe 8× die 1.–4. Rd, dann 1× die 33.–36. Rd stricken.
**Ajourzopf über 28 M:** Nach Strickschrift arbeiten. In der Breite laut Mascheneinteilung stricken. In der Höhe die 37.– 64. Rd (= 28 Rd) 2× arbeiten, jedoch die letzte Runde gemäß Anleitungstext stricken.

**Maschenprobe:**
**Mascheneinteilung** mit Nadeln 3,5 mm: 28 M und 40 Rd = 10 × 10 cm.

**Hinweis:**
Die Angaben für beide Größen sind durch einen Schrägstrich voneinander getrennt. Steht nur eine Angabe, gilt sie für beide Größen.

**So wird's gemacht:**
**Rechte Stulpe**
Die Maschen der Handfläche liegen auf der 1. und 2. Nadel, die Maschen des Handrückens auf der 3. und 4. Nadel.

56 M **anschlagen** und diese gleichmäßig zu je 14 M auf vier Nadeln verteilen.

Für den **Bund** 9 cm = 36 Rd im Zopfmuster stricken. Danach die Maschen wie folgt einteilen: 1 M glatt rechts, 2 M glatt links, 22 M glatt rechts, 2 M glatt links, 1 M glatt rechts, 28 M Ajourzopf.

Nach 7 cm = 28 Rd ab Bund für den **Daumenkeil** die 4. M der 1. Nadel markieren und beidseitig der markierten Masche je 1 M aus dem Querfaden rechts verschränkt herausstricken = 3 M Daumenkeil.
Über die Daumenkeilmaschen glatt rechts stricken. Die Zunahmen wie folgt arbeiten: * In der folgenden 3. Rd vor und nach den Daumenkeilmaschen je 1 M aus dem Querfaden rechts verschränkt herausstricken, ab * 5× arbeiten = 13 Daumenkeilmaschen. Die Zahl der Daumenkeilmaschen erhöht sich somit bei jeder Zunahme um 2 M. Die Daumenkeilmaschen stilllegen.

Für den **Daumensteg** über den stillgelegten Daumenkeilmaschen 5 M dazu anschlagen und 1 Rd stricken, dabei über die 5 M des Daumenstegs glatt rechts stricken.
In der folgenden Runde die 1. Stegmasche mit der Masche davor rechts überzogen zusammenstricken (= 1 M wie zum Rechtsstricken abheben, 1 M rechts stricken, dann

die abgehobene Masche überziehen) und die letzte Stegmasche mit der Masche danach rechts zusammenstricken. Diese Abnahmen in der folgenden Runde ebenso arbeiten; es bleibt 1 Stegmasche übrig = 56 M.

Nach 55 Rd in der Mascheneinteilung für den **Bund** im Zopfmuster stricken, dafür die letzte Runde der Mascheneinteilung (= 56. Rd) wie die 4. Rd der Strickschrift arbeiten. Nach insgesamt 2,5 cm = 9 Rd im Zopfmuster die Maschen locker **abketten**.

Für den **Daumen** die stillgelegten 13 Keilmaschen auf eine Nadel nehmen und 5 M aus dem Steg auffassen = 18 M. Die Maschen gleichmäßig zu je 6 M auf drei Nadeln verteilen und glatt rechts stricken.
In der 2. Rd die 1. Stegmasche mit der vorhergehenden Masche rechts überzogen zusammenstricken und die letzte Stegmasche mit der nachfolgenden Masche rechts zusammenstricken. Diese Abnahmen in der nächsten Runde ebenso arbeiten; es bleibt noch 1 Stegmasche übrig = 14 M. In Höhe des oberen Daumengelenks alle Maschen abketten.

## Linke Stulpe

Genauso arbeiten, jedoch die Mascheneinteilung mit 28 M Ajourzopf beginnen. Außerdem für den Daumenkeil die viertletzte Masche der 4. Nadel markieren.

### Strickschrift

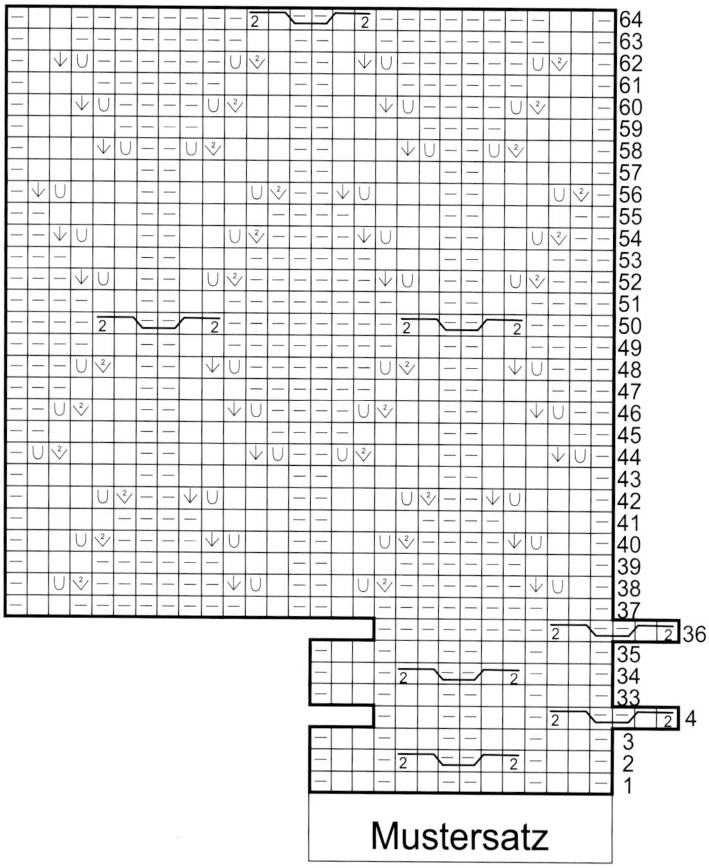


### Zeichenerklärung

☐ = 1 Masche rechts

⊟ = 1 Masche links

U = 1 Umschlag

= 2 Maschen rechts zusammenstricken

= 2 Maschen rechts überzogen zusammenstricken (= 1 Masche wie zum Rechtsstricken abheben, 1 Masche rechts stricken, dann die abgehobene Masche überziehen)

= 2 Maschen auf eine Hilfsnadel vor die Arbeit legen, 2 Maschen auf eine zweite Hilfsnadel hinter die Arbeit legen, 2 Maschen rechts stricken, dann die Maschen der zweiten Hilfsnadel links stricken und die Maschen der ersten Hilfsnadel rechts stricken

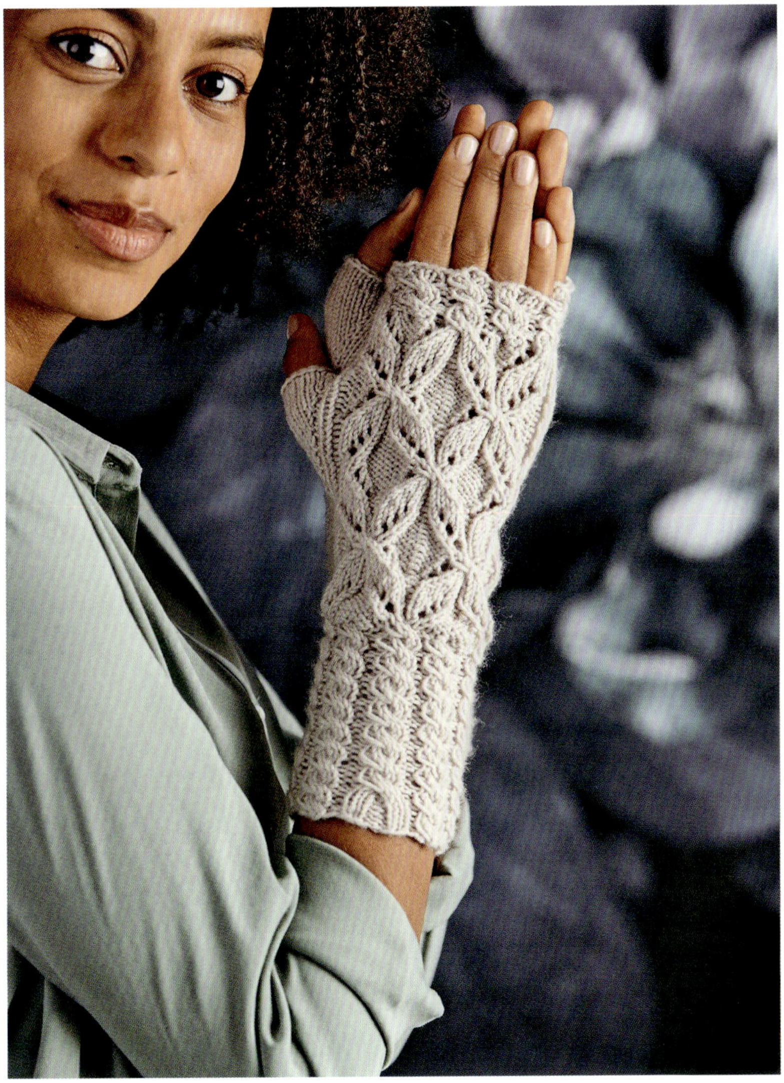

# Sweet Mallow

## Beerenstarke Kombi aus Zopf- und Ajourmuster

Schwierigkeitsgrad ★★

**Größe:**
26 cm Länge

**Material:**
- Schurwoll-Garn (100 % Schurwolle, LL ca. 150 m/50 g), 100 g in Malve
- 1 Nadelspiel 3 mm

**Muster:**
**Glatt rechts:** In allen Runden rechts stricken.
**Zopf-Ajourmuster:** Die Maschenzahl muss durch 8 teilbar sein. Laut Strickschrift (siehe Seite 53) arbeiten. Es sind nur ungerade Runden gezeichnet; in den geraden Runden alle Maschen und Umschläge rechts stricken. In der Breite den Mustersatz, in der Höhe die 1.–16. Rd stets wiederholen.

**Maschenprobe:**
**Zopf-Ajourmuster** mit Nadeln 3 mm:
24 M und 37,5 Rd = 10 × 10 cm.

**Hinweis:**
Die Angaben für beide Größen sind durch einen Schrägstrich voneinander getrennt. Steht nur eine Angabe, gilt sie für beide Größen.

**So wird's gemacht:**
48/56 M **anschlagen** und gleichmäßig zu 12/14 M auf vier Nadeln verteilen. Im Zopf-Ajourmuster arbeiten.

Nach 19,5 cm = 73 Rd ab Anschlag für den **Daumenkeil** die 4. M der 1. Nadel markieren und beidseitig der markierten Masche je 1 M aus dem Querfaden rechts verschränkt herausstricken = 3 M Daumenkeil. Über die Daumenkeilmaschen glatt rechts stricken.

Die Zunahmen wie folgt stricken: * In der folgenden 3. Rd vor und nach den Daumenkeilmaschen je 1 M aus dem Querfaden rechts verschränkt herausstricken, ab * 5/6× arbeiten = 13/15 Daumenkeilmaschen. Die Zahl der Daumenkeilmaschen erhöht sich somit bei jeder Zunahmerunde um 2 M. Die Daumenkeilmaschen stilllegen.

Dann über den stillgelegten Daumenkeilmaschen für den **Daumensteg** 5 M neu anschlagen und 1 Rd stricken, dabei über die 5 M des Daumenstegs glatt rechts stricken. In der folgenden Runde die 1. Stegmasche mit der Masche davor rechts überzogen zusammenstricken (= 1 M wie zum Rechtsstricken abheben, 1 M rechts stricken, dann die abgehobene Masche überziehen) und die letzte Stegmasche mit der Masche danach rechts zusammenstricken. Diese Abnahmen in der folgenden Runde ebenso arbeiten, es bleibt noch 1 Stegmasche übrig = 48/56 M. Nach 30/32 cm = 112/120 Rd ab Anschlag alle Maschen locker abketten.

Für den **Daumen** die stillgelegten 13/15 Keilmaschen auf eine Nadel nehmen, 5 M aus dem Steg auffassen und die Maschen zu 6 (7-6-7) M auf drei Nadeln verteilen = 18/20 M pro Nadel. Glatt rechts stricken.
In der folgenden 2. Rd die 1. Stegmasche mit der Masche davor rechts überzogen zusammenstricken und die letzte Stegmasche mit der Masche danach rechts zusammenstricken. Die Abnahmen in der folgenden Runde wiederholen, es bleibt noch 1 Stegmasche übrig = 14/16 M. In Höhe des obersten Daumengelenks alle Maschen abketten.

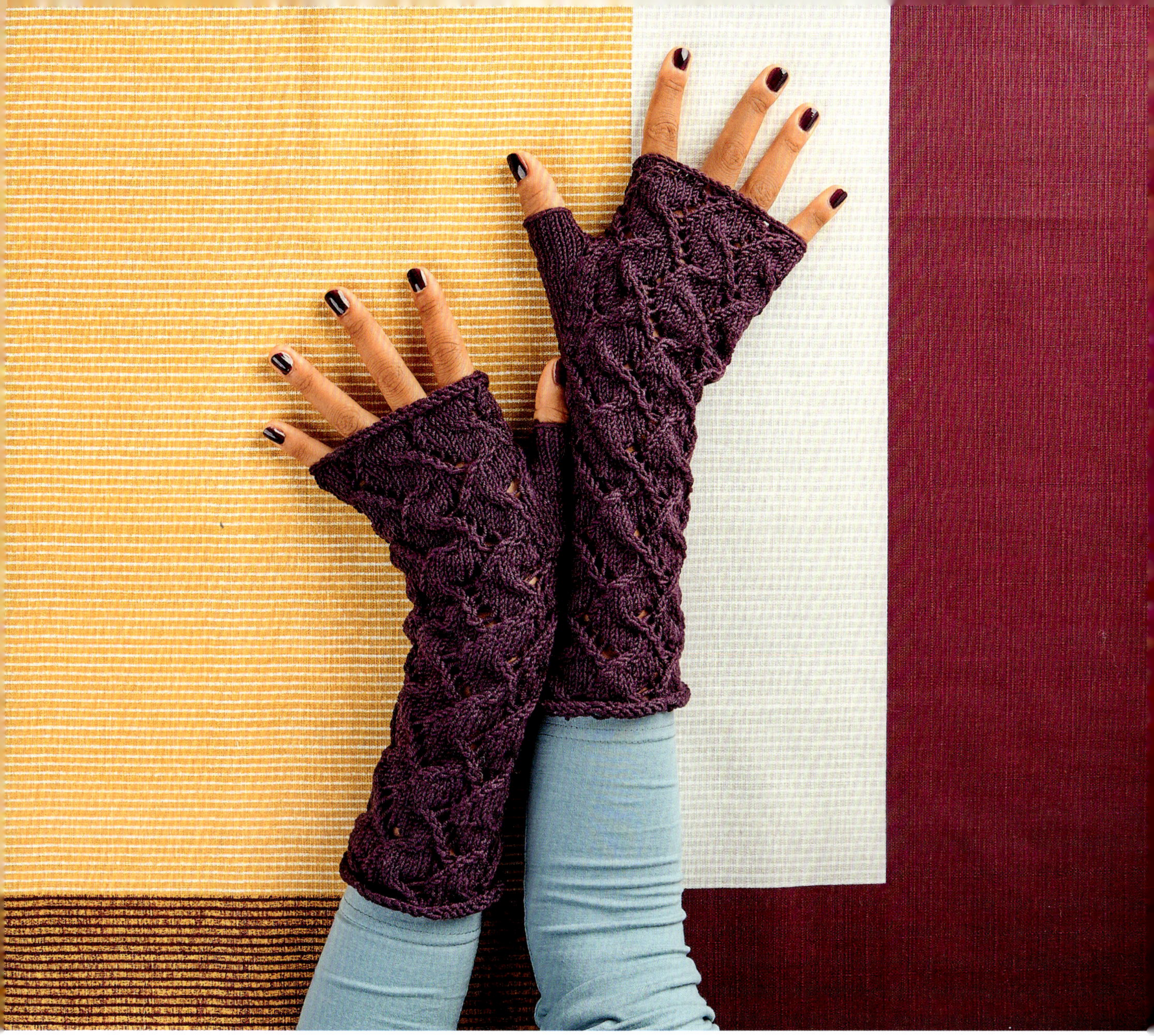

**Strickschrift**

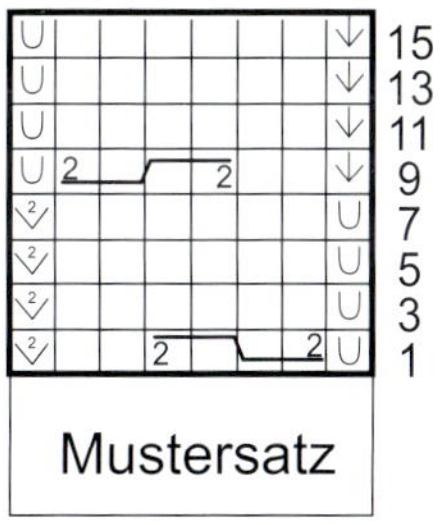


**Zeichenerklärung**

= 1 Masche rechts

= 1 Umschlag

= 2 Maschen rechts zusammenstricken

= 2 Maschen rechts überzogen zusammenstricken (= 1 Masche wie zum Rechtsstricken abheben, 1 Masche rechts stricken, dann die abgehobene Masche überziehen)

= 2 Maschen auf eine Hilfsnadel vor die Arbeit legen, 2 Maschen rechts stricken, dann die Maschen der Hilfsnadel rechts stricken

= 2 Maschen auf eine Hilfsnadel hinter die Arbeit legen, 2 Maschen rechts stricken, dann die Maschen der Hilfsnadel rechts stricken

# Aran Islands

Edle Kombi aus Rippen- und Aranmuster

Schwierigkeitsgrad ★★

**Größe:**
30 cm Länge

**Material:**
- Schurwoll-Garn (100 % Schurwolle, LL ca. 145 m/50 g), 100 g in Hellgrau
- 1 Nadelspiel 3,5 mm

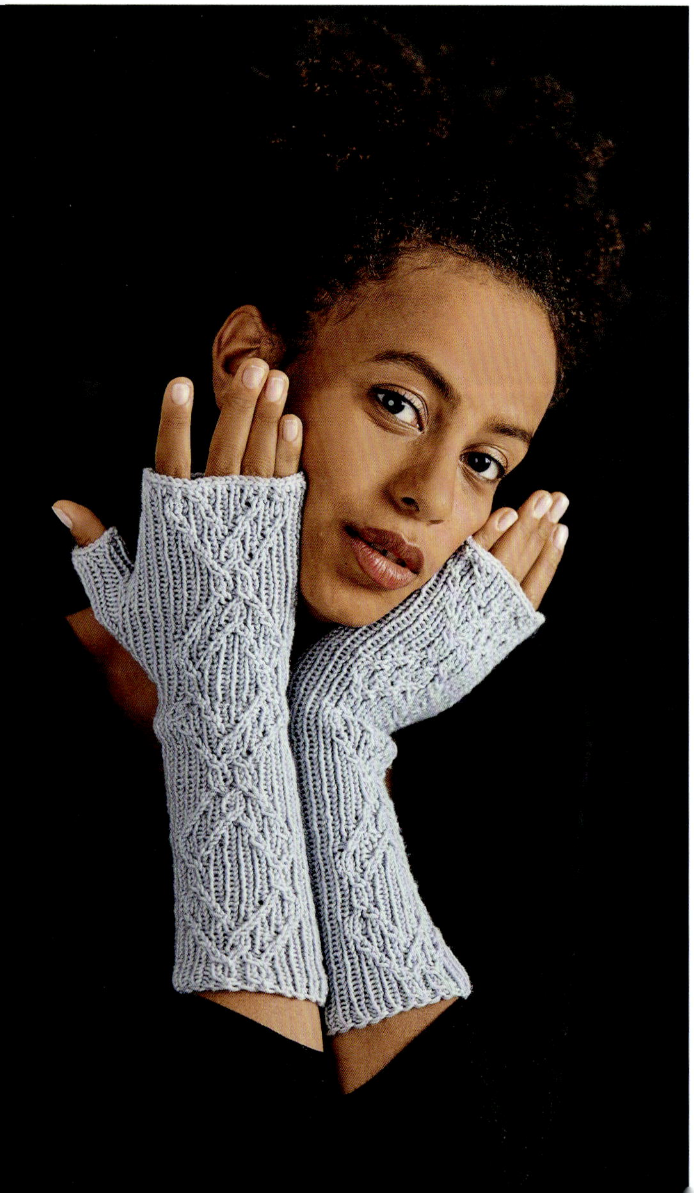

**Muster:**
**Rippenmuster**: Stets 1 M rechts, 1 M links im Wechsel stricken.
**Aranmuster über 17 M:** Laut Strickschrift arbeiten. Es sind nur ungerade Runden gezeichnet; in den geraden Runden die Maschen stricken, wie sie erscheinen. In der Höhe 1× die 1.–42. Rd arbeiten, dann die 3.–42. Rd stets wiederholen.

**Maschenprobe**
**Mascheneinteilung** mit Nadeln 3,5 mm und leicht gedehnt gemessen:
22,5 M und 34,5 Rd = 10 × 10 cm.

**Hinweis:**
Die Angaben für beide Größen sind durch einen Schrägstrich voneinander getrennt. Steht nur eine Angabe, gilt sie für beide Größen.

**So wird's gemacht:**
**Rechte Stulpe**
Die Maschen der Handfläche liegen auf der 1. und 2. Nadel, die Maschen des Handrückens auf der 3. und 4. Nadel.

50/58 M **anschlagen** und zu 12-13-12-13/ 14-15-14-15 M auf vier Nadeln verteilen. Die **Maschen** wie folgt **einteilen**: 29/33 M Rippenmuster, dabei mit 1 M rechts, 1 M links beginnen, 17 M Aranmuster, 4/8 M Rippenmuster, beginnend mit 1 M rechts, 1 M links.

Nach 18/16 cm = 62/56 Rd ab Anschlag für den **Daumenkeil** die 4. M der 1. Nadel markieren und beidseitig der markierten Masche je 1 M aus dem Querfaden rechts verschränkt herausstricken = 3 M Daumenkeil. * In der folgenden 3. Rd vor und nach den Daumenkeilmaschen je 1 M aus dem Querfaden mustergemäß verschränkt herausstricken, ab * 7/8× arbeiten = 17/19 Keilmaschen. Die Daumenkeilmaschen erhöhen sich somit bei jeder Zunahmerunde um 2 M. Über die Daumenkeilmaschen im Rippenmuster stricken. Die Daumenkeilmaschen stilllegen.

Dann über den stillgelegten Daumenkeilmaschen für den **Daumensteg** 5/7 M neu anschlagen und 1 Rd stricken, dabei über die 5/7 Stegmaschen im Rippenmuster stricken. * In der folgenden Runde die 1. Stegmasche mit der Masche davor links verschränkt zusammenstricken und die letzte Stegmasche mit der Masche danach links zusammenstricken. In der folgenden Runde die 1. Stegmasche mit der Masche davor rechts überzogen zusammenstricken (= 1 M wie zum Rechtsstricken abheben, 1 M rechts stricken, dann die abgehobene Masche überziehen) und die letzte Stegmasche mit der Masche danach rechts zusammenstricken. Ab * wiederholen, bis noch 1 Stegmasche übrig ist = 50/58 M. Nach 30 cm = 104 Rd ab Anschlag alle Maschen locker abketten.

Für den **Daumen** die 17/19 Keilmaschen auf eine Nadel nehmen, 5/7 M aus dem Steg auffassen und die Maschen zu 7-8-7/9-8-9 M auf drei Nadeln verteilen = 22/26 M. Im Rippenmuster stricken. * In der folgenden Runde die 1. Stegmasche mit der Masche davor links verschränkt zusammenstricken und die letzte Stegmasche mit der Masche danach links zusammenstricken. In der folgenden Runde die 1. Stegmasche mit der Masche davor rechts überzogen zusammenstricken und die letzte Stegmasche mit der Masche danach rechts zusammenstricken. Ab * wiederholen, bis nur noch 1 Stegmasche übrig ist = 18/20 M. In Höhe des obersten Daumengelenks alle Maschen locker abketten.

**Strickschrift**

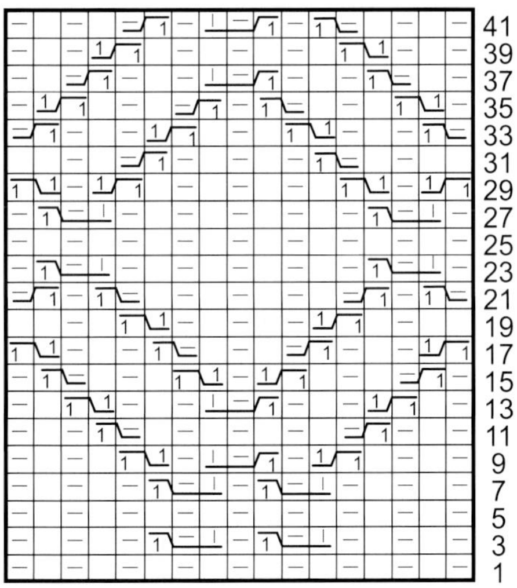

## Linke Stulpe

Die Maschen des Handrückens liegen auf der 1. und 2. Nadel, die Maschen der Handfläche auf der 3. und 4. Nadel.
Für den Daumenkeil die viertletzte Masche der 4. Nadel markieren.

**Zeichenerklärung**

= 1 Masche rechts

= 1 Masche links

= 1 Masche auf eine Hilfsnadel hinter die Arbeit legen, 1 Masche rechts stricken, dann die Masche der Hilfsnadel rechts stricken

= 1 Masche auf eine Hilfsnadel vor die Arbeit legen, 1 Masche rechts stricken, dann die Masche der Hilfsnadel rechts stricken

= 1 Masche auf eine Hilfsnadel hinter die Arbeit legen, 1 Masche rechts stricken, dann die Masche der Hilfsnadel links stricken

= 1 Masche auf eine Hilfsnadel vor die Arbeit legen, 1 Masche links stricken, dann die Masche der Hilfsnadel rechts stricken

= 1 Masche auf eine Hilfsnadel vor die Arbeit legen, 1 Masche rechts und 1 Masche links stricken, dann die Masche der Hilfsnadel rechts stricken

= 2 Masche auf eine Hilfsnadel hinter die Arbeit legen, 1 Masche rechts stricken, dann die Maschen der Hilfsnadel wie folgt stricken: 1 Masche links und 1 Masche rechts

# Go feminin

## Flauschig-weiche Armstulpen mit Häkelborte

Schwierigkeitsgrad ★★★

**Größe:**
25,5 cm Länge

**Material:**
- Schurwoll-Garn (100 % Schurwolle, LL ca. 160 m/50 g), 50 g in Puderrosa
- Mohair-Seide-Garn (70 % Mohair, 30 % Seide, LL ca. 210 m/25 g), 25 g in Weinrot
- je 1 Nadelspiel 3 und 4 mm
- 1 Häkelnadel 3 mm

**Muster:**
Rippenmuster: Stets 2 M rechts, 2 M links im Wechsel stricken.
Glatt rechts: In allen Runden stets rechte Maschen stricken.
Kraus rechts: In Runden abwechselnd 1 Rd linke Maschen, 1 Rd rechte Maschen stricken.

**Maschenprobe:**
Rippenmuster mit Nadeln 3 mm, leicht gedehnt gemessen:
26 M und 38 Rd = 10 × 10 cm.
Glatt rechts mit Nadeln 4 mm:
22 M und 32 Rd = 10 × 10 cm.

**Hinweis**
Die Angaben für die drei Größen sind durch Schrägstriche voneinander getrennt. Steht nur eine Angabe, gilt sie für alle Größen.

**So wird's gemacht:**

Rechte Stulpe
48/56/64 M mit Nadel 3 mm in Puderrosa anschlagen, die Maschen gleichmäßig zu je 12/14/16 M auf vier Nadeln verteilen und zur Runde schließen. 16,5 cm = 63 Rd im Rippenmuster stricken. Alle Maschen abketten.

Nun aus den hinteren Maschengliedern der Abkettrunde mit Nadel 4 mm 48/56/64 M in Weinrot auffassen und diese gleichmäßig zu je 12/14/16 M auf vier Nadeln verteilen. 7,5 cm = 24 Rd glatt rechts stricken. Dann über 1,5 cm = 5 Rd kraus rechts fortfahren. Dann alle Maschen locker abketten.

Linke Stulpe
Wie die rechte Stulpe stricken.

**Zu guter Letzt**
Die noch freien vorderen Maschenglieder nach Häkelschrift mit der Häkelborte in Puderrosa behäkeln, dabei 6×/7×/8× den Mustersatz von 8 M arbeiten.

**Häkelschrift**

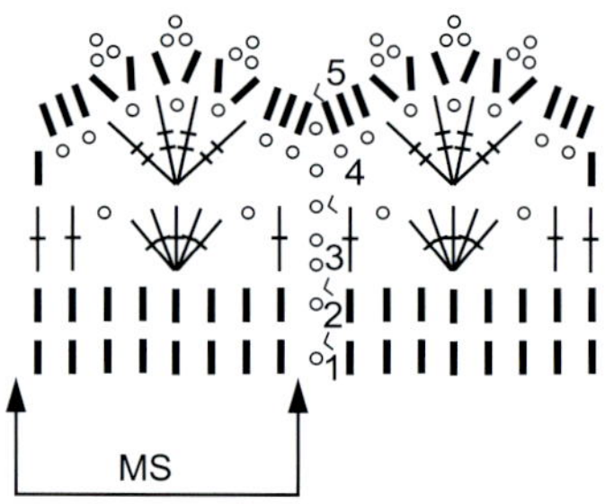


**Zeichenerklärung**

∘ = 1 Luftmasche
ˇ = 1 Kettmasche
ǀ = 1 feste Masche
† = 1 Stäbchen
ǂ = 1 Doppelstäbchen
MS = Mustersatz

Laufen die Zeichen unten zusammen, die Maschen in eine Einstichstelle arbeiten.

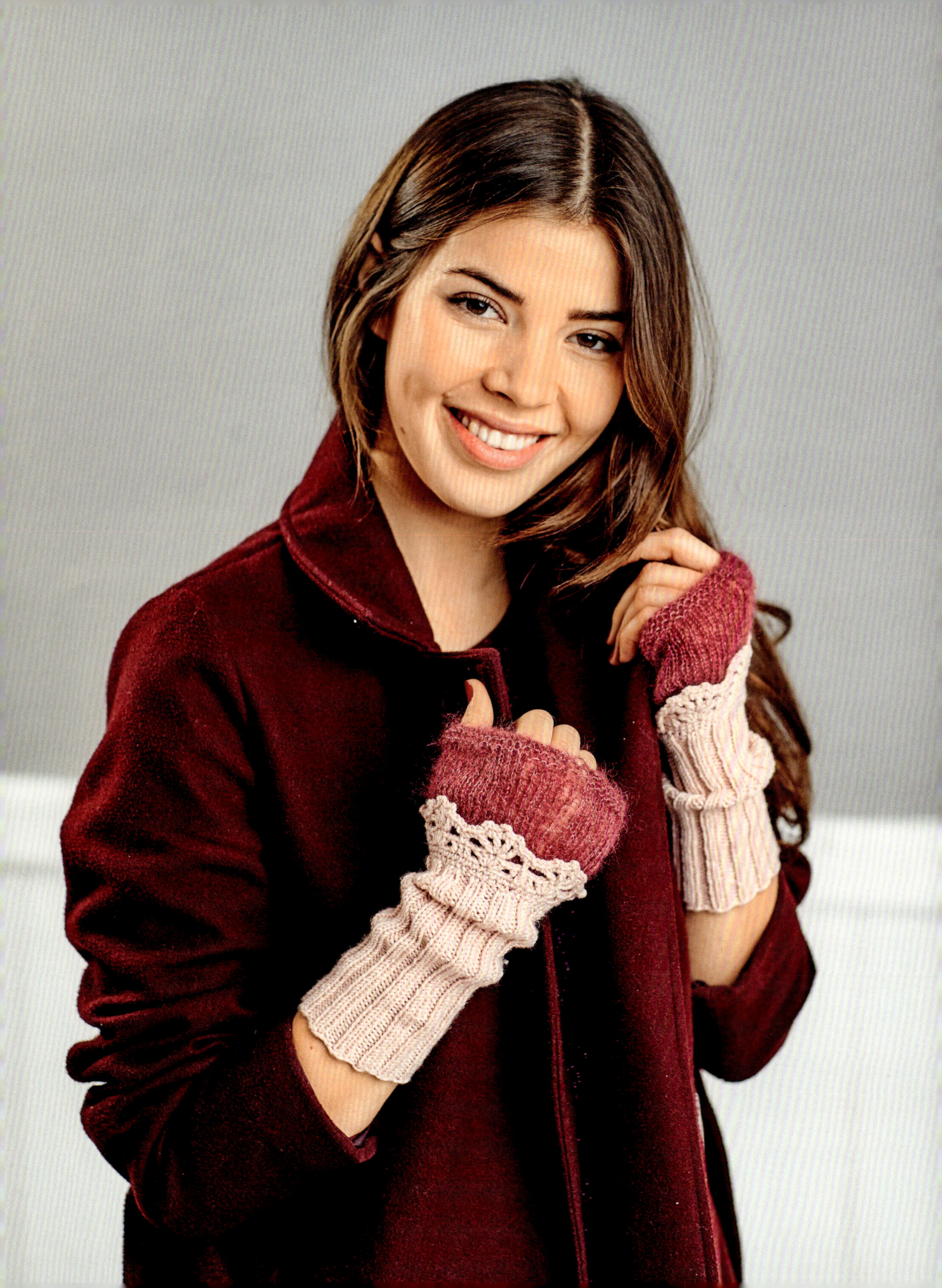

# Country Style

## Wollweiße Armstulpen mit Spiralzöpfen

Schwierigkeitsgrad ★★

**Größe:**
31 cm Länge

**Material:**

- Schurwoll-Garn (100 % Schurwolle, LL ca. 185 m/50 g), 100 g Ecru/Natur
- 1 Nadelspiel 3 mm
- 1 Zopf- oder Hilfsnadel

**Muster:**
Zopfmuster A und B: Die Maschenzahl muss durch 12 teilbar sein. Für die rechte Stulpe nach Strickschrift A, für die linke Stulpe nach Strickschrift B arbeiten. Es sind nur ungerade Runden/Reihen gezeichnet, in den geraden Runden/Reihen die Maschen stricken, wie sie erscheinen. In der Breite den Mustersatz von 12 M 6/7/8× arbeiten. In der Höhe die 1.–32 Rd stets wiederholen. Die ersten Verzopfungen der 13. und 23. Rd immer schon mit den letzten 3 M der 12. bzw. 22. Rd arbeiten.

**Maschenprobe:**
Zopfmuster A und B mit Nadeln 3 mm, leicht gedehnt gemessen:
38 M und 39,5 Rd = 10 × 10 cm.

**Hinweis:**
Die Angaben für die drei Größen sind durch Schrägstriche voneinander getrennt. Steht nur eine Angabe, gilt sie für alle Größen.

**So wird's gemacht:**

Rechte Stulpe
72/84/96 M anschlagen, diese gleichmäßig zu je 18/21/24 M auf vier Nadeln verteilen und zur Runde schließen. Anschließend im Zopfmuster A arbeiten.

In 23 cm Gesamthöhe die Arbeit am Rundenbeginn teilen und 4 cm = 16 R in Reihen stricken, danach wieder in Runden fortfahren.

In 31 cm Gesamthöhe = 122 Rd ab Anschlag alle Maschen abketten.

Linke Stulpe
Wie die rechte Stulpe, jedoch im Zopfmuster B arbeiten.

**Strickschrift A**

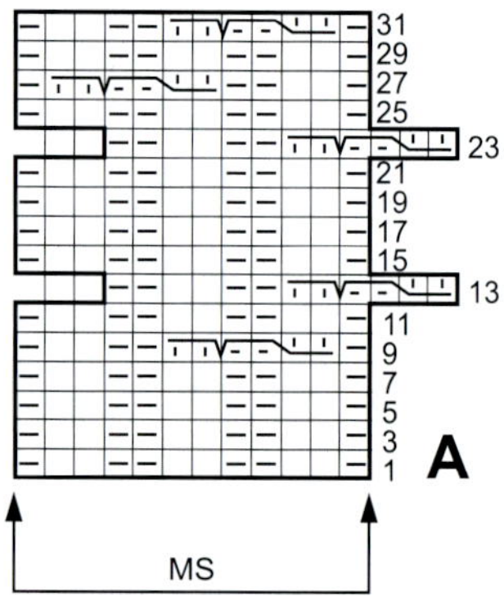


**Strickschrift B**

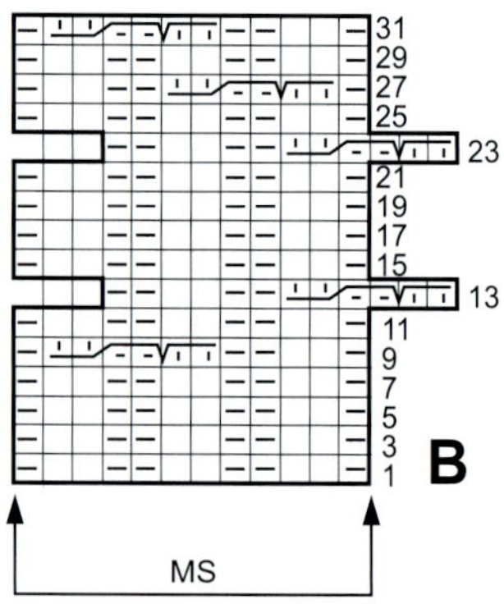


MS = Mustersatz

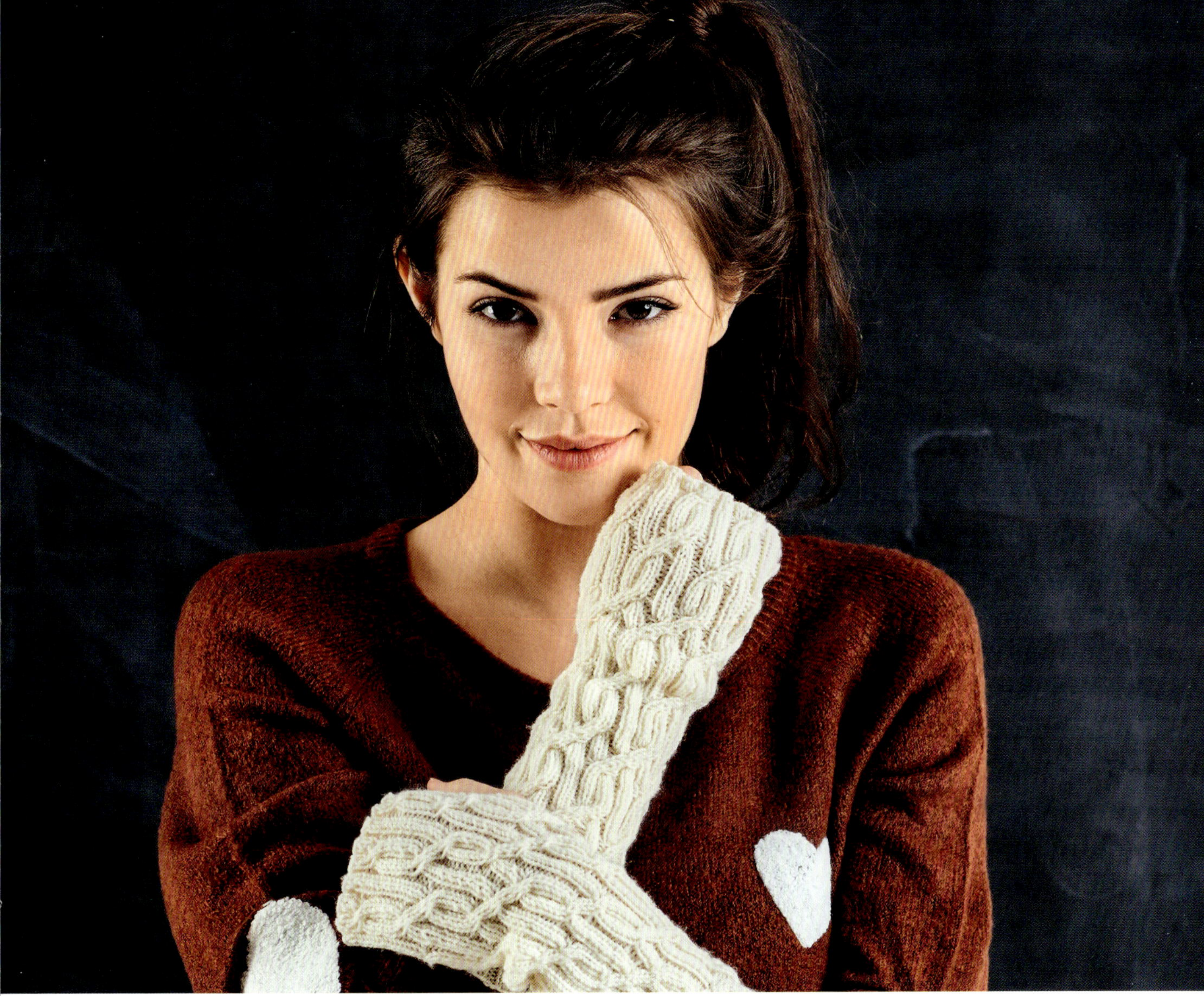

**Zeichenerklärung**

□ = 1 Masche rechts

⊟ = 1 Masche links

= 2 Maschen auf eine Hilfsnadel vor die Arbeit legen, 2 Maschen auf eine zweite Hilfsnadel hinter die Arbeit legen, 2 Maschen rechts stricken, dann die Maschen der zweiten Hilfsnadel links und danach die Maschen der ersten Hilfsnadel rechts stricken

= 2 Maschen auf eine Hilfsnadel hinter die Arbeit legen, 2 Maschen auf eine zweite Hilfsnadel hinter die Arbeit legen, 2 Maschen rechts stricken, dann die Maschen der zweiten Hilfsnadel links und danach die Maschen der ersten Hilfsnadel rechts stricken

# Gentle Breeze

## Armstulpen im Wellenmuster

Schwierigkeitsgrad ★★

**Größe:**
29 cm Länge

**Material:**
- Schurwoll-Garn (100 % Schurwolle, LL ca. 150 m/50 g), je 50 g Natur, Hellgrün, Weinrot, Petrol und Dunkelblau
- 1 Nadelspiel 3 mm

**Muster:**
**Glatt rechts:** In allen Runden stets rechte Maschen stricken.
**Kraus rechts:** In Runden abwechselnd 1 Rd linke Maschen, 1 Rd rechte Maschen stricken.
**Jacquardmuster:** Nach Strickschrift glatt rechts stricken. In der Höhe die 1.–47. Rd 1× stricken. In der Breite den Mustersatz zwischen den Pfeilen 6×/7×/8× arbeiten. Der Mustersatz geht zu Beginn über 10 M, durch die Abnahmen am Ende nur noch über 8 M.

**Maschenprobe:**
**Glatt rechts** mit Nadeln 3 mm:
27 M und 35 Rd = 10×10 cm.

**Hinweis:**
Die Angaben für die drei Größen sind durch Schrägstriche voneinander getrennt. Steht nur eine Angabe, gilt sie für alle Größen.

**So wird's gemacht:**
66/77/88 M in Dunkelblau anschlagen, die Maschen zu je 16-17-16-17/19-19-19-20/22-22-22-22 M auf vier Nadeln verteilen und zur Runde schließen. Zunächst 2 cm = 7 Rd **glatt rechts** stricken. Dann für die **Umbruchkante** 1 Rd linke Maschen stricken. Danach wieder glatt rechts stricken.

Nach 7 cm = 24 Rd ab Umbruchkante das **Jacquardmuster** stricken = 48/56/64 M.

Nach dem Jacquardmuster über alle Maschen in Natur **glatt rechts** weiterarbeiten. In 28 cm = 98 Rd ab Umbruchkante 1 cm = 3 Rd kraus rechts stricken. Dann alle Maschen rechts abketten.

Den unteren Rand der Stulpe an der Umbruchkante nach innen umschlagen und annähen.

Die **zweite Stulpe** in gleicher Weise stricken.

**Strickschrift**

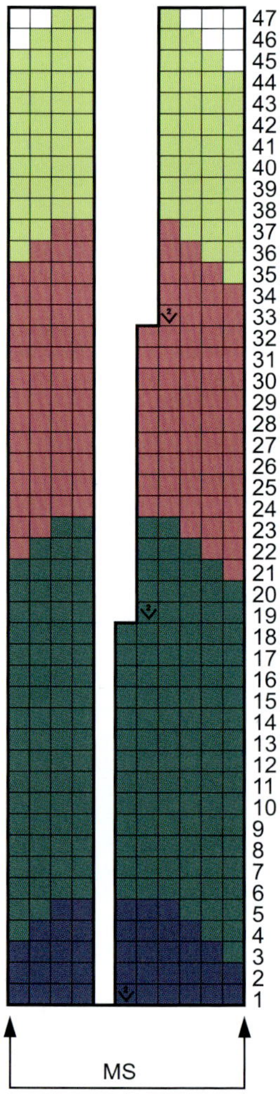

**Zeichenerklärung**

- ⊠ = 2 Maschen rechts zusammenstricken
- □ = Natur
- ■ = Hellgrün
- ■ = Weinrot
- ■ = Petrol
- ■ = Dunkelblau
- MS = Mustersatz

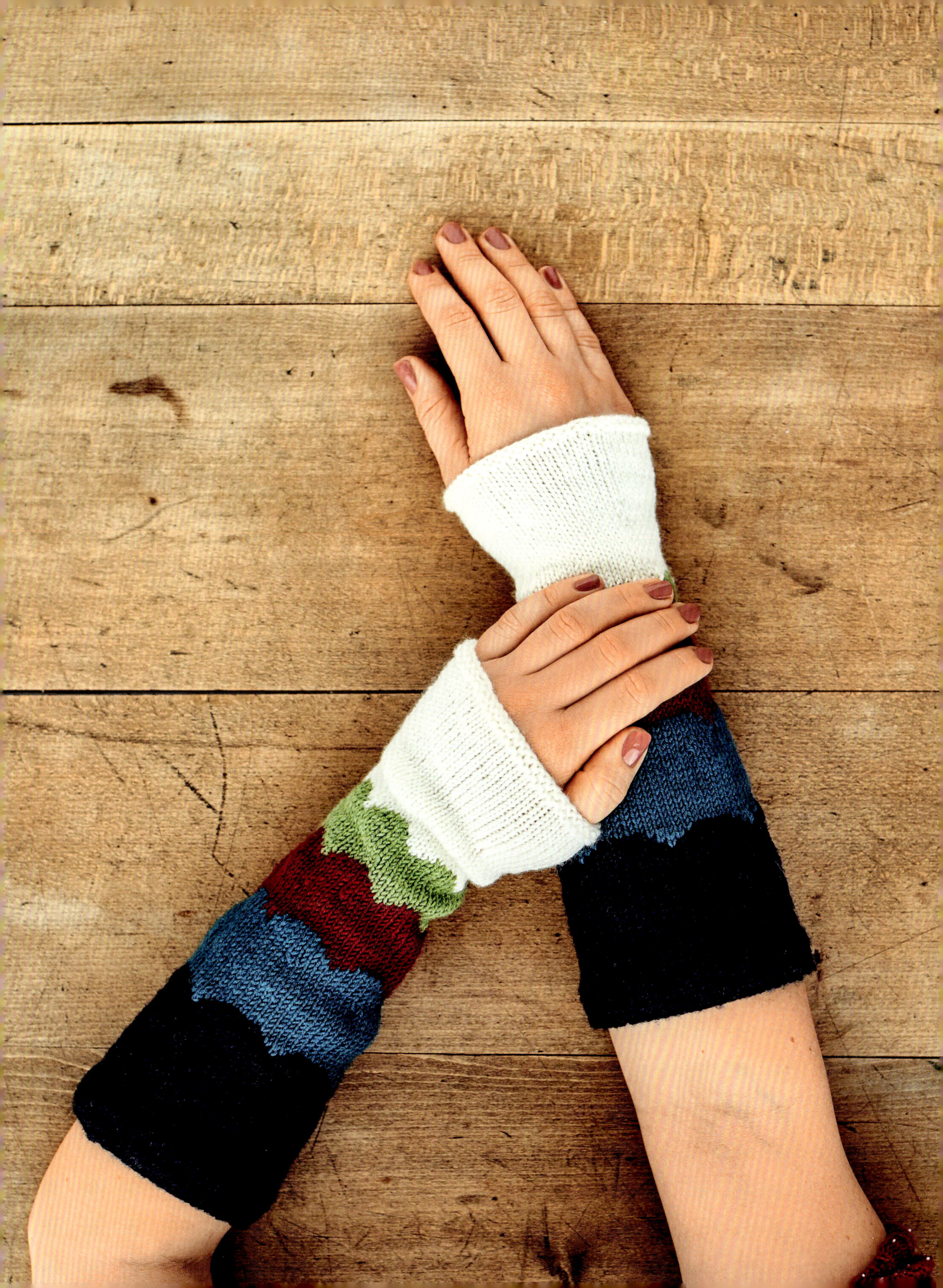

# Golden Brown

Glitzerfeine Armstulpen aus weichem Mohairgarn

Schwierigkeitsgrad ★★★

**Größe:**
30 cm Länge

**Material:**
- Mohair-Lurex-Mischgarn (72 % Mohair, 21 % Polyamid, 7 % Lurex, LL ca. 167 m/50 g), 50 g in Dunkelbraun/Gold
- 1 Rundstricknadel 3,5 mm

**Muster:**
**Glatt rechts:** In Hinreihen rechte Maschen, in Rückreihen linke Maschen stricken.
**Ajourmuster:** Nach Strickschrift arbeiten. Es sind Hin- und Rückreihen gezeichnet. In der Höhe die 1.–14. R stets wiederholen. In der Breite nach den Abnahmen den Mustersatz zwischen den Pfeilen 3×/4× arbeiten.

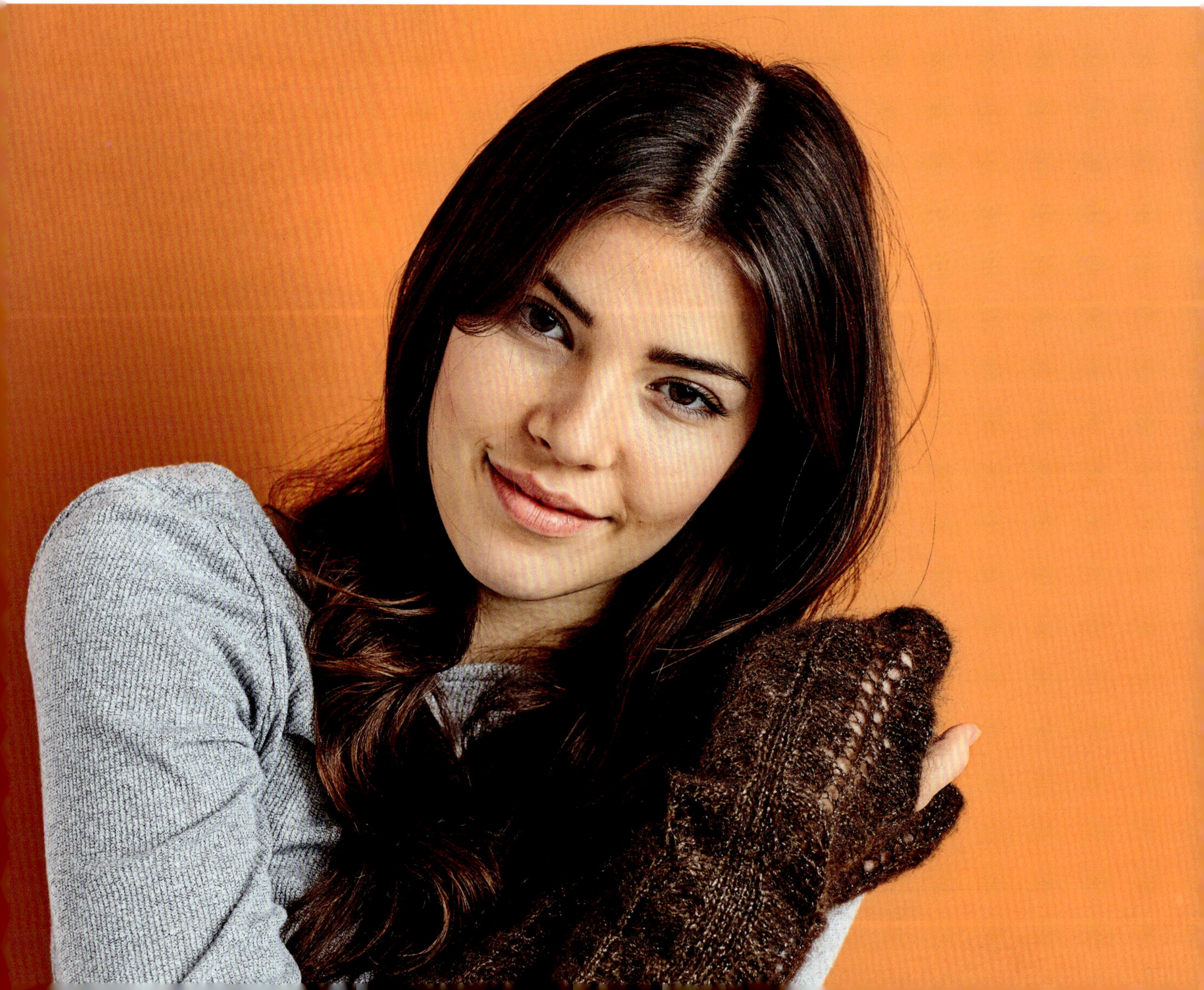

**Maschenprobe:**
**Ajourmuster** mit Nadeln 3,5 mm:
28,5 M und 56,5 R = 10 × 10 cm.

**Hinweis:**
Die Angaben für beide Größen sind durch Schrägstriche voneinander getrennt. Steht nur eine Angabe, gilt sie für beide Größen.

**So wird's gemacht:**
Die Stulpen werden in Reihen gestrickt. Hierzu 71/86 M **anschlagen** und 1 R (= Rückreihe) linke Maschen stricken (= 1. R).

Dann die **Maschen** wie folgt **einteilen**:
1 Randmasche, 3/2 M glatt rechts, *
17 M Ajourmuster, 6/4 M glatt rechts,
ab * 2×/3× arbeiten, 17 M Ajourmuster,
3/2 M glatt rechts, Randmasche.

In der 26./56. R (= Hinreihe) die ersten **Abnahmen wie folgt arbeiten:** Randmasche, 2/1 M glatt rechts, * 3 M rechts überzogen zusammenstricken (= 1 M wie zum Rechtsstricken abheben, 2 M rechts stricken, dann die abgehobene Masche überziehen), 13 M Ajourmuster (dafür mit der 3. M beginnen und mit der drittletzten M der Strickschrift enden), 3 M rechts zusammenstricken, 4/2 M glatt rechts, ab * 2×/3× arbeiten, 3 M rechts überzogen zusammenstricken, 13 M Ajourmuster, 3 M rechts zusammenstricken, 2/1 M glatt rechts, Randmasche.

**Strickschrift**

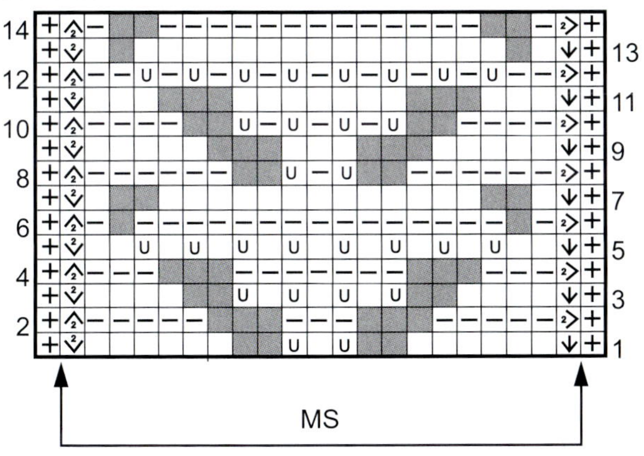


Diese Abnahmen 1× in der folgenden 26. R und 1× in der folgenden 24. R/1× in jeder 56. R in gleicher Weise arbeiten, dabei verringert sich die Anzahl der glatt rechten Maschen vor, zwischen und nach den einzelnen Ajourmustern. Pro Abnahmereihe werden 6/8 M abgenommen = 53/70 M.

In 30 cm Gesamthöhe = 169 R ab Anschlag alle Maschen **abketten**.

Die **zweite Stulpe** ebenso stricken.

**Zu guter Letzt:**
Die Stulpen spannen, leicht anfeuchten und trocknen lassen. Die seitliche Naht jeweils schließen, dabei für den Daumenschlitz nach 4 cm ab oberem Rand 4 cm offen lassen.

**Zeichenerklärung**

⊞ = Randmasche
■ = keine Bedeutung, Masche nicht vorhanden (dient nur der besseren Übersicht)
□ = 1 Masche rechts
⊟ = 1 Masche links
U = 1 Umschlag
⩔ = 2 Maschen rechts zusammenstricken
⩓ = 2 Maschen links zusammenstricken
↓ = 2 Maschen rechts überzogen zusammenstricken (= 1 Masche wie zum Rechtsstricken abheben, 1 Masche rechts stricken, dann die abgehobene Masche überziehen)
> = 2 Maschen links verschränkt zusammenstricken
MS = Mustersatz

# Knitting Fever

So kommt beim Stricken keine Langeweile auf!

Schwierigkeitsgrad ★★

## Größe:
28 cm Länge

## Material:
- Schurwoll-Mischgarn (75 % Schurwolle, 25 % Polyamid, LL ca. 210 m/50 g), je 50 g in Petrol, Weiß, Senf und Mint
- 1 Nadelspiel 3 mm

## Muster:
**Rippenmuster:** Stets 1 M rechts, 1 M links im Wechsel stricken.
**Glatt rechts:** In allen Runden stets rechte Maschen stricken.
**Jacquardmuster:** Die Maschenzahl muss durch 8 teilbar sein. Nach dem Zählmuster stricken. Es ist jede Runde gezeichnet. In der Breite den Mustersatz stets wiederholen. In der Höhe die 1.–43. Rd × arbeiten, dann die 30.–43. Rd 2 × und anschließend die 44. Rd 1 × stricken (= 72 Rd).
**Muster- und Streifenfolge:** 72 Rd im Jacquardmuster, 2 Rd in Petrol

## Maschenprobe:
**Jacquardmuster** mit Nadeln 3 mm:
34 M und 34 Rd = 10 × 10 cm.

## Hinweis:
Die Angaben für die drei Größen sind durch Schrägstriche voneinander getrennt. Steht nur eine Angabe, gilt sie für alle Größen.

## So wird's gemacht:
56/64/72 M in Petrol anschlagen, gleichmäßig zu je 14/16/18 M auf vier Nadeln verteilen und zur Runde schließen. Für den **Bund** 5,5 cm = 25 Rd im Rippenmuster stricken.

Dann glatt rechts in der **Muster- und Streifenfolge** weiterarbeiten.

Nach 13,5/12/10,5 cm = 46/40/36 Rd ab Bundende für den **Daumenschlitz** die 5.–12./5.–16./5.–16. M stilllegen und in der folgenden Runde anstelle der stillgelegten Maschen 8/12/12 M in Petrol dazu anschlagen.

In einer Gesamthöhe von 21 cm = 74 Rd ab Bund noch 1 cm = 5 Rd **Rippenmuster** in Petrol stricken. Dann alle Maschen abketten.

Für den **Daumen** die stillgelegten 8/12/12 Daumenschlitzmaschen auf eine Nadel nehmen und weitere 8/12/12 M aus dem Steg in Petrol auffassen = 16/24/24 M. Die Maschen zu je 5-5-6/8-8-8/8-8-8 M auf drei Nadeln verteilen und über 3 cm = 12 Rd glatt rechts in Petrol stricken. Alle Maschen abketten.

Die **zweite Stulpe** in gleicher Weise arbeiten.

**Zeichenerklärung**

■ = 1 Masche in Petrol
□ = 1 Masche in Weiß
■ = 1 Masche in Mint
■ = 1 Masche in Senf
MS = Mustersatz

**Zählmuster**

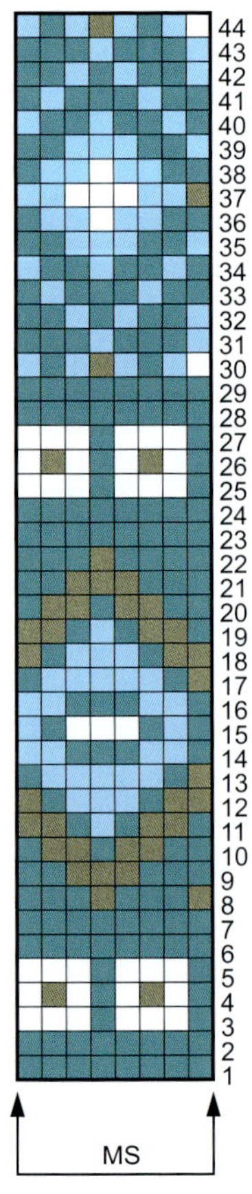

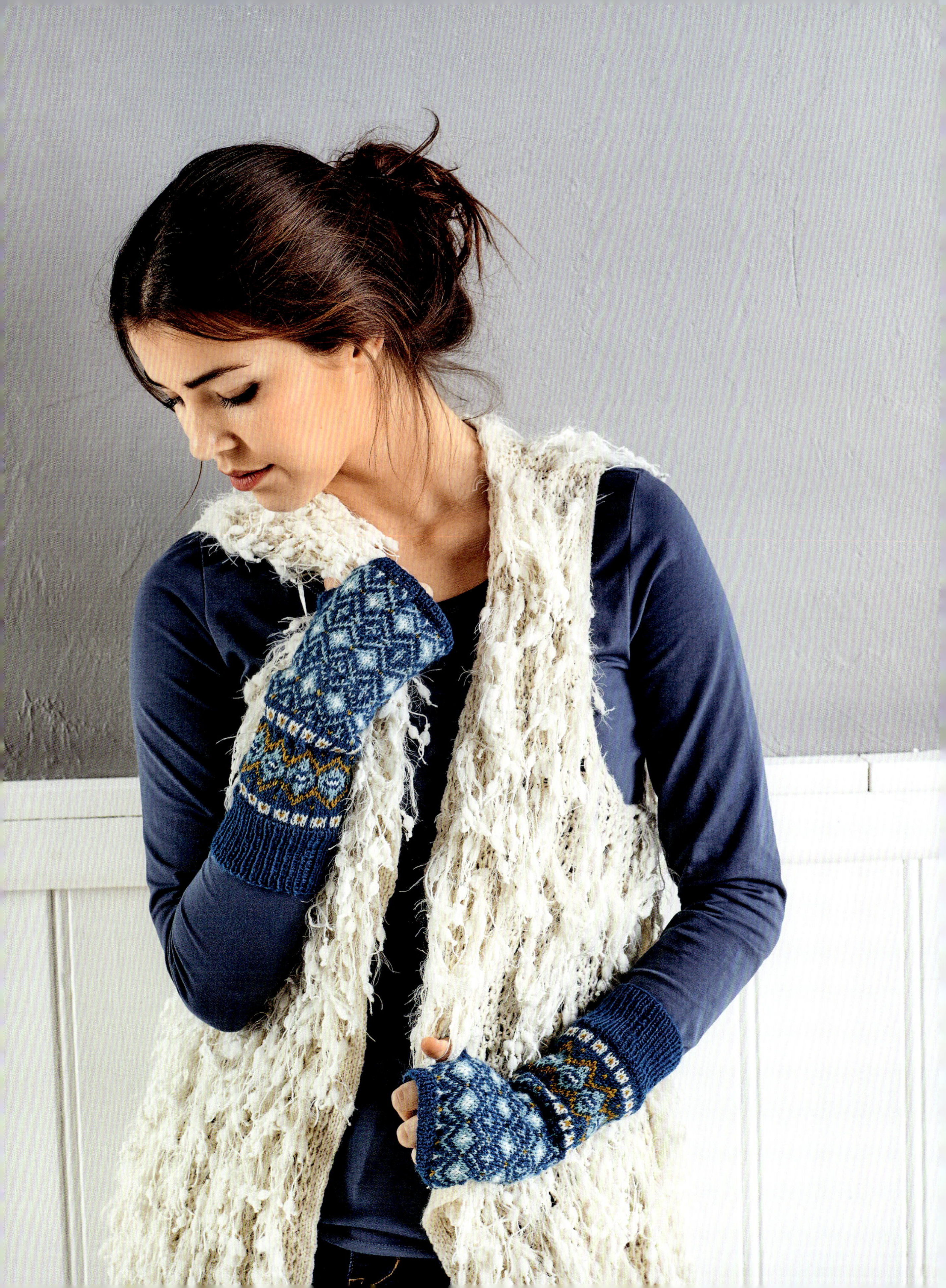

# Kurze Armstulpen

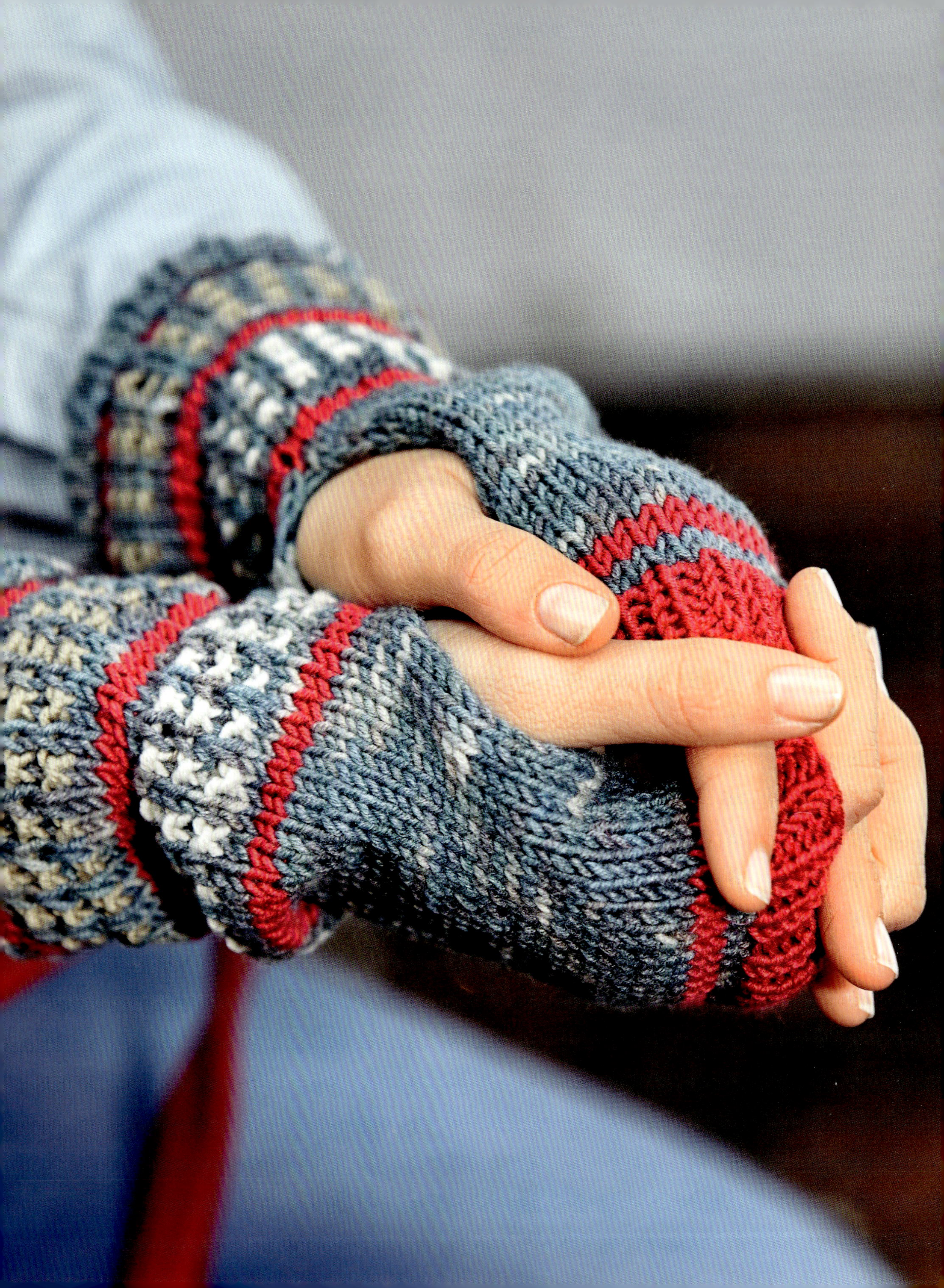

# Easy Knitting

## Handstulpen im Hebemaschenmuster

Schwierigkeitsgrad ★★

**Größe:**
23 cm Länge

**Material:**

- Woll-Mischgarn (60 % Merino, 40 % Polyacryl, LL ca. 120 m/50 g), je 50 g in Grau-Beige meliert, Zyklam, Beige und Sand
- Stricknadeln 4 mm

**Muster:**
**Rippenmuster:** Stets 1 M rechts, 1 M links im Wechsel stricken.
**Glatt rechts:** In Hinreihen rechte Maschen, in Rückreihen linke Maschen stricken. In Runden stets rechte Maschen stricken.
**Hebemaschenmuster in Reihen:** Gerade Maschenzahl. 1. R in Beige: * 1 M links abheben (Faden hinten), 1 M rechts, ab * stets wiederholen. 2. R in Beige: * 1 M rechts, 1 M links abheben (Faden vorn), ab * stets wiederholen. 3. und 4. R in Meliert: glatt rechts. Die 1.–4. R noch 2× wiederholen = 12 R.
**Musterfolge:** * 2 R glatt rechts in Zyklam, 3 R glatt rechts in Meliert, 12 R Hebemaschenmuster, ab * noch 1× wiederholen, dabei das Hebemaschenmuster in Sand/Meliert arbeiten = 34 R.
**Kettrand:** In allen Reihen die 1. M rechts verschränkt stricken, vor der letzten Masche den Arbeitsfaden nach vorn holen und die letzte Masche links abheben.

**Maschenprobe:**
**Musterfolge** mit Nadeln 4 mm:
20 M und 40 R = 10 × 10 cm.
**Glatt rechts** mit Nadeln 4 mm:
20 M und 30 R = 10 × 10 cm.

**So wird's gemacht:**
Die Stulpen in Reihen stricken. Jede Reihe beginnt und endet mit 1 Randmasche, diese als Kettrand arbeiten.

42 M in Meliert anschlagen und für den **Bund** 2 cm = 6 R im Rippenmuster stricken.

Dann 34 R in der **Musterfolge** arbeiten.

Danach **glatt rechts** weiterstricken, dabei 2 R in Zyklam, 26 R in Meliert, 2 R in Zyklam und 2 R in Meliert arbeiten.

Nach 19 cm = 66 R ab Bund für die **obere Blende** 1 Hinreihe rechte Maschen und 5 R im Rippenmuster in Zyklam arbeiten. Danach alle Maschen abketten.

Seitenkanten ab Unterkante über 12 cm, ab Oberkante über 6 cm **zusammennähen**. Es bleiben 5 cm für den Daumenschlitz offen.

Die **zweite Stulpe** in gleicher Weise stricken.

# All day long

## Handstulpen im dreifarbigen Raupenmuster

Schwierigkeitsgrad ★★

**Größe:**
23 cm Länge

**Material:**

- Schurwoll-Garn (100 % Schurwolle, LL ca. 160 m/50 g), je 50 g in Hellgrau meliert, Blaupetrol und Honiggelb
- je 1 Nadelspiel 3 mm und 3,5 mm

**Muster:**
**Kraus rechts in Runden:** Abwechselnd 1 Rd rechte Maschen, 1 Rd linke Maschen stricken.
**Rippenmuster in Runden:** Stets 1 M rechts, 1 M links im Wechsel stricken.
**Hebemaschenmuster (siehe Raupenmuster Seite 180) in Runden:** Die Maschenzahl muss durch 8 teilbar sein. Nach Strickschrift in Runden arbeiten. Es sind alle Runden gezeichnet. In der Breite den Mustersatz zwischen den Pfeilen stets wiederholen. In der Höhe die 1.–8. Rd stets wiederholen.
**Streifenfolge:** * 2 Rd Hellgrau meliert, 2 Rd Honiggelb, 2 Rd Hellgrau meliert, 2 Rd Blaupetrol, ab * stets wiederholen.

**Maschenprobe:**
**Hebemaschenmuster** mit Nadeln 3,5 mm: 27,5 M und 56 Rd = 10 × 10 cm.

**Hinweis:**
Die Angaben für die drei Größen sind durch Schrägstriche voneinander getrennt. Steht nur eine Angabe, gilt sie für alle Größen.

**So wird's gemacht:**
Mit Nadeln 3 mm in Hellgrau meliert 48/56/64 M anschlagen und die M gleichmäßig zu je 12/14/16 M auf vier Nadeln verteilen. Die Maschen zur Rd schließen, ohne dabei die Anschlagkante zu verdrehen. Den Rundenanfang markieren. Für den **Bund** 6 cm = 23 Rd im Rippenmuster stricken.

Dann mit Nadeln 3,5 mm im **Hebemaschenmuster in der Streifenfolge** weiterarbeiten.

Nach 7 cm = 40 Rd ab Bund für den **Daumenkeil** die 4. M der 1. Nadel markieren und beidseitig der markierten M je 1 M aus dem Querfaden rechts verschränkt herausstricken = 3 M Daumenkeil. Die weiteren Zunahmen wie folgt stricken: * In der folgenden 2. Rd vor und nach den M des Daumenkeils je 1 M aus dem Querfaden rechts verschränkt herausstricken, ab * noch 5/6/7 × wiederholen = 13/15/17 Daumenkeilmaschen. Die Zahl der Daumenkeilmaschen erhöht sich mit jeder Zunahme um 2 M. Über die M des Daumenkeils kraus rechts in der Streifenfolge stricken. Dann die Daumenkeilmaschen stilllegen.

Über den stillgelegten Maschen für den **Daumensteg** 5 M neu anschlagen, alle M wieder zur Rd schließen und 1 Rd stricken, dabei über die 5 M des Stegs kraus rechts stricken. In der folgenden Rd die 1. Stegmasche mit der Masche davor rechts überzogen zusammenstricken (= 1 M wie zum Rechtsstricken abheben, 1 M rechts stricken, dann die abgehobene M überziehen) und die letzte Stegmasche mit der M danach rechts zusammenstricken. Diese Abnahmen in

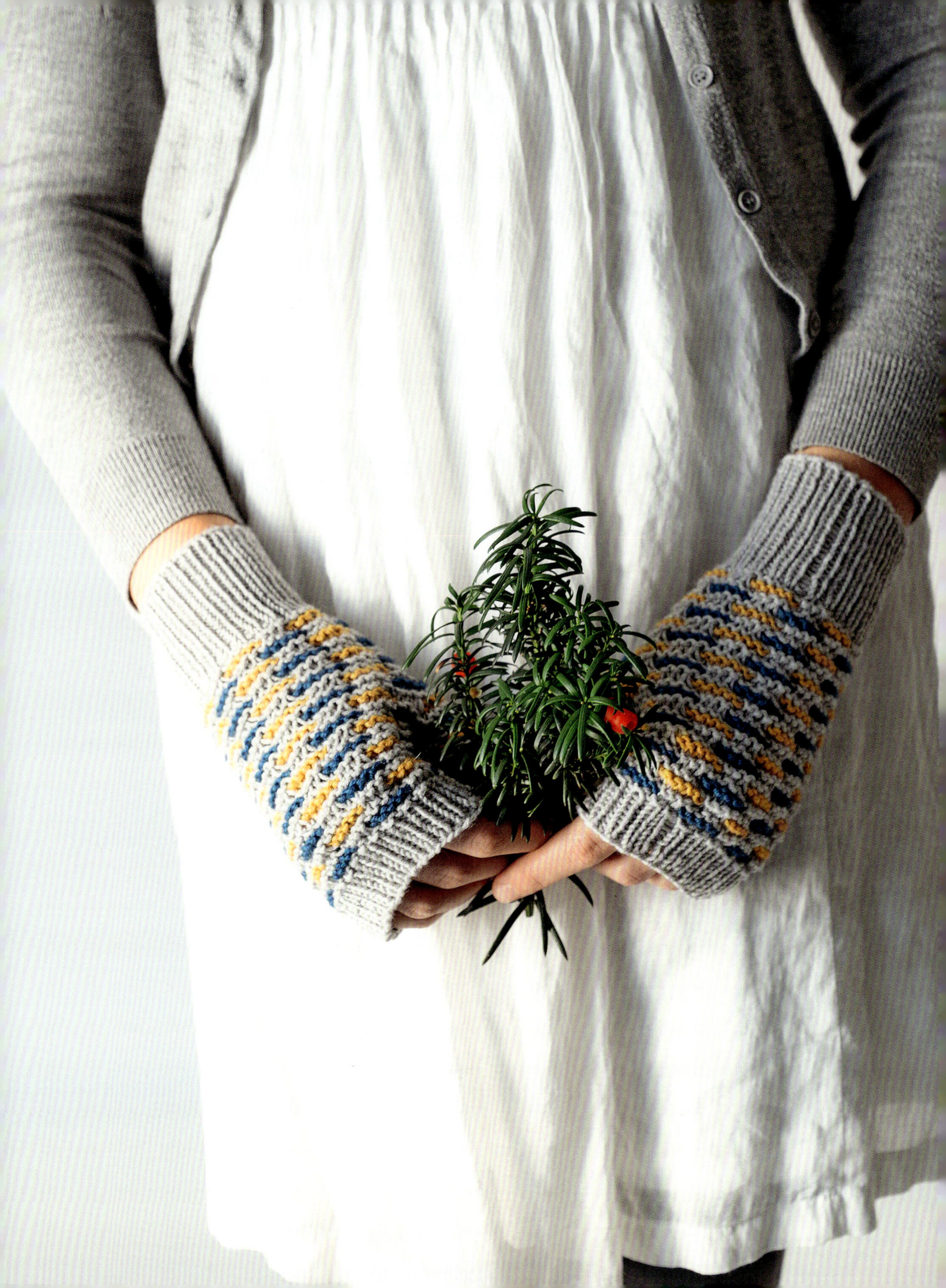

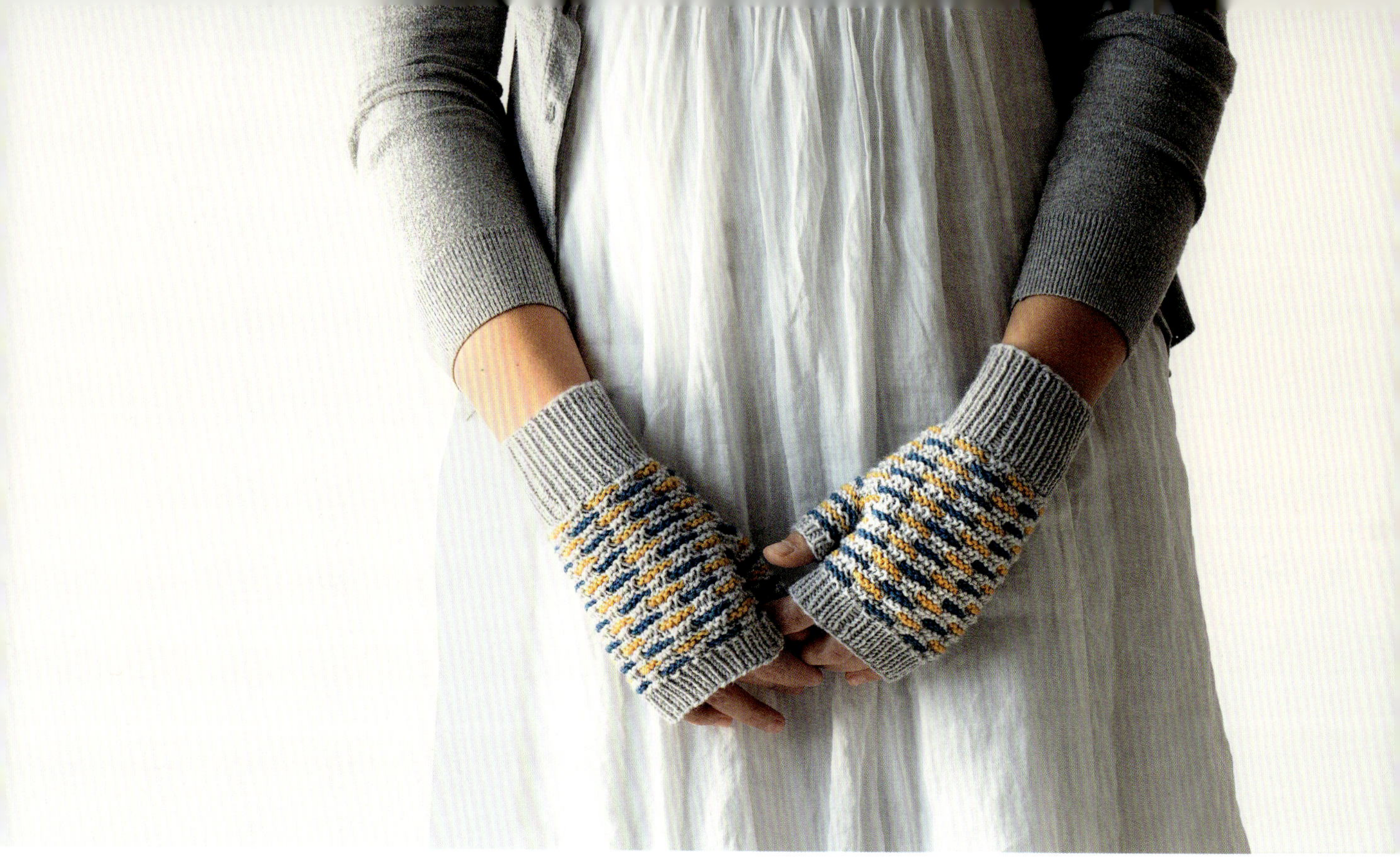

jeder Rd auf gleiche Weise arbeiten, sodass sich die Maschen des Stegs um jeweils 2 M reduzieren, bis schlussendlich nur noch 1 M übrig ist = 48/56/64 M.

Nun über alle M wieder das Hebemaschenmuster in der Streifenfolge fortsetzen. Nach 12 cm = 64 Rd ab Bund noch 2 cm im **Rippenmuster** in Hellgrau meliert mit Nadeln 3 mm stricken. Dann alle M locker abketten.

Für den **Daumen** die stillgelegten 13/15/17 Daumenkeilmaschen auf eine Nadel nehmen und 5 M aus dem Steg in Hellgrau meliert neu auffassen = 18/20/22 M. Die Maschen gleichmäßig zu je 6-6-6/7-7-6/8-7-7 M auf drei Nadeln verteilen. Kraus rechts in der Streifenfolge stricken.

In der folgenden Rd die 1. Stegmasche mit der Masche davor rechts überzogen zusammenstricken und die letzte Stegmasche mit der Masche danach rechts zusammenstricken. Diese Abnahmen in jeder Rd auf die gleiche Weise arbeiten, bis nur noch 1 Stegmasche übrig ist = 14/16/18 M.

In Hellgrau meliert am Fingergelenk noch 3 Rd im **Rippenmuster** stricken, danach alle Maschen locker abketten.

Die **zweite Stulpe** gegengleich stricken, dazu für den Daumenkeil die viertletzte Masche der 4. Nadel markieren und beidseitig der markierten Masche je 1 M aus dem Querfaden rechts verschränkt herausstricken. Die übrigen Arbeitsschritte entsprechend arbeiten.

**Strickschrift**

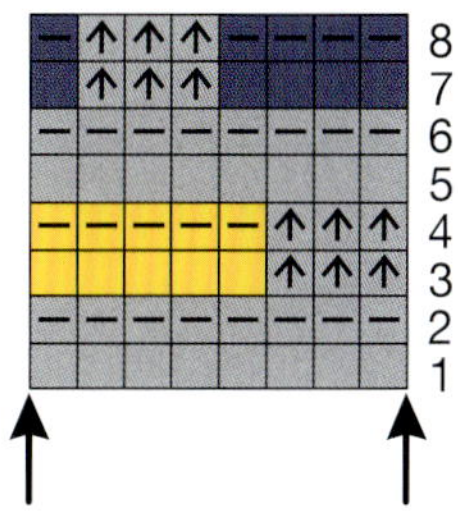

**Zeichenerklärung**

☐ = 1 Masche rechts
⊟ = 1 Masche links
↑ = 1 Masche abheben (Faden hinten)

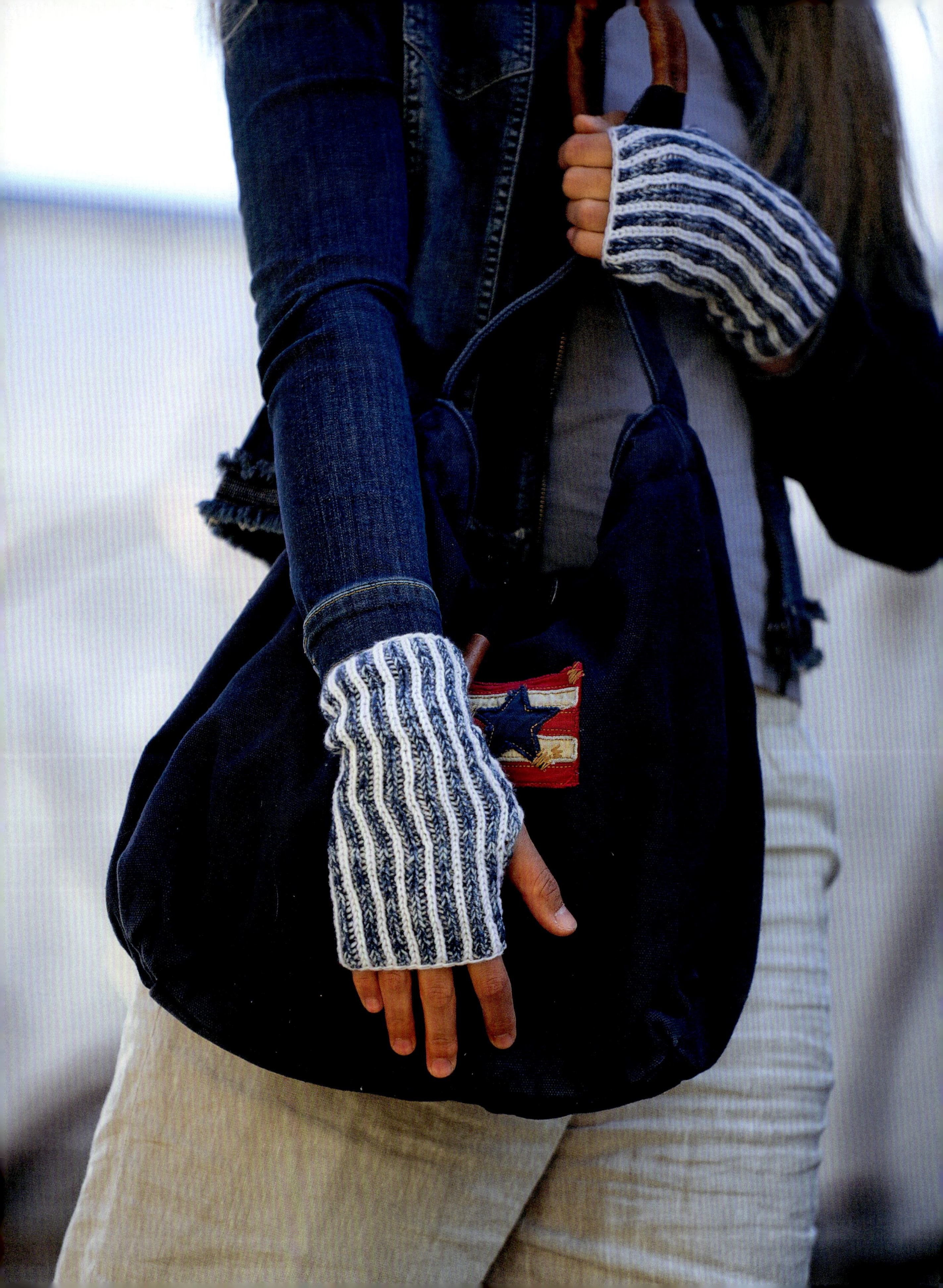

# Fisherman's Rib

## Wende-Handstulpen im zweifarbigen Vollpatentmuster

Schwierigkeitsgrad ★★

**Größe:**
22 cm Länge

**Material:**
- Schurwoll-Garn (100 % Schurwolle, LL ca. 150 m/50 g), je 50 g in Wollweiß und Blau Color
- 1 Nadelspiel 3 mm
- 1 Häkelnadel 3 mm

**Muster:**
**Zweifarbiges Vollpatent (siehe Seite 178) in Runden:** Maschenzahl teilbar durch 2
**1. Rd (Wollweiß):** * 1 M mit Umschlag abheben, 1 M rechts; ab * stets wiederholen.
**2. Rd (Blau Color):** * 1 M mit dem Umschlag rechts zusammenstricken, 1 M mit Umschlag abheben; ab * stets wiederholen.
**3. Rd (Wollweiß):** * 1 M mit Umschlag abheben, die M mit dem Umschlag rechts zusammenstricken; ab * stets wiederholen.
1× die 1.–3. Rd arbeiten, dann die 2.–3. Rd fortlaufend wiederholen.

**Zweifarbiges Vollpatent in Reihen:**
Maschenzahl teilbar durch 2 + 1 + 2 Randmaschen.
Für dieses Muster werden abwechselnd je 2 Hinreihen und 2 Rückreihen nacheinander gestrickt. Nach der ersten Hinreihe die Maschen an das andere Ende der Nadel schieben und mit der anderen Farbe erneut eine Hinreihe stricken. Dann erst die erste Rückreihe stricken, danach wieder die Maschen an das andere Ende der Nadel schieben und eine Rückreihe stricken usw.
**1. R (Hinreihe, Blau Color):** Randmasche abheben, * 1 M mit dem Umschlag rechts zusammenstricken, 1 M mit Umschlag abheben; ab * stets wiederholen, enden mit 1 M mit dem Umschlag rechts zusammenstricken und Randmasche abheben.
**2. R (Hinreihe, Wollweiß):** Randmasche rechts, * 1 M mit Umschlag abheben, 1 M mit dem Umschlag rechts zusammenstricken; ab * stets wiederholen, enden mit 1 M mit Umschlag abheben und Randmasche rechts.
**3. R (Rückreihe, Blau Color):** Randmasche abheben, * 1 M mit dem Umschlag links zusammenstricken, 1 M mit Umschlag abheben; ab * stets wiederholen, enden mit die Masche mit dem Umschlag links zusammenstricken und Randmasche abheben.
**4. R (Rückreihe, Wollweiß):** Randmasche rechts, * 1 M mit Umschlag abheben, 1 M mit dem Umschlag links zusammenstricken; ab * stets wiederholen, enden mit 1 M mit dem Umschlag abheben und Randmasche rechts.
Die 1.–4. R stets wiederholen.

**Maschenprobe:**
**Zweifarbiges Vollpatent** mit Nadeln 3 mm, leicht gedehnt:
17 M und 52 Rd/R = 10 × 10 cm.

**So wird's gemacht:**
28/32/36 M in Wollweiß **anschlagen**, gleichmäßig zu je 7/8/9 M auf vier Nadeln verteilen und im Vollpatent in Runden stricken.

Nach 14 cm = 67 Rd ab Anschlag für den **Daumenschlitz** in Hin- und Rückreihen mit der Rundstricknadel weiterarbeiten, dafür die 1. M abketten = 27/31/35 M.

Nun im **Vollpatent in Reihen** weiterarbeiten. Nach 17 cm = 82 Rd/R ab Anschlag wieder im Vollpatent in Runden fortfahren, dabei über der abgeketteten Masche nun 1 M dazu anschlagen und die Maschen wieder gleichmäßig zu je 7/8/9 M auf vier Nadeln verteilen.

Nach 22 cm = 106 Rd ab Anschlag alle Maschen in Wollweiß locker **abketten**.

Die **zweite Stulpe** in gleicher Weise stricken.

**Zu guter Letzt:**
Die Daumenschlitze jeweils mit 1 Rd fester Maschen in Wollweiß umhäkeln.

**Tipp:**
Diese Stulpen können auch prima mit der Innenseite nach außen getragen werden! Da beide Musterseiten anders aussehen, verändert sich der Look beim Wenden.

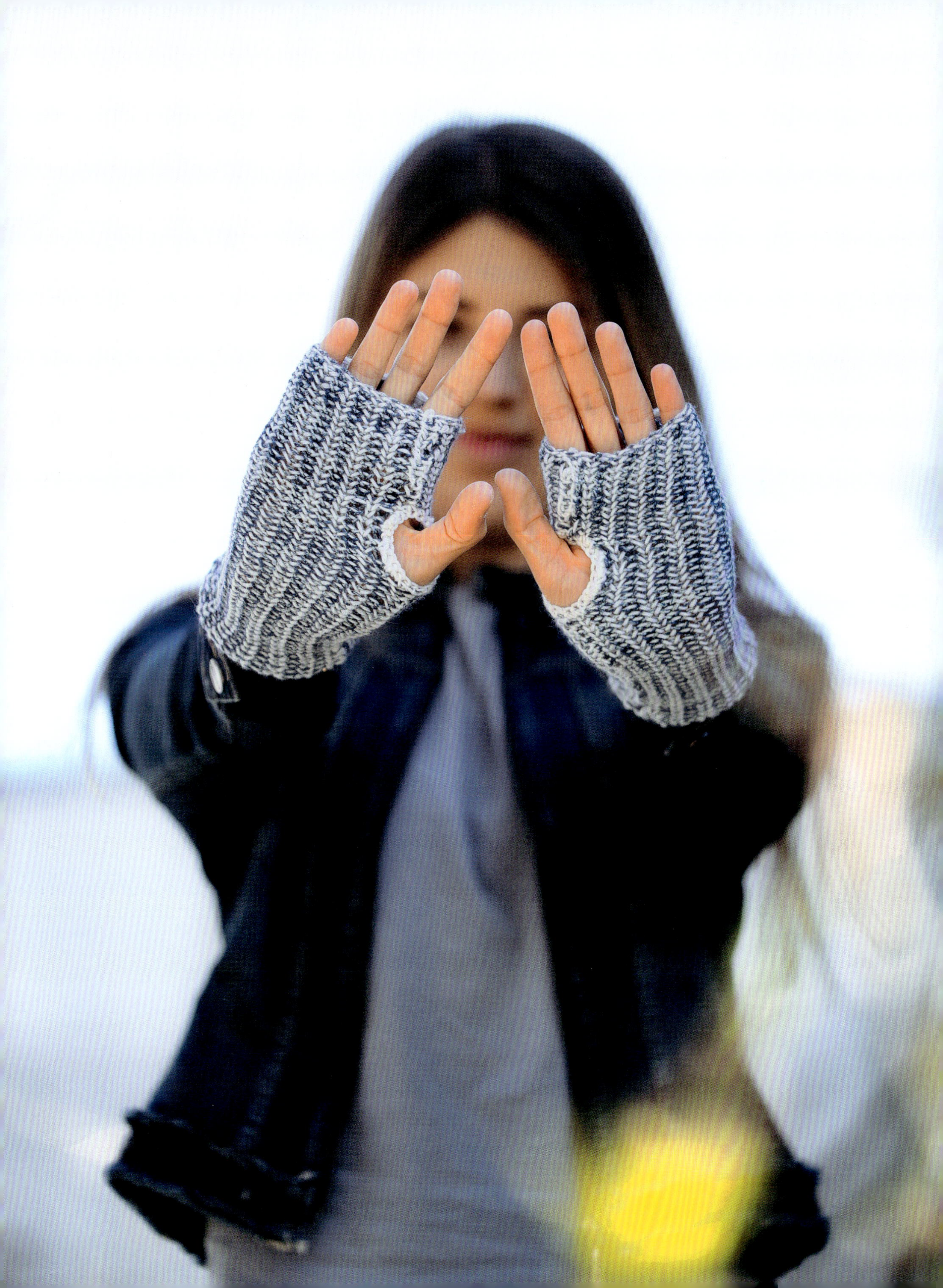

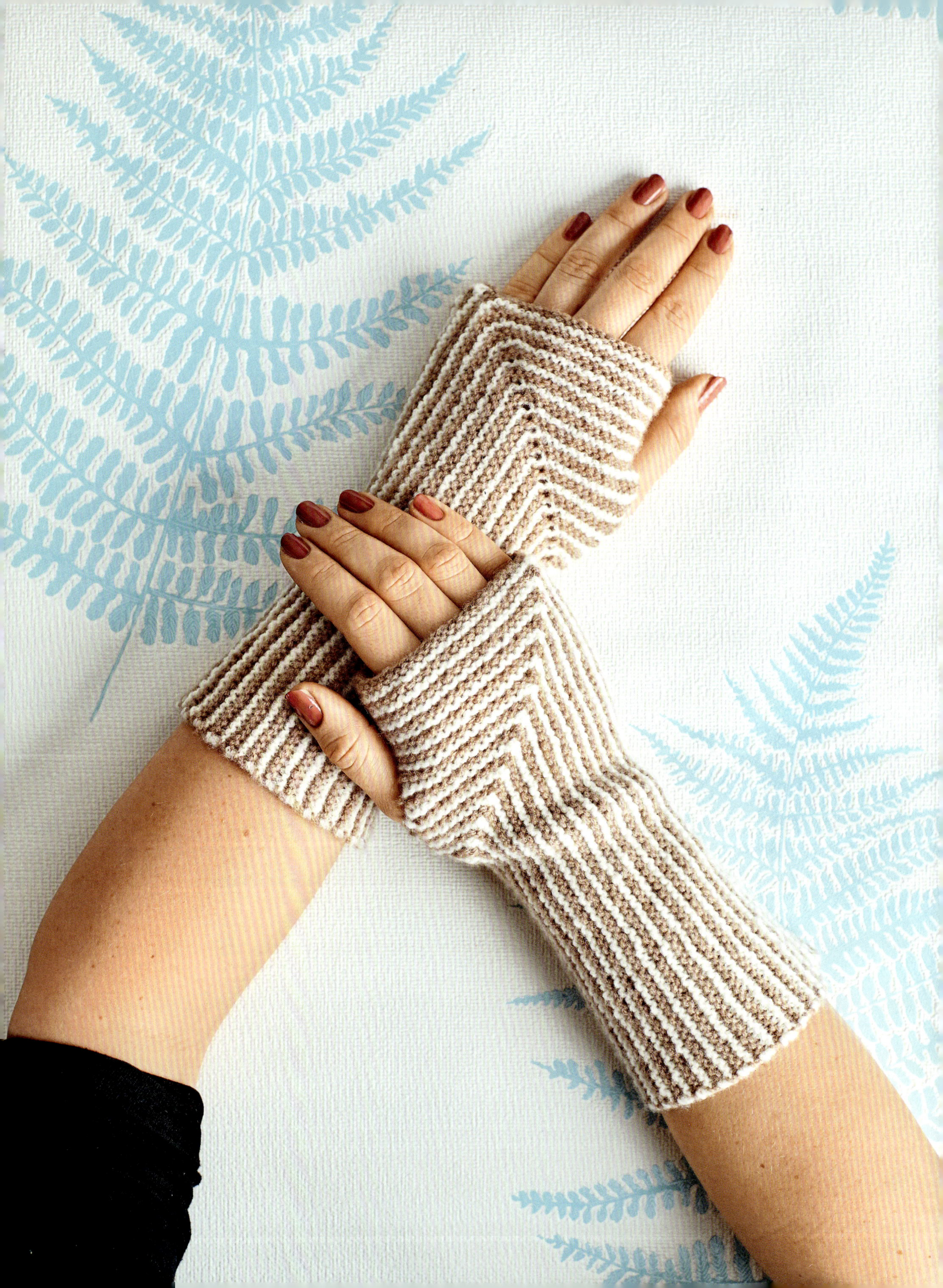

# Right-Angled

## Raffiniert liniert in Kraus rechts

Schwierigkeitsgrad ★

### Größe:
23 cm Länge

### Material:
- Schurwoll-Kaschmir-Mischgarn (80 % Schurwolle, 10 % Kaschmir, 10 % Polyamid, LL ca. 320 m/50 g), je 50 g in Rohweiß und Sand
- 1 Rundstricknadel 4 mm

### Muster:
**Kraus rechts:** In Hin- und Rückreihen stets rechte Maschen stricken.
**Streifenfolge:** 1 R Sand, * 2 R Rohweiß, 2 R Sand, ab * stets wiederholen.

### Maschenprobe:
**Kraus rechts** mit Nadel 4 mm:
27,5 M und 56 R = 10 × 10 cm.

### Hinweis:
Die Angaben für die drei Größen sind durch Schrägstriche voneinander getrennt. Steht nur eine Angabe, gilt sie für alle Größen.

### So wird's gemacht:
Die Stulpen werden in Reihen gearbeitet.

87/90/93 M in Sand anschlagen und kraus rechts in der **Streifenfolge** stricken, dabei mit einer Rückreihe beginnen.

Für die **»Ecke«** die 26./29./32. M markieren und in jeder 2. R (= Hinreihe) die markierte Eckmasche mit der Masche davor und der Masche danach rechts überzogen zusammenstricken (= 2 M zusammen wie zum Rechtsstricken abheben, 1 M rechts stricken, dann die beiden abgehobenen Maschen zusammen überziehen). Diese Abnahmen so oft wiederholen, bis nur noch 1 M vor der markierten Masche übrig ist.

In der folgenden Hinreihe aus der markierten Masche 3 M herausstricken (= 1 M rechts verschränkt, 1 M rechts, 1 M rechts verschränkt). Diese **Zunahmen** so oft arbeiten, bis vor der markierten Masche wieder 25/28/31 M und insgesamt 87/90/93 M auf der Nadel sind.

Nun noch **1 Hinreihe in Sand** stricken, dann alle Maschen rechts in Sand abketten.

Die **zweite Stulpe** ebenso stricken.

### Zu guter Letzt:
Die Stulpen spannen, leicht anfeuchten und trocknen lassen. Die seitliche Naht jeweils schließen, dabei für den Daumenschlitz 4 cm vom oberen Rand entfernt 4 cm offen lassen.

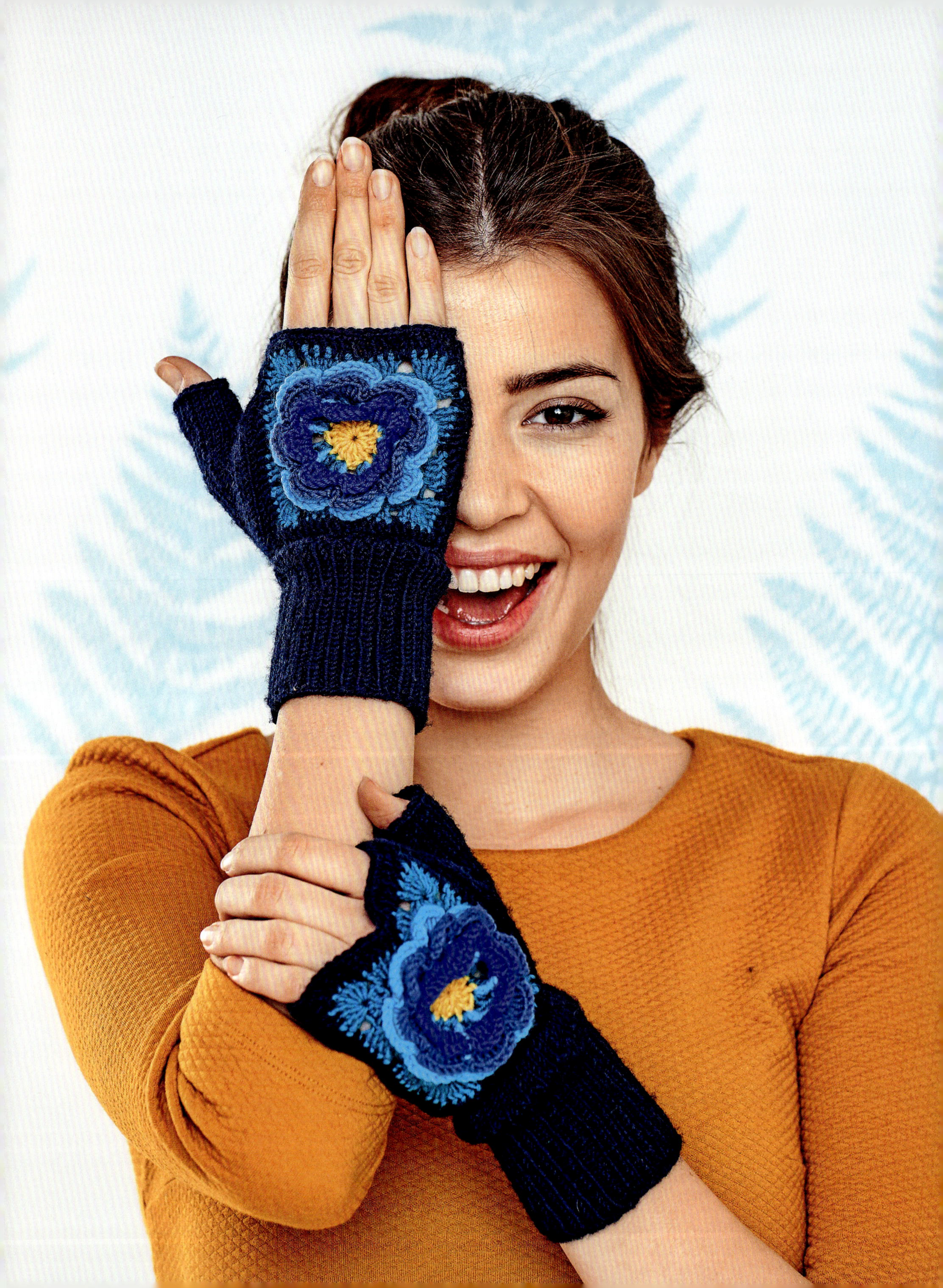

# Flower Power

## Handstulpen mit Häkelblume

Schwierigkeitsgrad ★★

**Größe:**
18 cm Länge

**Material:**
- Schurwoll-Garn (100 % Schurwolle, LL ca. 150 m/50 g), je 50 g in Dunkelblau, Hellpetrol, Denim, Royal, Türkis und Gelb
- 1 Nadelspiel 3 mm
- 1 Häkelnadel 3 mm

**Muster:**
**Rippenmuster:** Stets 1 M rechts, 1 M links.

**Glatt rechts:** In Hinreihen rechte Maschen, in Rückreihen linke Maschen stricken; in allen Runden nur rechte Maschen stricken.

Häkelblume mit Quadrat:
Den Magic Ring wie folgt häkeln:
**1. Rd (Gelb):** 3 Luftmaschen (als Ersatz für das 1. Stäbchen), 15 Stäbchen um den Ring, die Runde mit 1 Kettmasche in die oberste Ersatzluftmasche schließen.
**2. Rd (Türkis):** 3 Luftmaschen (als Ersatz für das 1. Stäbchen), * 3 Luftmaschen, 1 Stäbchen überspringen, 1 Stäbchen, ab * 7× arbeiten, 3 Luftmaschen, 1 Stäbchen überspringen, die Runde mit 1 Kettmasche in die oberste Ersatzluftmasche schließen.
**3. Rd (Hellpetrol):** 1 Luftmasche, je 1 Blatt häkeln (= 1 feste Masche, 2 Luftmaschen, 3 Stäbchen, 2 Luftmaschen und 1 feste Masche) um jeden Luftmaschenbogen der Vorrunde, dann die Runde mit 1 Kettmasche in die 1. feste Masche schließen.
**4. Rd (Türkis):** Hinter der Arbeit um die Stäbchen der 2. Rd arbeiten. 1 Luftmasche, * 5 Luftmaschen, 1 feste Masche, ab * 7× arbeiten, 5 Luftmaschen, die Runde mit 1 Kettmasche in die 1. Luftmasche schließen.
**5. Rd (Denim):** 1 Luftmasche, dann je 1 Blatt häkeln (= 1 feste Masche, 2 Luftmaschen, 5 Stäbchen, 2 Luftmaschen und 1 feste Masche) um jeden Luftmaschenbogen der Vorrunde, die Runde mit 1 Kettmasche in die 1. feste Masche schließen.
**6. Rd (Türkis):** Hinter der Arbeit um die festen Maschen der 4. Rd arbeiten. 1 Luftmasche, * 7 Luftmaschen, 1 feste Masche, ab * 7× arbeiten, 7 Luftmaschen, die Runde mit 1 Kettmasche in die 1. Luftmasche schließen.
**7. Rd:** 1 Luftmasche, dann je 1 Blatt häkeln (= 1 feste Masche, 2 Luftmaschen, 7 Stäbchen, 2 Luftmaschen und 1 feste Masche) um jeden Luftmaschenbogen der Vorrunde, mit 1 Kettmasche in die 1. feste Masche enden.

Quadrat für den Handrücken:
Die 8.–11. Rd der Häkelschrift 1× arbeiten. Dafür hinter der Arbeit mit Hellpetrol in die oberste Ersatzluftmasche der 1. Rd der Häkelblume anschlingen und die 8. Rd hinter der Arbeit um die Stäbchen der 1. Rd häkeln. Die 8.–10. Rd in Hellpetrol und die 11. Rd in Dunkelblau jeweils 1× arbeiten.

**Maschenprobe:**
**Glatt rechts** mit Nadeln 3 mm:
27,5 M und 56 Rd = 10 × 10 cm.
**Häkelblume** mit Häkelnadel 3 mm:
9 × 9 cm.

**Hinweis:**
Die Angaben für die drei Größen sind durch Schrägstriche voneinander getrennt. Steht nur eine Angabe, gilt sie für alle Größen.

## So wird's gemacht:

### Rechte Stulpe

Die Maschen der Handfläche sind auf der 1. und 2. Nadel, die Maschen des Handrückens auf der 3. und 4. Nadel.

48/56/64 M in Dunkelblau anschlagen, gleichmäßig zu je 12/14/16 M auf vier Nadeln verteilen und zur Runde schließen. Für den **Bund** 7 cm = 27 Rd im Rippenmuster stricken. Danach glatt rechts weiterarbeiten.

In der 4. Rd ab Bund für den **Daumenkeil** die 5. M der 1. Nadel markieren und beidseitig der markierten Masche je 1 M rechts verschränkt aus dem Querfaden herausstricken (= 3 M Daumenkeil). Die Zunahmen für den Daumenkeil wie folgt stricken: 4/5/6× in jeder 2. R und 3× in jeder 4. R vor und nach den Daumenkeilmaschen je 1 M rechts verschränkt aus dem Querfaden herausstricken = 17/19/21 Daumenkeilmaschen. Die Zahl der Daumenkeilmaschen erhöht sich bei jeder Zunahme um 2 M. Diese Maschen stilllegen.

Gleichzeitig nach 1,5 cm = 5 Rd ab Bund die 25.-48./31.-54./37.-60. M abketten und **in Reihen** weiterarbeiten.

Dann über den stillgelegten Daumenkeilmaschen für den **Daumensteg** 7/7/9 M neu anschlagen und 1 R glatt rechts stricken. In der folgenden Hinreihe die 1. Stegmasche mit der Masche davor rechts überzogen zusammenstricken (= 1 M wie zum Rechtsstricken abheben, 1 M rechts stricken, dann die abgehobene Masche überziehen) und die letzte Stegmasche mit der Masche danach rechts zusammenstricken. Diese Abnahme in jeder Hinreihe wiederholen, bis nur noch 3 M des Stegs übrig sind. In der folgenden Hinreihe die letzten 3 Stegmaschen rechts überzogen zusammenstricken (= 2 M zusammen wie zum Rechtsstricken abheben, 1 M rechts stricken, dann die beiden abgehobenen Maschen überziehen) = 26/30/34 M. Noch weitere 3,5/3/2,5 cm = 12/10/8 R glatt rechts stricken, dann die Maschen abketten.

Für den **Daumen** die 17/19/21 Daumenkeilmaschen auf eine Nadel nehmen, 7/7/9 M aus dem Steg auffassen und die Maschen zu je 8-8-8/9-8-9/10-10-10 M auf drei Nadeln verteilen = 24/26/30 M. Weiter glatt rechts stricken. Dabei in der folgenden Runde die 1. Stegmasche mit der Masche davor rechts überzogen zusammenstricken und die letzte Stegmasche mit der Masche danach rechts zusammenstricken. Diese Abnahme in jeder Runde ebenso arbeiten, bis nur noch 3 M des Stegs übrig sind, danach in der folgenden Hinreihe die letzten 3 Stegmaschen rechts zusammenstricken = 18/20/22 M.

Auf Höhe des Fingergelenks die Maschen locker rechts **abketten**.

### Linke Stulpe

Gegengleich zur rechten Stulpe arbeiten, dabei liegen die Maschen für die Handfläche auf der 3. und 4. Nadel, die für den Handrücken auf der 1 und 2. Nadel.
Für den Daumenkeil die fünftletzte Masche der 4. Nadel markieren.

## Zu guter Letzt:

Zwei Häkelblumen mit Quadraten arbeiten und über den abgeketteten Maschen als Handrücken annähen.

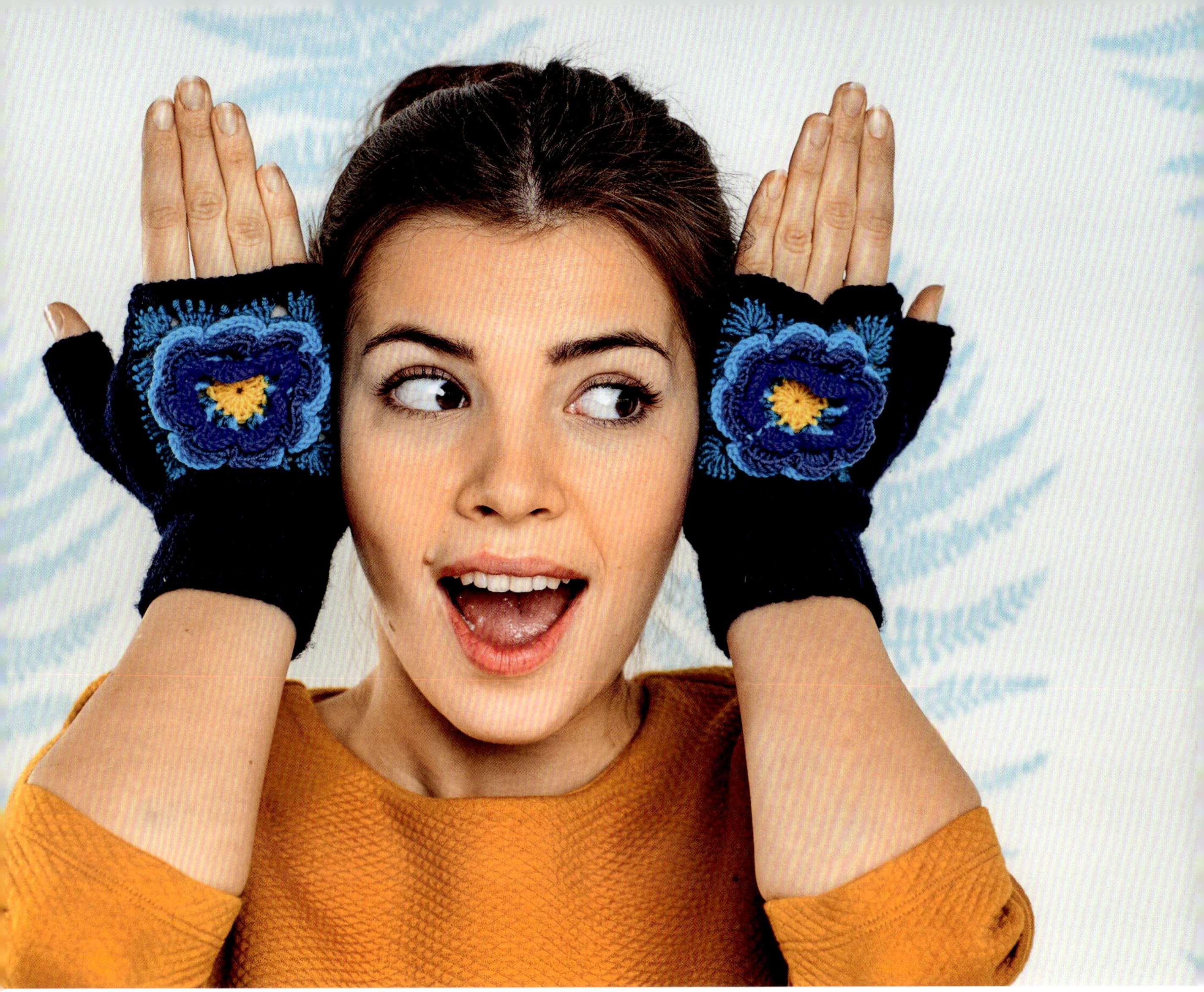

**Häkelschrift**

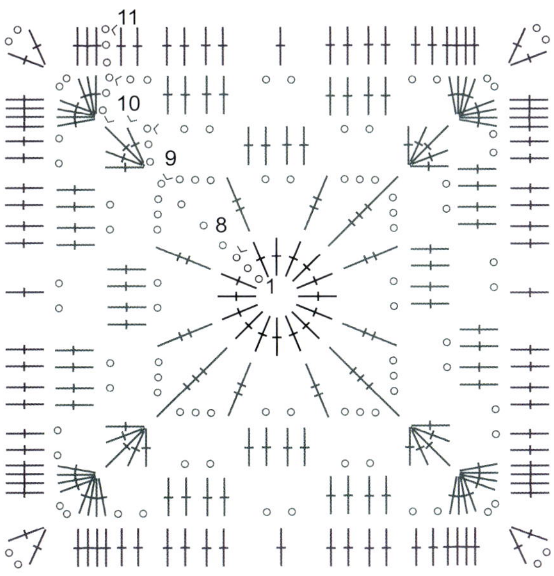


**Zeichenerklärung**

- ∘ = 1 Luftmasche
- ˇ = 1 Kettmasche
- ┼ = 1 Stäbchen
- ╪ = 1 Doppelstäbchen
- ╪ = 1 Dreifachstäbchen

Laufen die Zeichen unten zusammen,
die Maschen in eine Einstichstelle arbeiten.

# Soft Cherry

## Kirschrote Armstulpen mit Ajourrippen

Schwierigkeitsgrad ★★

**Größe:**
24,5 cm Länge

**Material:**
- Alpaka-Seide-Garn (70 % Alpaka, 30 % Seide, LL ca. 250 m/50 g), 50 g in Rot
- 1 Nadelspiel 2,5 mm

**Muster:**
**Rippenmuster:** Stets 1 M rechts, 1 M links im Wechsel stricken.
**Ajourmuster A:** Nach Strickschrift A stricken. Es sind nur die ungeraden Runden/Reihen gezeichnet, in den geraden Runden/Reihen die Maschen stricken, wie sie erscheinen. Mit den 35 M vor dem Mustersatz beginnen, dann den Mustersatz in der Breite 2×/3×/5× arbeiten und die Runde mit den 7 M nach dem Mustersatz beenden. In der Höhe die 1.–74. Rd 1× stricken.
**Ajourmuster B:** Nach Strickschrift B stricken. Es sind nur die ungeraden Runden/Reihen gezeichnet, in den geraden Runden/Reihen die Maschen stricken, wie sie erscheinen. Mit den 7 M vor dem Mustersatz beginnen, dann den Mustersatz in der Breite 2×/3×/5× arbeiten und die Runde mit den 35 M nach dem Mustersatz beenden. In der Höhe die 1.–74. Rd 1× stricken.

**Maschenprobe:**
**Ajourmuster** mit Nadeln 2,5 mm:
30 M und 46 Rd = 10×10 cm.

**Hinweis:**
Die Angaben für die drei Größen sind durch Schrägstriche voneinander getrennt. Steht nur eine Angabe, gilt sie für alle Größen.

**So wird's gemacht:**
**Linke Stulpe**
56/62/76 M **anschlagen** und die Maschen zu je 14-14-14-14/15-16-15-16/19-19-19-19 M auf vier Nadeln verteilen. Zur Runde schließen.

6,5 cm = 29 Rd im **Rippenmuster** stricken, dann im **Ajourmuster A** weiterarbeiten, dabei in der 1. Rd 0/1/1 M zunehmen = 56/63/77 M.

In 17 cm Gesamthöhe für die **Daumenöffnung** die Arbeit am Rundenbeginn teilen und über 4 cm in Reihen stricken, anschließend wieder in Runden weiterarbeiten.

In 22,5 cm Gesamthöhe noch 2 cm = 7 Rd im **Rippenmuster** stricken, dabei in der 1. Rd 0/1/1 M abnehmen = 56/62/76 M. Danach alle Maschen locker abketten.

**Rechte Stulpe**
Wie die linke Stulpe stricken, jedoch nach **Ajourmuster B** arbeiten.

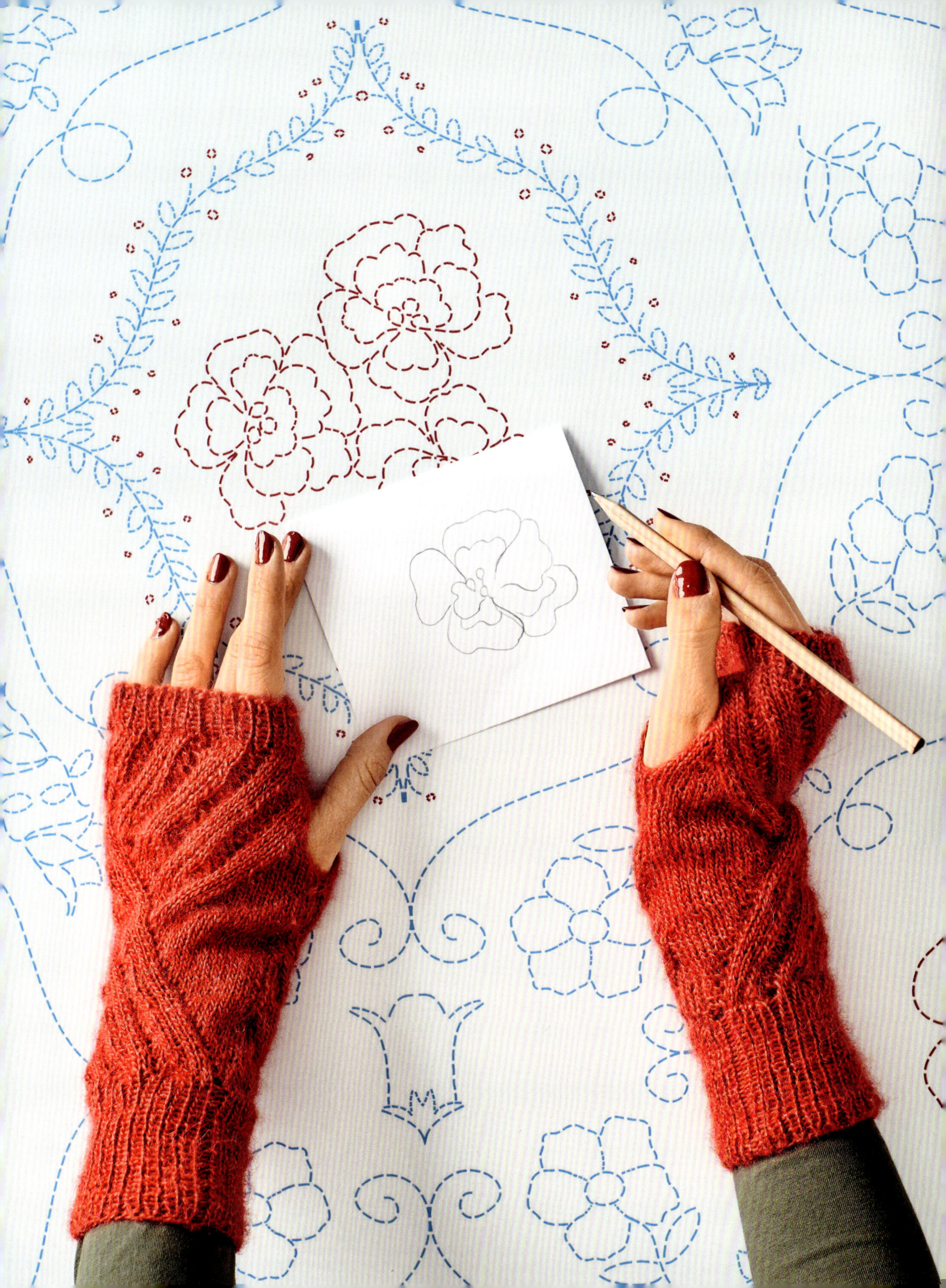

## Strickschrift A

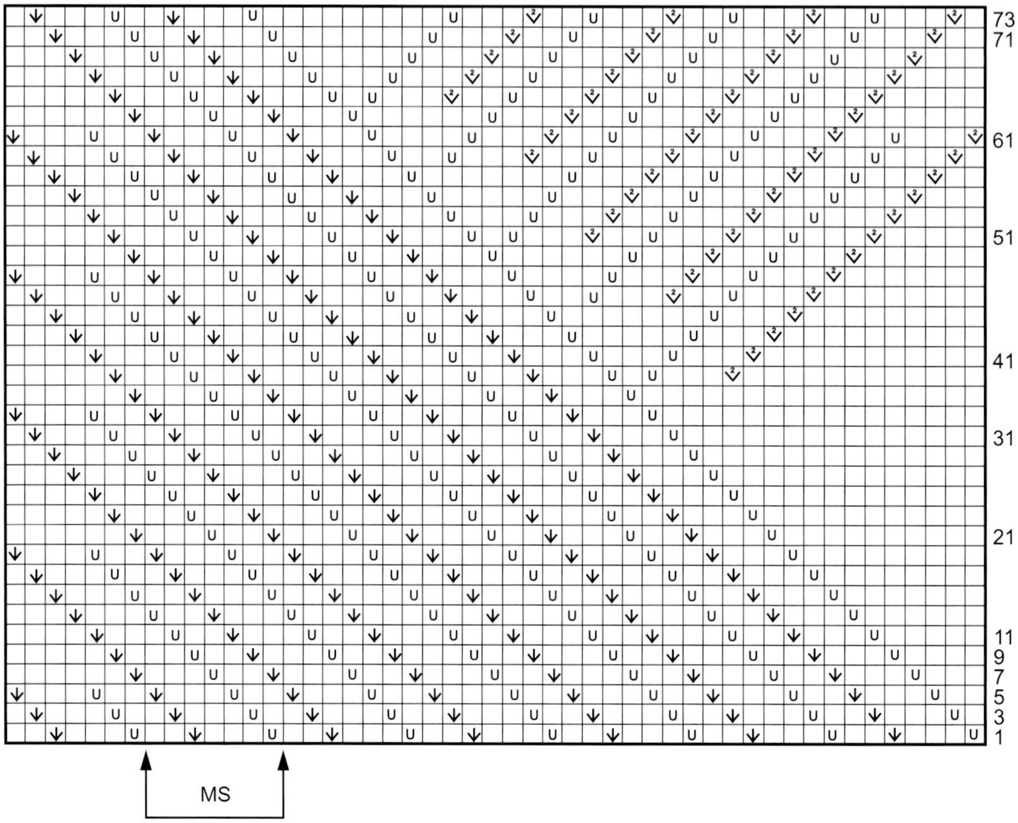


## Strickschrift B

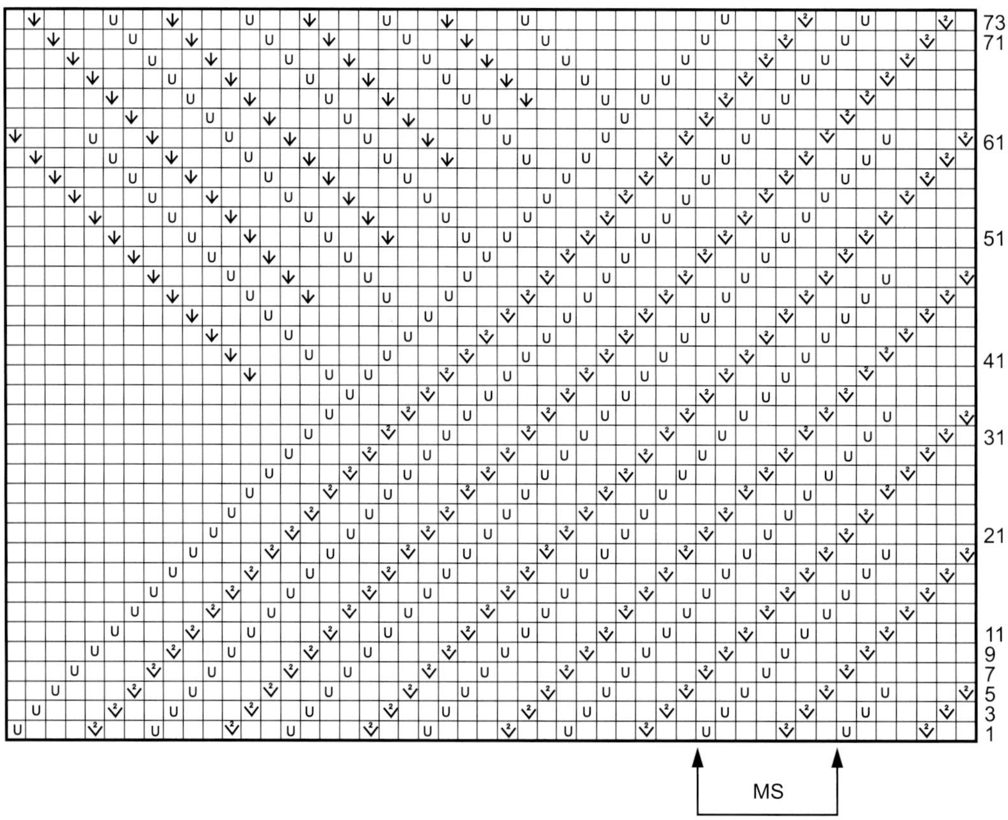

**Zeichenerklärung**

☐ = 1 Masche rechts

Ⓤ = 1 Umschlag

☒ = 2 Maschen rechts zusammenstricken

☒ = 2 Maschen rechts überzogen zusammenstricken (= 1 Masche wie zum Rechtsstricken abheben, 1 Masche rechts stricken, dann die abgehobene Masche überziehen)

MS = Mustersatz

# Two Shades of Grey

## Raffinierte Armstulpen mit zweifarbigem Zopfmuster

Schwierigkeitsgrad ★★

**Größe:**
21,5 cm Länge

**Material:**
- Schurwoll-Kaschmir-Mischgarn (80 % Schurwolle, 10 % Kaschmir, 10 % Polyamid, LL ca. 320 m/50 g), je 50 g in Hellgrau und Anthrazit
- 1 Rundstricknadel 4 mm
- 1 Nadelspiel 4 mm
- 1 Zopf- oder Hilfsnadel

**Muster:**
**Rippenmuster A:** Stets 2 M rechts, 2 M links im Wechsel stricken.
**Rippenmuster B:** Abwechselnd 1 M rechts, 1 M links stricken.
**Glatt rechts:** In Hinreihen rechte Maschen, in Rückreihen linke Maschen stricken.
**Zopf A und B über je 12 M:** Für die rechte Stulpe nach Strickschrift A und für die linke Stulpe nach Strickschrift B arbeiten. Es sind nur die Hinreihen gezeichnet, in den Rückreihen die Maschen stricken, wie sie erscheinen. Die 1.–10. R stets wiederholen.

**Maschenprobe:**
**Glatt rechts** mit Nadeln 4 mm:
27 M und 42 R = 10 × 10 cm.
**Zopfmuster** mit Nadeln 4 mm:
12 M und 42 R = 3 × 10 cm.

**Hinweis:**
Die Angaben für die drei Größen sind durch Schrägstriche voneinander getrennt. Steht nur eine Angabe, gilt sie für alle Größen.

**So wird's gemacht:**
Die Stulpen werden in Reihen gestrickt, nur der Daumen wird in Runden gearbeitet.

**Rechte Stulpe**
Mit der Rundstricknadel zunächst 25/29/32 M in Hellgrau, dann 24/29/32 M in Anthrazit **anschlagen** = 50/58/64 M.

Für den **Bund** 4 cm = 15 R im Rippenmuster A stricken, dabei in der 1. R (= Rückreihe) mit 1 Randmasche, 1 M links, 2 M rechts, 2 M links beginnen und gegengleich enden. Die einzelnen Farbflächen mit separaten Knäueln stricken und beim Farbwechsel die Fäden auf der Rückseite der Arbeit miteinander verkreuzen (Intarsientechnik).

Dann die **Maschen** wie folgt **einteilen**: Randmasche, 18/22/25 M glatt rechts, 12 M Zopf A, 18/22/25 Maschen glatt rechts, Randmasche. Die Farbeinteilung fortsetzen.

Nach 7 cm = 30 R ab Bund für den **Daumenkeil** die 5. M der 4. Nadel markieren und beidseitig der markierten Masche je 1 M rechts verschränkt aus dem Querfaden herausstricken (= 3 M Daumenkeil). Die weiteren Zunahmen wie folgt stricken: In der nächsten 4./6./6. R vor und nach den Daumenkeilmaschen je 1 M rechts verschränkt aus dem Querfaden herausstricken. Dann 5/6/7× in jeder 4. R vor und nach den Daumenkeilmaschen je 1 M rechts verschränkt aus dem Querfaden herausstricken = 15/17/19 Daumenkeilmaschen. Die Zahl der Daumenkeilmaschen erhöht sich bei jeder Zunahme um 2 M. Die Maschen stilllegen.

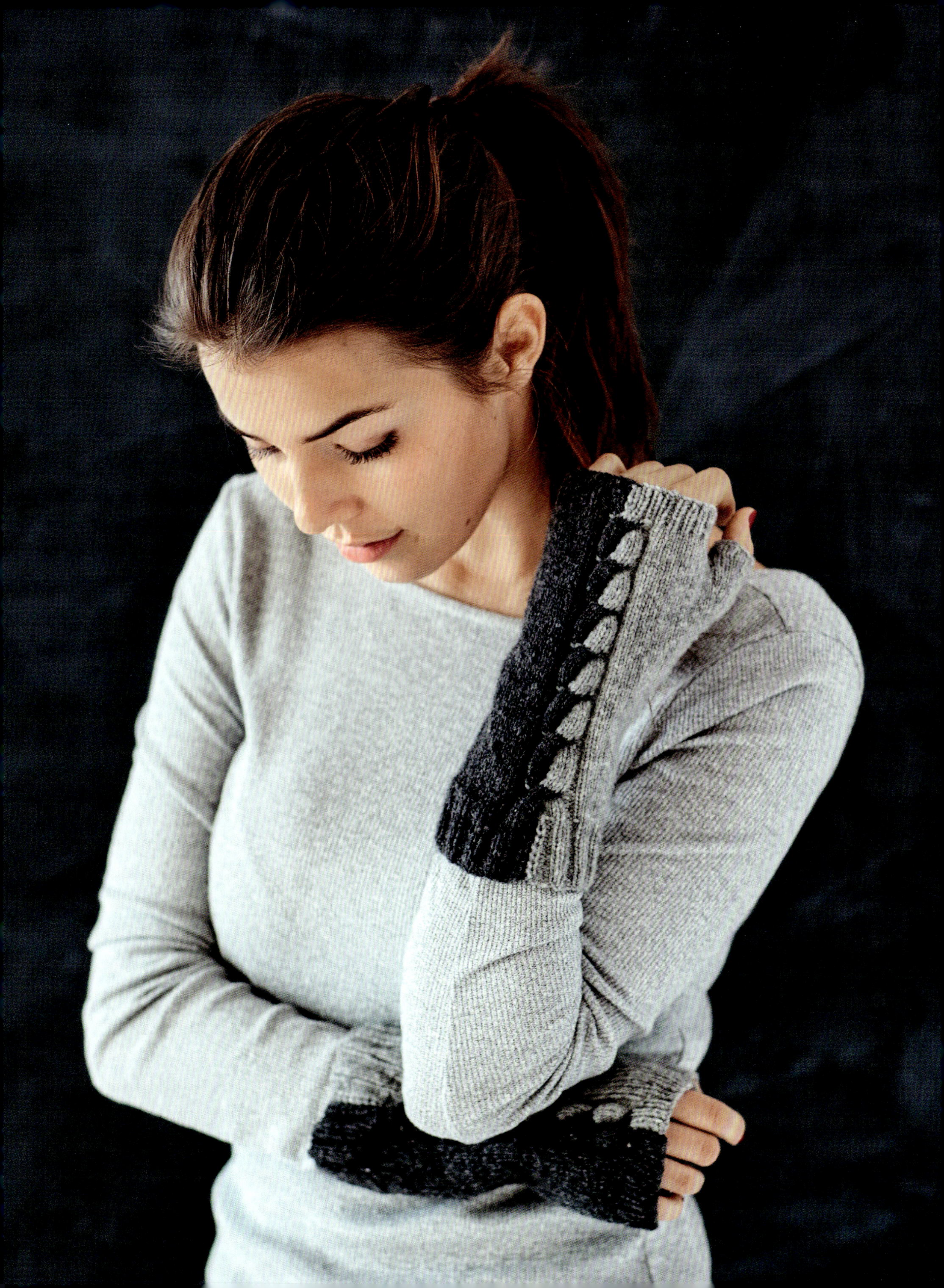

Dann über den stillgelegten Daumenkeilmaschen für den **Daumensteg** 5/7/9 M dazu anschlagen und 2 R stricken, dabei über die Maschen des Daumenstegs ebenfalls glatt rechts stricken. In der folgenden Hinreihe die 1. Stegmasche mit der Masche davor rechts überzogen zusammenstricken (= 1 M wie zum Rechtsstricken abheben, 1 M rechts stricken, dann die abgehobene Masche überziehen) und die letzte Stegmasche mit der Masche danach rechts zusammenstricken. Diese Abnahme in jeder 2. R wiederholen, bis nur noch 1 M des Stegs übrig ist = 50/58/64 M.

Nach 16,5 cm = 70 R ab Bund im **Rippenmuster B** weiterarbeiten. In 21,5 cm Gesamthöhe alle Maschen locker abketten.

Für den **Daumen** die 15/17/19 Keilmaschen auf eine Nadel des Nadelspiels nehmen, 5/7/9 M aus dem Steg in der Farbe des Stegs auffassen = 20/24/28 M. Die Maschen zu je 7-7-6/8-8-8/9-9-10 M auf drei Nadeln verteilen und glatt rechts stricken. Die Stegmaschen wie beschrieben abnehmen, bis nur noch 1 M des Stegs übrig ist = 21/25/29 M.

In Höhe des Fingergelenks alle Maschen locker abketten. Die Naht schließen.

**Linke Stulpe**
Gegengleich zur rechten Stulpe arbeiten, also die Farbeinteilung und den Zopf B stricken. Für den Daumenkeil die fünftletzte Masche der 1. Nadel markieren.

**Strickschrift A**

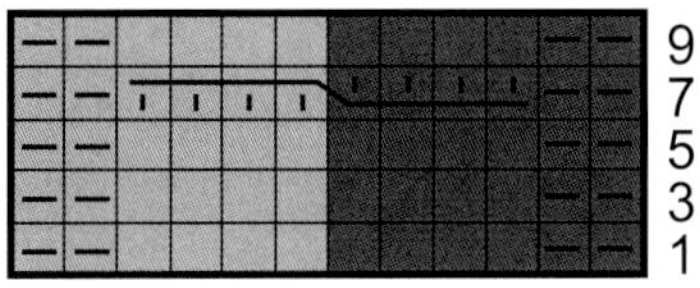

**Strickschrift B**

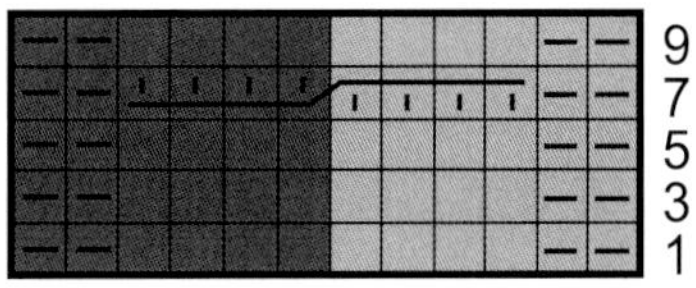

**Zeichenerklärung**

▒ = Hellgrau

■ = Anthrazit

□ = 1 Masche rechts

⊟ = 1 Masche links

= 4 Maschen auf eine Hilfsnadel vor die Arbeit legen, 4 Maschen rechts stricken, dann die Maschen der Hilfsnadel rechts stricken

= 4 Maschen auf eine Hilfsnadel hinter die Arbeit legen, 4 Maschen rechts stricken, dann die Maschen der Hilfsnadel rechts stricken

# Tender Mint

## Mintgrüne Armstulpen mit Lacemanschette

Schwierigkeitsgrad ★★

**Größe:**
26/27,5/28,5 cm Länge

**Material:**
- Schurwoll-Garn (100 % Schurwolle, LL ca. 400 m/50 g), 50 g in Mint
- 1 Nadelspiel 3,5 mm

**Muster:**
**Glatt rechts:** In allen Runden stets rechte Maschen stricken.

**Ajourmuster:** Die Maschenzahl muss durch 14 teilbar sein. Nach Strickschrift stricken. Es sind nur ungerade Runden gezeichnet, in den geraden Runden Maschen und Umschläge rechts stricken. In der Breite den Mustersatz zwischen den Pfeilen 4×/4×/5× arbeiten, dabei die 1. Abnahme in der 13. Rd mit der letzten Masche der 12. Rd und der 1. M der 13. Rd arbeiten. In der Höhe die 1.–24. Rd 1× arbeiten, dann die 21.–24. Rd noch weitere 2× wiederholen = 32 Rd.

**Lochmuster:** Die Maschenzahl muss durch 2 teilbar sein. In Runden wie folgt stricken:
**1. Rd:** * 2 M rechts zusammenstricken, 1 Umschlag, ab * stets wiederholen.
**2. Rd:** Alle Maschen und Umschläge rechts stricken.

**Maschenprobe:**
**Glatt rechts, zweifädig** mit Nadeln 3,5 mm: 27,5 M und 40 Rd = 10×10 cm.
**Ajourmuster, einfädig** mit Nadeln 3,5 mm: 25,5 M und 40 Rd = 3×10 cm.

**Hinweis:**
Die Angaben für die drei Größen sind durch Schrägstriche voneinander getrennt. Steht nur eine Angabe, gilt sie für alle Größen.

**So wird's gemacht:**
**Rechte Stulpe**
56/56/70 M einfädig **anschlagen**, zu je 14-14-14-14/14-14-14-14/17-18-17-18 M auf vier Nadeln verteilen und zur Runde schließen. Die Maschen der Handfläche sind auf der 1. und 2. Nadel, die Maschen des Handrückens auf der 3. und 4. Nadel.

Zunächst 1 Rd linke Maschen stricken. Dann 32 Rd im **Ajourmuster** arbeiten.

Anschließend **glatt rechts zweifädig** weiterarbeiten. Für die Abnahmen gleichmäßig verteilt in der folgenden 8. Rd 1× je 4 M und in jeder 6. Rd 2× je 4 M/in der folgenden 20. Rd 1× je 6 M/in jeder 5. Rd 4× je 4 M abnehmen = 44/50/54 M.

In der 3. Rd ab der letzten Abnahme für den **Daumenkeil** die 4. M der 1. Nadel markieren und beidseitig der markierten Masche je 1 M rechts verschränkt aus dem Querfaden herausstricken (= 3 M Daumenkeil).
Die weiteren Zunahmen wie folgt stricken:
* In der nächsten 4. Rd vor und nach den Daumenkeilmaschen je 1 M rechts verschränkt aus dem Querfaden herausstricken, ab * 6/7/8× arbeiten = 15/17/19 Daumenkeilmaschen. Die Zahl der Daumenkeilmaschen erhöht sich bei jeder Zunahme um 2 M. Die Daumenkeilmaschen stilllegen.

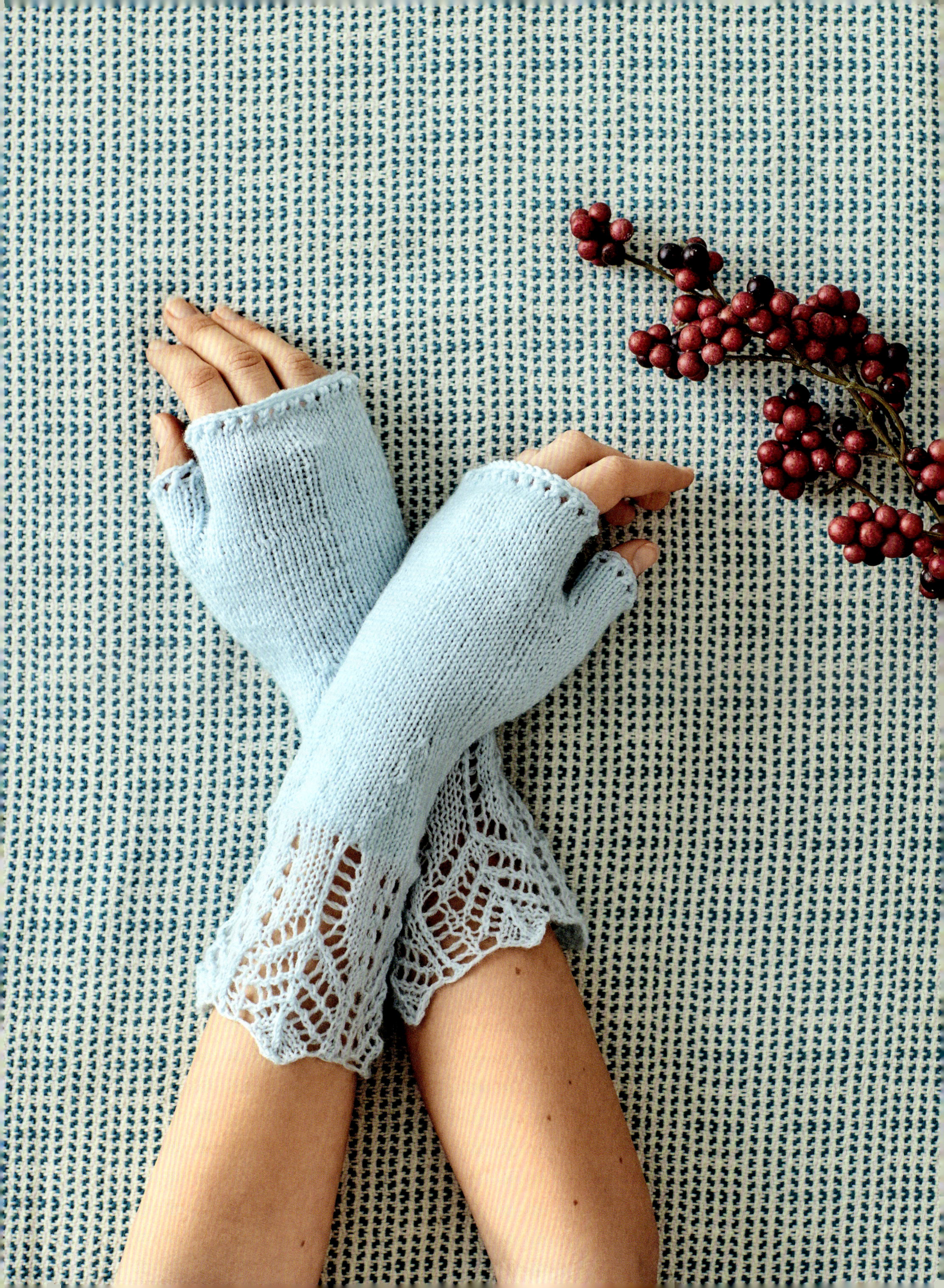

Dann über den stillgelegten Daumenkeilmaschen für den **Daumensteg** 7/7/9 M dazu anschlagen und 1 Rd glatt rechts stricken, auch über die Maschen des Daumenstegs. In der folgenden Runde die 1. Stegmasche mit der Masche davor rechts überzogen zusammenstricken (= 1 M wie zum Rechtsstricken abheben, 1 M rechts stricken, dann die abgehobene Masche überziehen) und die letzte Stegmasche mit der Masche danach rechts zusammenstricken. Diese Abnahme in jeder Runde ebenso arbeiten, bis nur noch 1 M des Stegs übrig ist = 44/50/54 M.

Noch weitere 3 cm = 12 Rd glatt rechts, dann 2 Rd **Lochmuster** stricken. Alle Maschen locker rechts abketten.

Für den **Daumen** die 15/17/19 Keilmaschen auf eine Nadel nehmen, 7/7/9 M aus dem Steg dazu auffassen und die Maschen zu je 7-7-8/8-8-8/9-9-10 M auf drei Nadeln verteilen = 22/24/28 M. Glatt rechts zweifädig stricken. Die Stegmaschen wie beschrieben abnehmen, bis nur noch 1 M des Stegs übrig ist = 16/18/20 M.

0,5 cm vor dem Daumengelenk 2 Rd **Lochmuster** stricken. Maschen rechts abketten.

### Linke Stulpe

Gegengleich zur rechten Stulpe arbeiten (Handfläche: 3. und 4. Nadel, Handrücken: 1 und 2. Nadel) und für den Daumenkeil die viertletzte Masche der 4. Nadel markieren.

**Strickschrift**

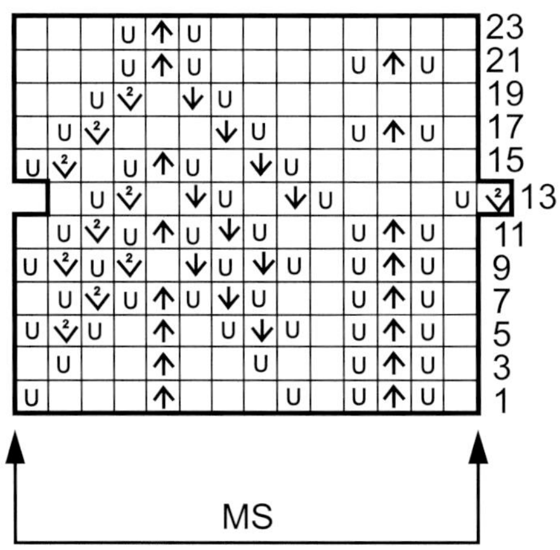

## Zeichenerklärung

☐ = 1 Masche rechts

[U] = 1 Umschlag

[2 zus.] = 2 Maschen rechts zusammenstricken

[↓] = 2 Maschen rechts überzogen zusammenstricken (= 1 Masche wie zum Rechtsstricken abheben, 1 Masche rechts stricken, dann die abgehobene Masche überziehen)

[↑] = 3 Maschen mit oben aufliegender Mittelmasche rechts zusammenstricken (= 2 Maschen zusammen wie zum Rechtsstricken abheben, 1 Masche rechts stricken, dann die abgehobenen Maschen zusammen überziehen)

MS = Mustersatz

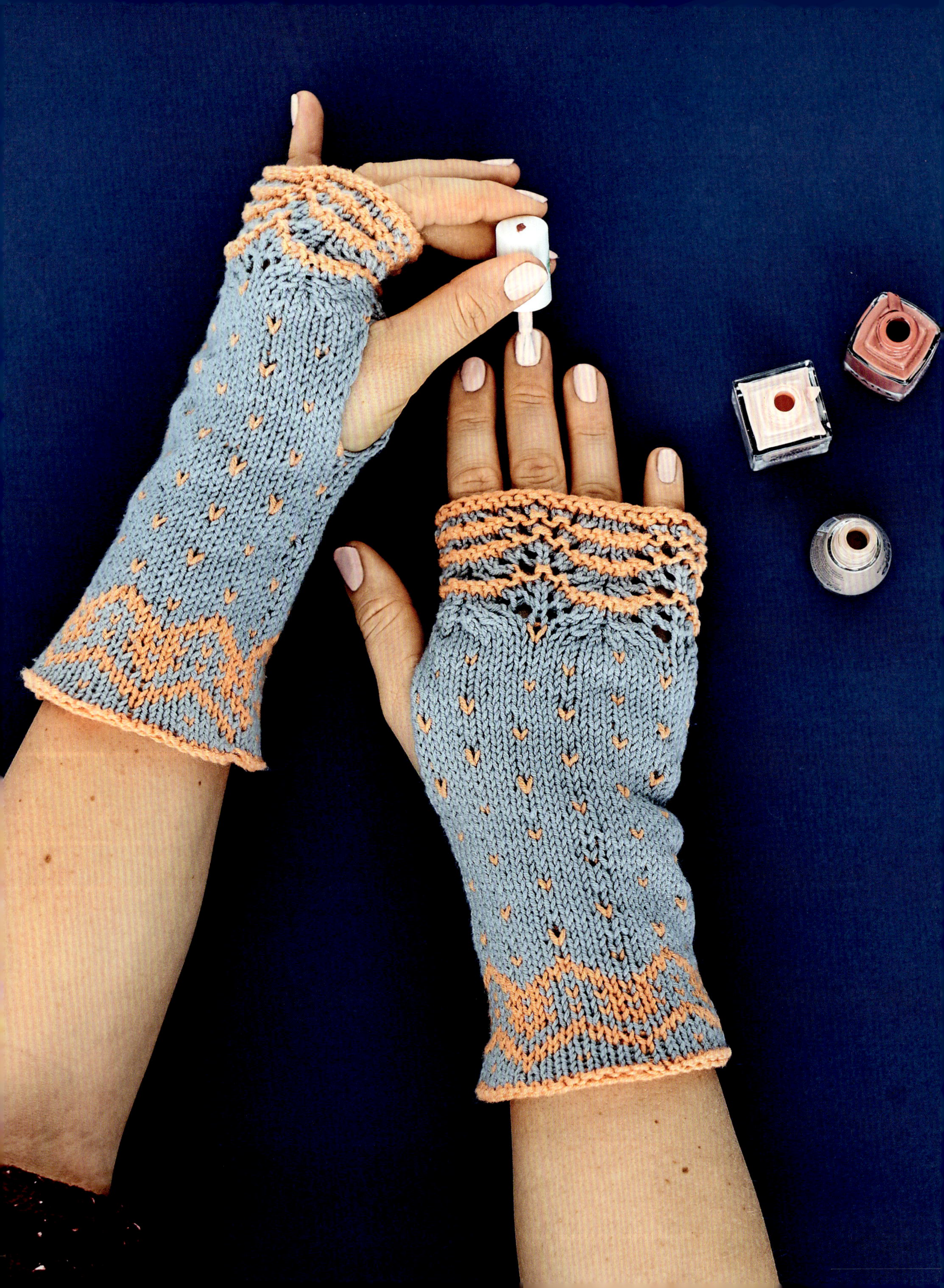

# Dreamy Colours

## Pastellfarbene Armstulpen mit Pfauenmuster

Schwierigkeitsgrad ★★

**Größe:**
22 cm Länge

**Material:**
- Baumwoll-Mischgarn (96 % Baumwolle, 4 % Polyester, LL ca. 160 m/50 g), je 50 g in Hellgrau und Apricot
- 1 Nadelspiel 3,5 mm

**Muster:**
**Glatt rechts:** In Hinreihen rechte Maschen, in Rückreihen linke Maschen stricken; in Runden stets rechte Maschen stricken.
**Kraus rechts:** In Hin- und Rückreihen immer rechte Maschen stricken; in Runden 1 Rd rechte Maschen, 1 Rd linke Maschen im Wechsel stricken.
**Jacquardmuster:** Die Maschenzahl muss durch 8 teilbar sein. Nach Zählmuster stricken. Es sind alle Reihen/Runden gezeichnet. In der Breite den Mustersatz zwischen den Pfeilen stets wiederholen. In der Höhe 1× die 1.–20. R/Rd stricken, dann die 15.–20. R/Rd stets wiederholen.
**Pfauenmuster:** Die Maschenzahl muss durch 11 teilbar sein. Nach Strickschrift stricken. Es ist nur die 1. Rd gezeichnet, in der 2. Rd alle Maschen und Umschläge rechts stricken. In der Breite den Mustersatz von 11 M zwischen den Pfeilen stets wiederholen. Die 1. und 2. Rd stets wiederholen.
**Muster- und Streifenfolge:** 2 Rd glatt rechts in Hellgrau, 53 Rd/R Jacquardmuster, * 4 Rd Pfauenmuster in Hellgrau, 2 Rd kraus rechts in Apricot, ab * 2× arbeiten, ** 2 Rd Pfauenmuster in Hellgrau, 2 Rd kraus rechts in Apricot, ab ** 2× arbeiten = 75 Rd.

**Maschenprobe:**
**Muster- und Streifenfolge** mit Nadel 3,5 mm: 24 M und 34 Rd = 10×10 cm.

**Hinweis:**
Die Angaben für die drei Größen sind durch Schrägstriche voneinander getrennt. Steht nur eine Angabe, gilt sie für alle Größen.

**So wird's gemacht:**

**Rechte Stulpe**
48/56/64 M in Apricot **anschlagen**, diese gleichmäßig zu je 12/14/16 M auf vier Nadeln verteilen und zur Runde schließen.

Über 2 cm = 7 Rd glatt rechts stricken. Dann für die **Bruchkante** 2 Rd linke Maschen arbeiten. Anschließend in der **Muster- und Streifenfolge** fortfahren.

Nach 11 cm = 38 Rd ab Bruchkante die Arbeit am Rundenbeginn für die **Daumenöffnung** teilen und in Reihen weiterstricken. Nach 4 cm = 14 R wieder in Runden fortfahren.

In der 1. Rd des Pfauenmusters gleichmäßig verteilt 4 M abnehmen/1 M abnehmen/2 M zunehmen = 44/55/66 M. Ist die Muster- und Streifenfolge 1× gearbeitet, alle Maschen in Apricot locker abketten.

**Linke Stulpe**
Wie die rechte Stulpe arbeiten.

**Zu guter Letzt:**
Die Stulpen an der Bruchkante nach innen umschlagen und an der Innenseite unauffällig festnähen.

**Zählmuster**

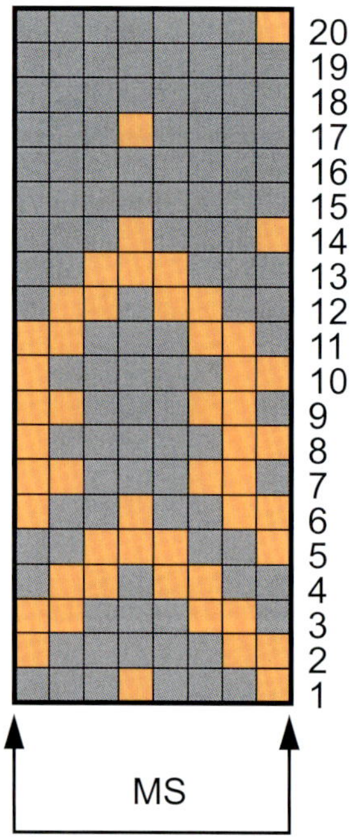


**Strickschrift**

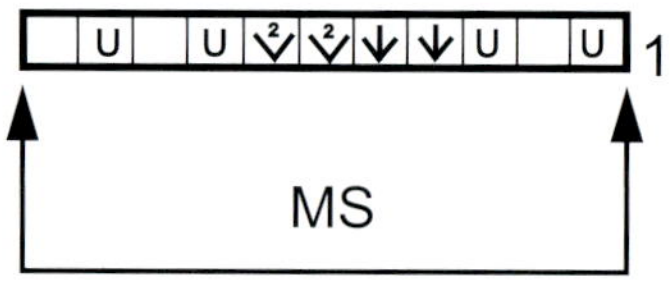


**Zeichenerklärung**

■ = Hellgrau

■ = Apricot

□ = 1 Masche rechts

U = 1 Umschlag

= 2 Maschen rechts zusammenstricken

= 2 Maschen rechts überzogen zusammenstricken (= 1 Masche wie zum Rechtsstricken abheben, 1 Masche rechts stricken, dann die abgehobene Masche überziehen)

MS = Mustersatz

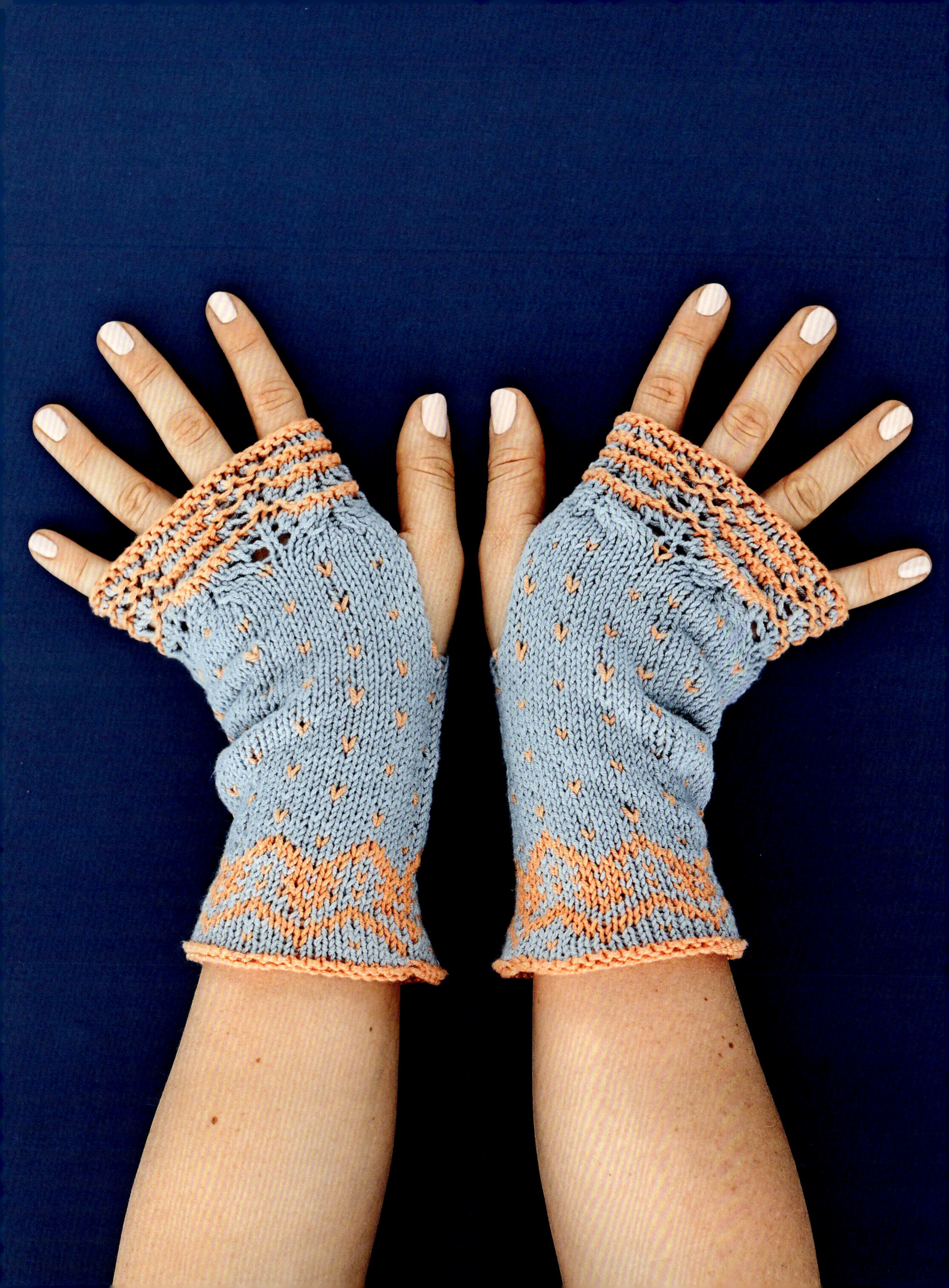

# Out of the Blue

Himmelblaue Armstulpen mit Zopfmuster

Schwierigkeitsgrad ★★★

### Größe:

24,5 cm Länge

### Material:

- Schurwolle-Seide-Mischgarn (55 % Schurwolle, 25 % Polyamid, 20 % Seide, LL ca. 200 m/50 g), 50 g in Jeans
- 1 Nadelspiel 3 mm
- 1 Zopf- oder Hilfsnadel

### Muster:

**Rippenmuster:** Stets 1 M rechts verschränkt, 1 M links im Wechsel stricken.

**Zopfmuster über 42 M:** Nach Strickschrift stricken. Es sind nur die ungeraden Runden/Reihen gezeichnet, in den geraden Runden/Reihen die Maschen stricken, wie sie erscheinen, dabei verschränkte Maschen ebenfalls verschränkt stricken. 1× die 1.–26. Rd/R stricken, dann 7× die 27. und 28. Rd/R arbeiten, danach 1× die 41.–66. Rd/R stricken = 66 Rd.

### Maschenprobe:

**Zopfmuster** mit Nadel 3 mm:
33 M und 36 Rd = 10 × 10 cm.

### Hinweis:

Die Angaben für die drei Größen sind durch Schrägstriche voneinander getrennt. Steht nur eine Angabe, gilt sie für alle Größen.

### So wird's gemacht:

**Linke Stulpe**

Die Maschen für die Handfläche sind auf der 1. und 2. Nadel, die für den Handrücken auf der 3. und 4. Nadel.

60/66/72 M anschlagen, die Maschen zu je 15-15-15-15/16-17-16-17/18-18-18-18 M auf vier Nadeln verteilen und zur Runde schließen. Zunächst für den **Bund** über 5 cm = 20 Rd im Rippenmuster stricken, dabei in der 1. Rd mit 1 M rechts verschränkt, 1 M links/1 M links, 1 M rechts verschränkt/1 M rechts verschränkt, 1 M links beginnen.

Dann die **Maschen einteilen**: 34 M Zopfmuster, dafür bei Pfeil a beginnen, danach den Mustersatz von 6 M noch 4/5/6× arbeiten und mit den 2 M vor dem Pfeil a enden.

In 17 cm Gesamthöhe die Arbeit am Rundenbeginn teilen und 4 cm **in Reihen** stricken, danach wieder in Runden fortfahren. Nach 66 Rd Zopfmuster noch 2,5 cm = 9 Rd im **Rippenmuster** stricken. Alle Maschen abketten.

**Rechte Stulpe**

Gegengleich zur linken Stulpe arbeiten, die Maschen der Handfläche sind also auf der 3. und 4. Nadel und die Maschen des Handrückens auf der 1. und 2. Nadel.

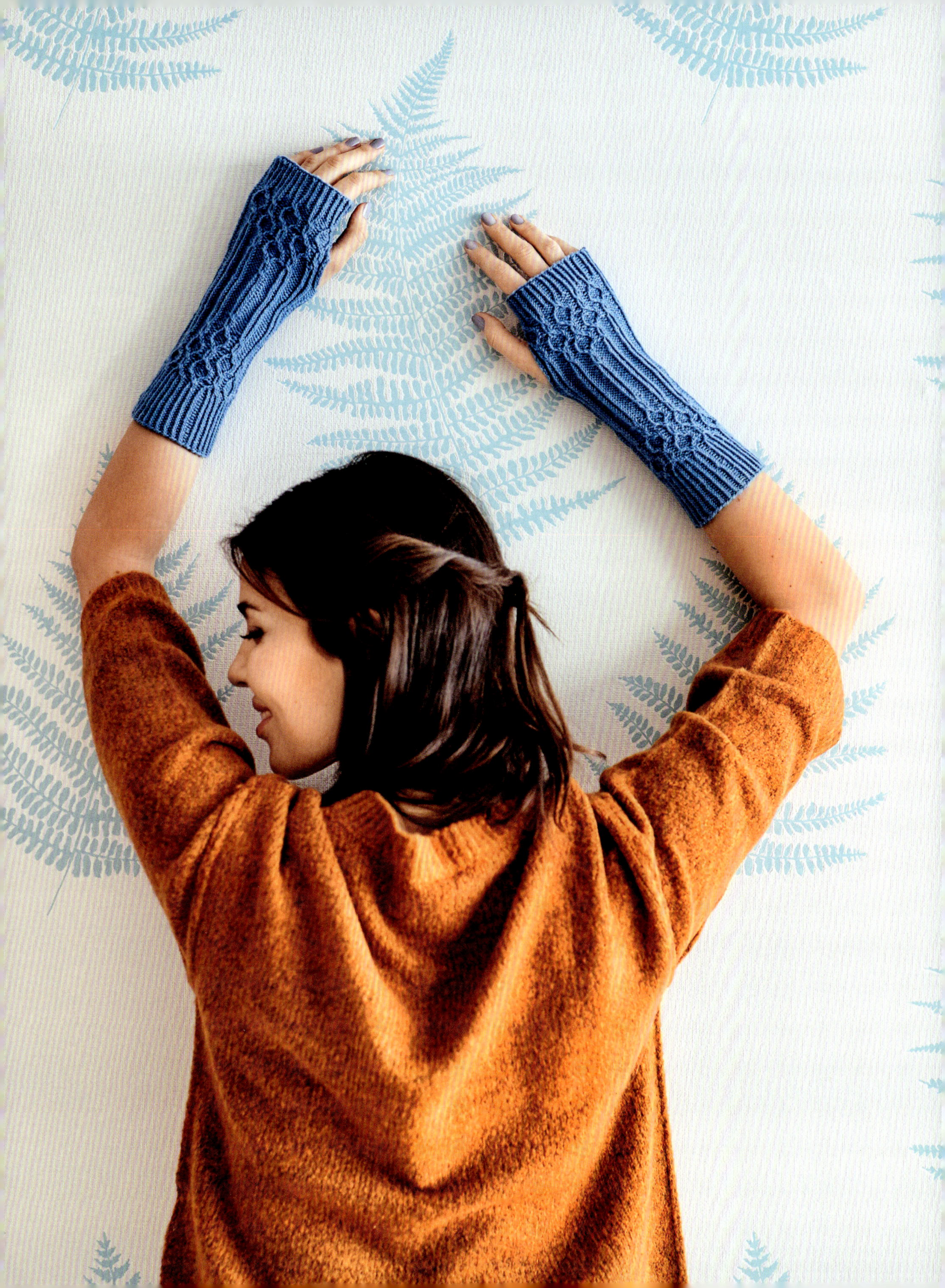

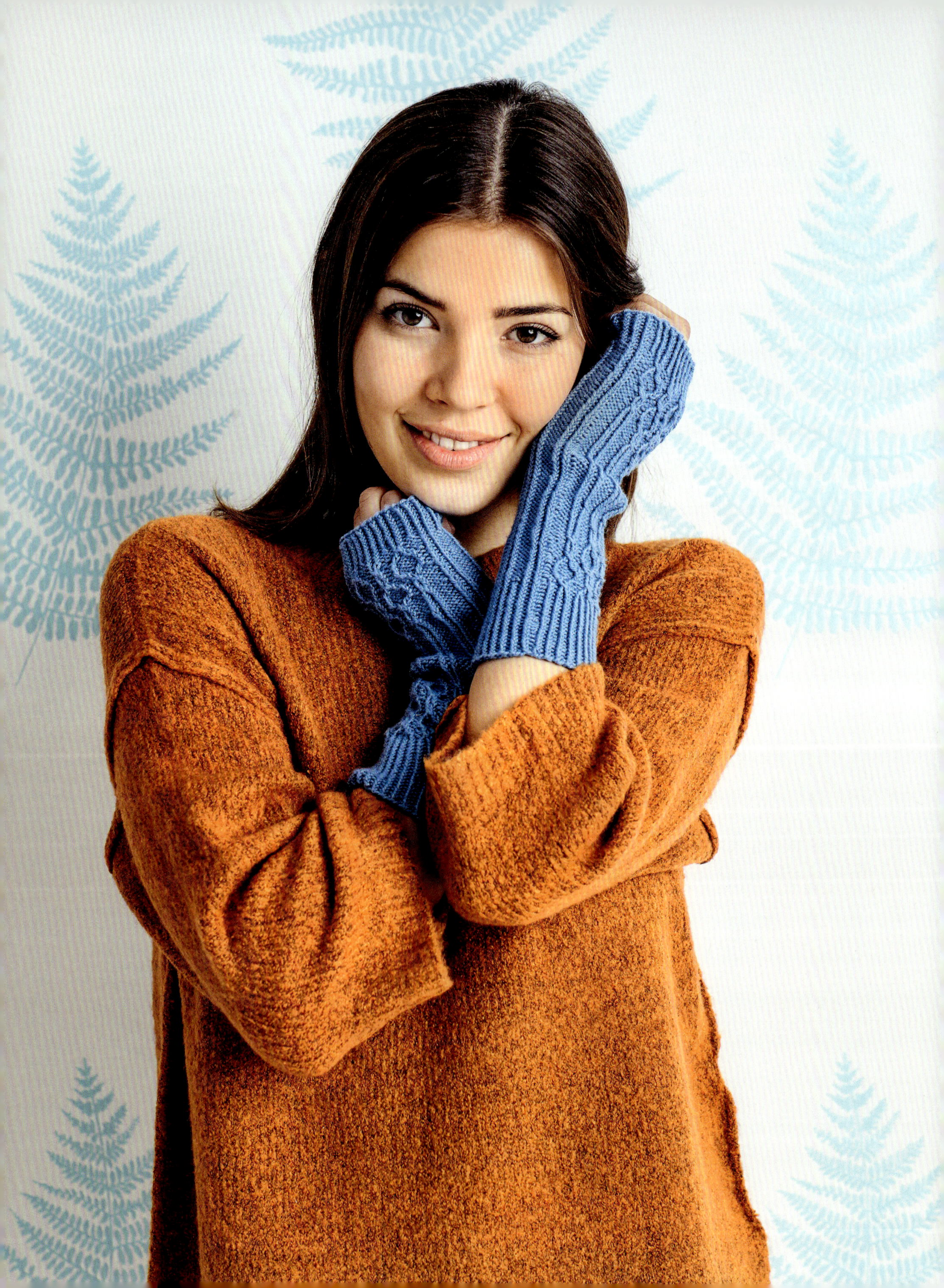

**Strickschrift**

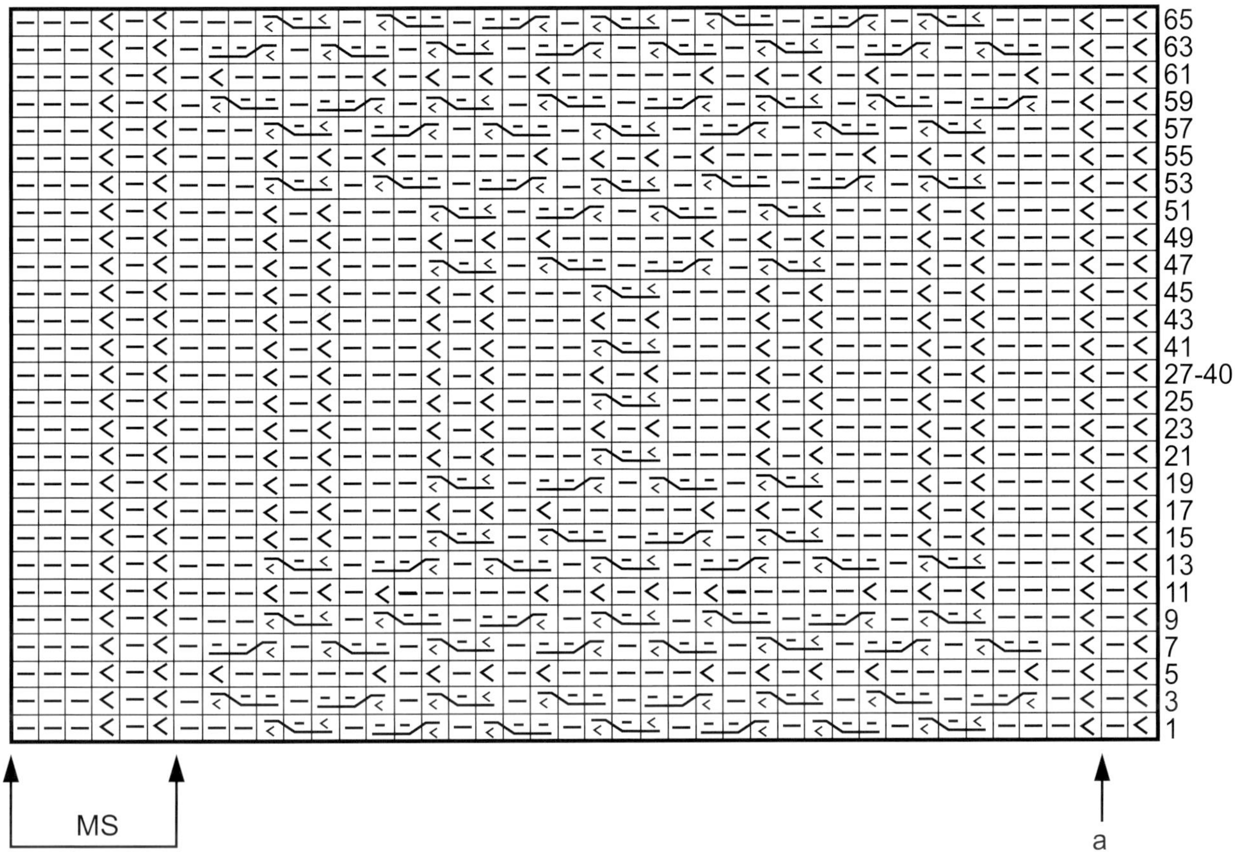


**Zeichenerklärung**

= 1 Masche rechts verschränkt

= 1 Masche links

= 1 Masche auf eine Hilfsnadel vor die Arbeit legen, 1 Masche auf eine zweite Hilfsnadel hinter die Arbeit legen, 1 Masche rechts verschränkt stricken, dann die Masche der zweiten Hilfsnadel links und danach die Masche der ersten Hilfsnadel rechts verschränkt stricken

= 1 Masche auf eine Hilfsnadel vor die Arbeit legen, 2 Maschen links stricken, dann die Masche der Hilfsnadel rechts verschränkt stricken

= 2 Maschen auf eine Hilfsnadel hinter die Arbeit legen, 1 Masche rechts verschränkt stricken, dann die Maschen der Hilfsnadel links stricken

MS = Mustersatz

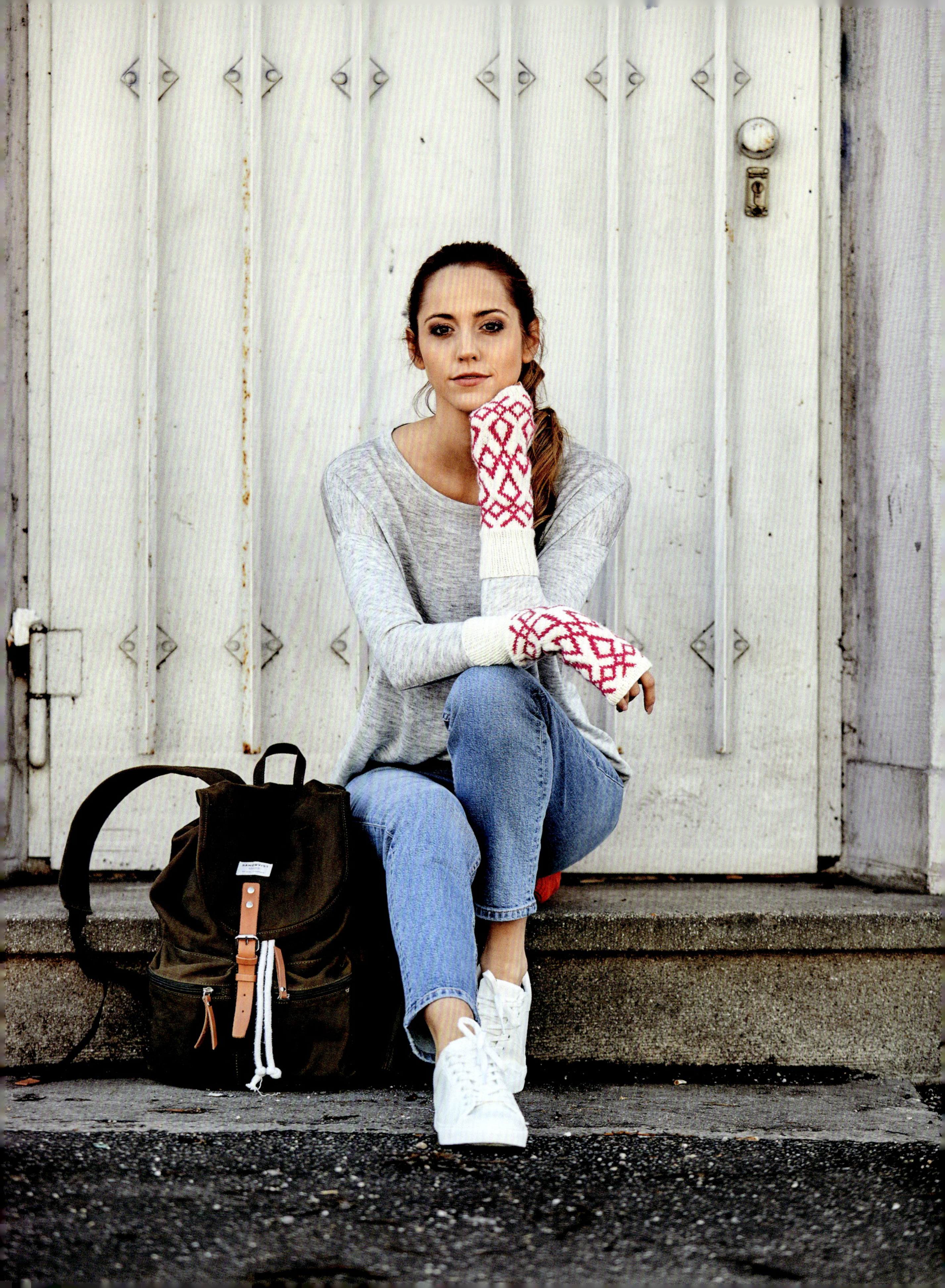

# Graphic Pink

## Stulpen mit Jacquardmuster

Schwierigkeitsgrad ★★

### Größe:

27 cm Länge

### Material:

- Schurwoll-Garn (100 % Schurwolle, LL ca. 150 m/50 g), 100 g in Natur und 50 g in Pink
- 1 Nadelspiel 3 mm

### Muster:

**Rippenmuster:** Stets 1 M rechts, 1 M links im Wechsel stricken.

**Glatt rechts:** In Hinreihen rechte Maschen, in Rückreihen linke Maschen stricken; in Runden immer rechte Maschen stricken.

**Jacquardmuster:** Die Maschenzahl muss durch 14 teilbar sein. Nach Zählmuster glatt rechts in Norwegertechnik stricken. In der Breite den Mustersatz stets wiederholen. In der Höhe 1 × die 1.–16. Rd/R stricken, dann die 1.–16. Rd/R wiederholen, dabei jede Runde/Reihe 2 × arbeiten und zum Schluss noch 1 × die 1.–16. Rd/R stricken = 64 Rd/Rd.

### Maschenprobe:

**Jacquardmuster** mit Nadel 3 mm:
29,5 M und 35,5 Rd = 10 × 10 cm.

### Hinweis:

Die Angaben für beide Größen sind durch einen Schrägstrich voneinander getrennt. Steht nur eine Angabe, gilt sie für beide Größen.

### So geht's:

56/70 M in Natur **anschlagen** und die Maschen gleichmäßig zu je 14/17-18-17-18 M auf vier Nadeln verteilen.

Für den **Bund** 7 cm = 25 Rd im Rippenmuster stricken. Dann glatt rechts weiterarbeiten, dabei zunächst 1 Rd in Natur und danach weiter im **Jacquardmuster** stricken.

Für den **Daumenschlitz** nach 14 cm = 50 Rd ab Bund die Arbeit am Rundenbeginn teilen und in Reihen stricken. Nach 4 cm = 14 R Daumenschlitzhöhe in Runden fortfahren.

Nach 18,5 cm = 65 Rd ab Bund 1 Rd in Natur und 1,5 cm = 5 Rd im **Rippenmuster** stricken. Alle Maschen abketten, wie sie erscheinen.

Die **zweite Stulpe** genauso arbeiten.

### Zählmuster

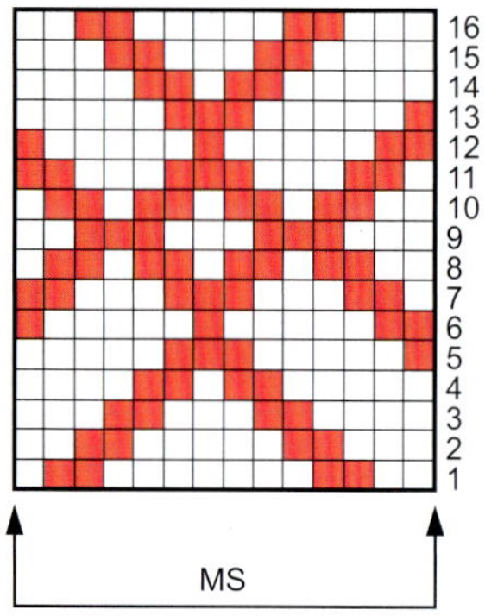


### Zeichenerklärung

1 Kästchen = 1 Masche und 1 Runde/ Reihe (wenn in der Anleitung nichts anderes angegeben ist)

■ = Pink

□ = Natur

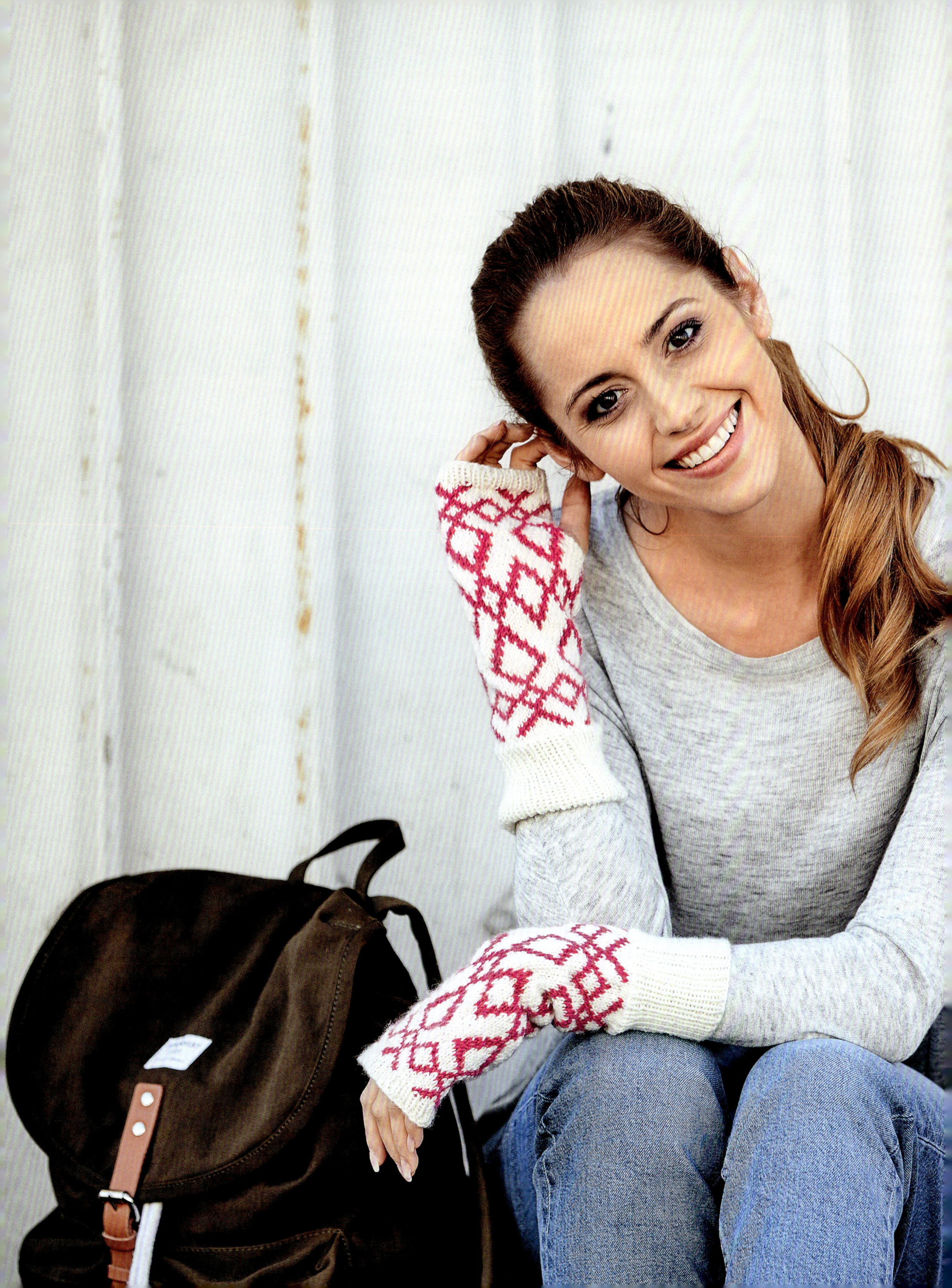

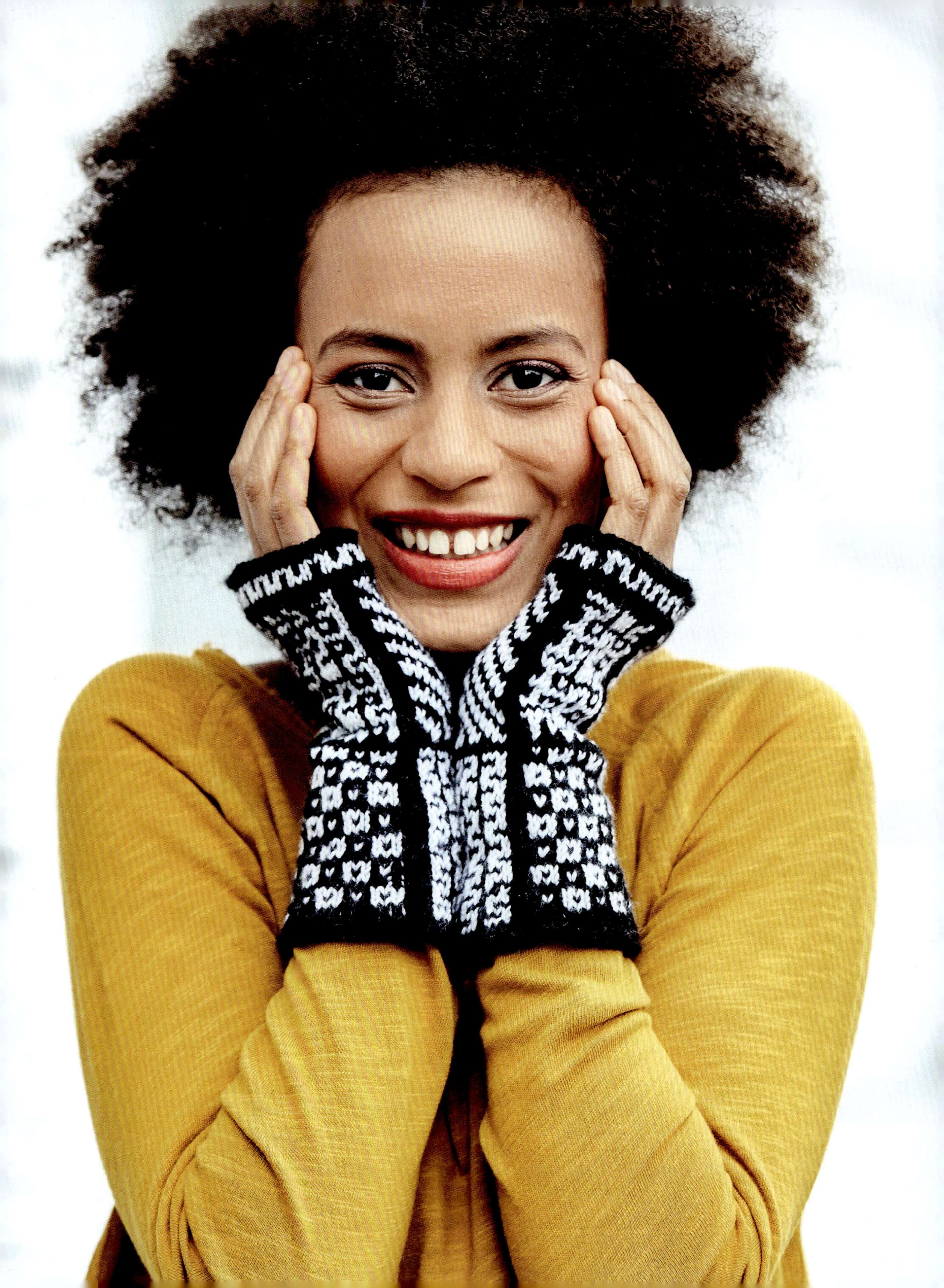

# Black and White

## Für Jacquardmuster-Freaks

Schwierigkeitsgrad ★★★

**Größe:**
19 cm Länge

**Material:**
- Schurwoll-Garn (100 % Schurwolle, LL ca. 150 m/50 g), je 50 g in Weiß und Schwarz
- 1 Nadelspiel 3 mm

**Muster:**
**Glatt rechts:** In Runden immer rechts stricken.
**Glatt links:** In Runden immer links stricken.

**Für alle Jacquardmuster gilt:** Nach dem entsprechenden Zählmuster in Norwegertechnik glatt rechts stricken. Es ist jede Runde gezeichnet. Wenn nicht anders angegeben, dann in der Breite den jeweiligen Mustersatz fortlaufend wiederholen.

**Jacquardmuster A:** Die Maschenzahl muss durch 4 teilbar sein. Siehe Zählmuster A. In der Höhe die 1.–4. Rd stets wiederholen.

**Jacquardmuster B:** Die Maschenzahl muss durch 10 teilbar sein. Siehe Zählmuster B. In der Breite mit der letzten Masche des Mustersatzes beginnen, den Mustersatz zwischen den Pfeilen 1× arbeiten und nach der 1./2./3. M des Mustersatzes enden. In der Höhe die 1.–10. Rd stets wiederholen.

**Jacquardmuster C:** Die Maschenzahl muss durch 6 teilbar sein. Siehe Zählmuster C. In der Höhe die 1.–8. Rd stets wiederholen.

**Jacquardmuster D:** Die Maschenzahl muss durch 4 teilbar sein. Siehe Zählmuster D. In der Höhe die 1.–4. Rd stets wiederholen.

**Jacquardmuster E:** Die Maschenzahl muss durch 4 teilbar sein. Siehe Zählmuster E. In der Höhe die 1.–5. Rd stets wiederholen.

**Muster- und Streifenfolge:** 14 Rd glatt rechts in Schwarz, 2 Rd glatt links in Schwarz (= Umbruch), 2 Rd glatt rechts in Schwarz.

Dann 27 Rd in Mustereinteilung A: 1 M glatt rechts in Schwarz, 12/13/14 M Jacquardmuster B, 2 M glatt rechts in Schwarz, 12/13/14 M Jacquardmuster A, 2 M glatt rechts in Schwarz, 12/13/14 M Jacquardmuster C, 2 M glatt rechts in Schwarz, 12/13/14 M Jacquardmuster D, 1 M glatt rechts in Schwarz.

Dann 2 Rd glatt rechts in Schwarz, 27 Rd in der Mustereinteilung B: 1 M glatt rechts in Schwarz, 12/13/14 M Jacquardmuster C, 2 M glatt rechts in Schwarz, 12/13/14 M Jacquardmuster D, 2 M glatt rechts in Schwarz, 12/13/14 M Jacquardmuster B, 2 M glatt rechts in Schwarz, 12/13/14 M Jacquardmuster A, 1 M glatt rechts in Schwarz.

Dann 2 Rd glatt rechts in Schwarz, 5 Rd Jacquardmuster E, 1 Rd glatt rechts in Schwarz, 2 Rd glatt links in Schwarz (= Umbruch), 8 Rd glatt rechts in Schwarz.

**Maschenprobe:**
**Jacquardmuster** A–E mit Nadeln 3 mm:
30 M und 33,5 Rd = 10 × 10 cm.

**Hinweis:**
Die Angaben für beide Größen sind durch einen Schrägstrich voneinander getrennt. Steht nur eine Angabe, gilt sie für beide Größen.

## So geht's:

### Rechte Stulpe

Die Maschen der Handfläche liegen auf der 1. und 2. Nadel, die Maschen des Handrückens auf der 3. und 4. Nadel.

56/60/64 M in Schwarz **anschlagen**, diese gleichmäßig zu je 14/15/16 M auf vier Nadeln verteilen. Dann weiter in der **Muster- und Streifenfolge** stricken.

Nach 15,5/15/15 cm = 52/50/50 Rd ab Anschlag für den **Daumenkeil** die 4. M der 1. Nadel markieren und beidseitig der markierten Masche je 1 M aus dem Querfaden rechts verschränkt herausstricken = 3 M Daumenkeil. Für die weiteren Zunahmen vor und nach den Daumenkeilmaschen je 1 M aus dem Querfaden rechts verschränkt herausstricken. Für die 1. Größe 1× in der folgenden 4. Rd, dann 5× in jeder 3. Rd je 2 M zunehmen. Für die 2. Größe 7× in jeder 3. Rd je 2 M zunehmen. Für die 3. Größe 5× in jeder 3. Rd und 3× in jeder 2. Rd je 2 M zunehmen = 15/17/19 Daumenkeilmaschen. Über die Daumenkeilmaschen 1 M in Schwarz und 1 M in Weiß im Wechsel stricken und diese Farbeinteilung in jeder Runde versetzen. Die Anzahl der Daumenkeilmaschen erhöht sich bei jeder Zunahme um 2 M. Maschen stilllegen.

Dann über den stillgelegten Daumenkeilmaschen für den **Daumensteg** 5/7/9 M in Schwarz dazu anschlagen und 1 Rd glatt rechts in Schwarz stricken, jedoch über die Maschen des Daumenstegs das Farbmuster des Daumenkeils fortsetzen und abwechselnd 1 M Weiß und 1 M Schwarz versetzt

**Zählmuster A**

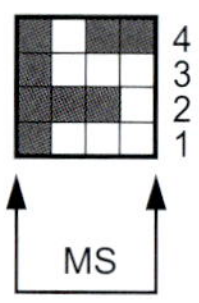


**Zählmuster B**

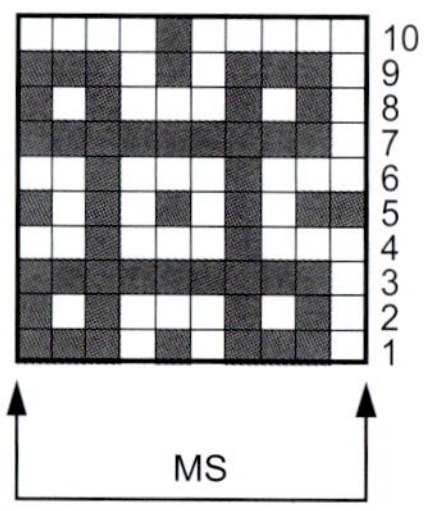


**Zählmuster C**

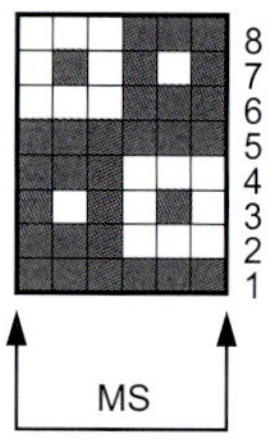


**Zählmuster D**

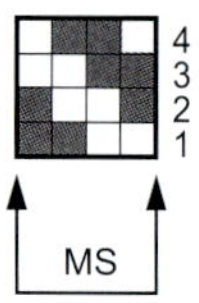


**Zählmuster E**

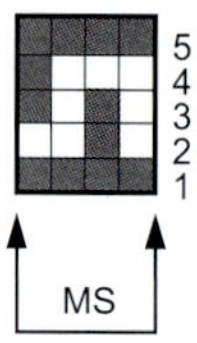


**Zeichenerklärung**

1 Kästchen = 1 Masche und 1 Runde

■ = 1 Masche in Schwarz

□ = 1 Masche in Weiß

arbeiten. In der folgenden Runde die 1. Stegmasche mit der Masche davor rechts überzogen zusammenstricken (= 1 M wie zum Rechtsstricken abheben, 1 M rechts stricken, dann die abgehobene Masche überziehen) und die letzte Stegmasche mit der Masche danach rechts zusammenstricken. Diese Abnahmen in jeder Runde wiederholen, bis nur noch 1 Stegmasche übrig ist = 56/60/64 M. Nach Ende der Muster- und Streifenfolge alle Maschen abketten.

Für den **Daumen** die stillgelegten 15/17/19 Daumenkeilmaschen auf eine Nadel nehmen und 5/7/9 M aus dem Steg in Schwarz dazu auffassen = 20/24/28 M. Maschen gleichmäßig zu je 7-7-6/8/9-9-10 M auf 3 Nadeln verteilen. Glatt rechts stricken und das Farbmuster des Daumenkeils fortsetzen. Die Stegmaschen wie beschrieben abnehmen, bis nur noch 1 Stegmasche übrig ist = 16/18/20 M. Auf Höhe des oberen Daumengelenks alle Maschen abketten.

Den oberen und unteren **Stulpenrand** jeweils an den Umbrüchen nach innen umschlagen und annähen. Fäden vernähen.

**Linke Stulpe**
Die linke Stulpe gegengleich arbeiten. Für den Daumenkeil hier jedoch die viertletzte Masche der 4. Nadel markieren.

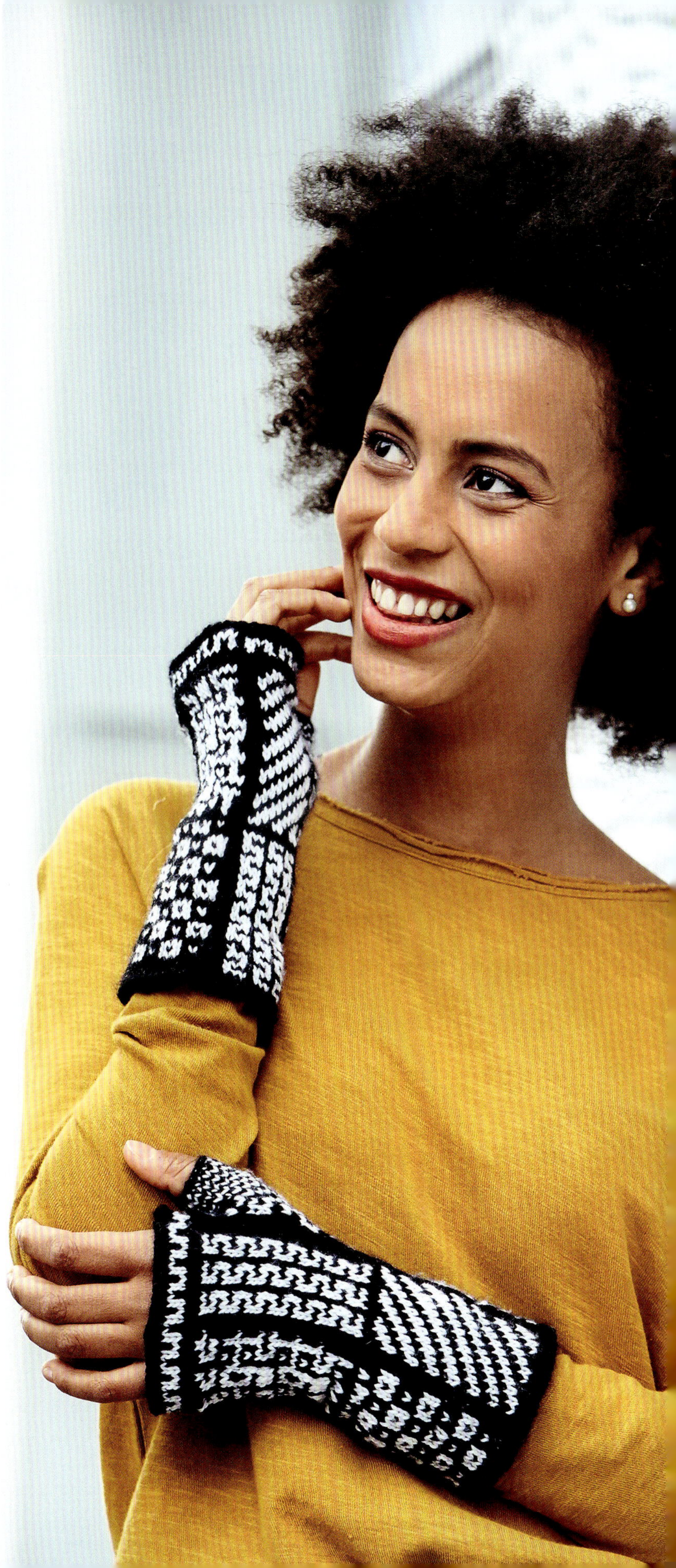

# Zickzack-Look

## Stulpen mit Hebemaschenmuster

Schwierigkeitsgrad ★★

**Größe:**
21 cm Länge

**Material:**
- Schurwoll-Garn (100 % Schurwolle, LL ca. 160 m/50 g), je 50 g in Dunkelblau und Mint
- 1 Nadelspiel 3,5 mm

**Muster:**
**Kraus rechts:** Stets 1 Rd rechts und 1 Rd links im Wechsel stricken.
**Hebemaschenmuster:** Die Maschenzahl muss durch 11 teilbar sein. Nach Strickschrift arbeiten. Gezeichnet sind alle Runden. In der Breite den Mustersatz stets wiederholen. In der Höhe die 1.–22. Rd stets wiederholen.
**Streifenfolge:** 2 Rd Mint und 2 Rd Dunkelblau im Wechsel stricken.

**Maschenprobe:**
**Hebemaschenmuster** mit Nadeln 3,5 mm: 24,5 M und 55 Rd = 10 × 10 cm

**Hinweis:**
Die Angaben für die drei Größen sind durch Schrägstriche voneinander getrennt. Steht nur eine Angabe, gilt sie für alle Größen.

**So geht's:**
44/55/66 M in Dunkelblau **anschlagen** und diese zu je 11/14-14-14-13/17-17-17-16 M auf vier Nadeln verteilen. Über 2 Rd kraus rechts stricken. Dann im Hebemaschenmuster in der Streifenfolge arbeiten.

Für den **Daumenkeil** nach 12/10,5/9 cm = 68/60/52 Rd ab Anschlag die 4. M der 1. Nadel markieren und beidseitig der markierten Masche je 1 M aus dem Querfaden rechts verschränkt herausstricken = 3 Daumenkeilmaschen. Die weiteren Zunahmen wie folgt stricken und die Daumenkeilmaschen stets kraus rechts in der Streifenfolge stricken: * In der folgenden 5. Rd vor und nach den Daumenkeilmaschen je 1 M aus dem Querfaden rechts verschränkt herausstricken.
Ab * 6× arbeiten/ab * 6× arbeiten und in der folgenden 6. Rd noch 1× arbeiten/ab * 6× arbeiten und noch 2× in jeder 6. Rd arbeiten = 15/17/19 Daumenkeilmaschen. Die Anzahl der Daumenkeilmaschen erhöht sich bei jeder Zunahme um 2 M. Anschließend die Daumenkeilmaschen stilllegen.

Statt der stillgelegten Daumenkeilmaschen für den **Daumensteg** 5/7/9 M dazu anschlagen und 1 Rd über alle Maschen stricken, dabei über den Daumenstegmaschen kraus rechts stricken. In der folgenden Runde die erste Stegmasche mit der Masche davor rechts überzogen zusammenstricken (= 1 M wie zum Rechtsstricken abheben, 1 M rechts stricken, dann die abgehobene Masche überziehen) und die letzte Stegmasche mit der Masche danach rechts zusammenstricken. Diese Abnahmen in jeder folgenden Runde noch

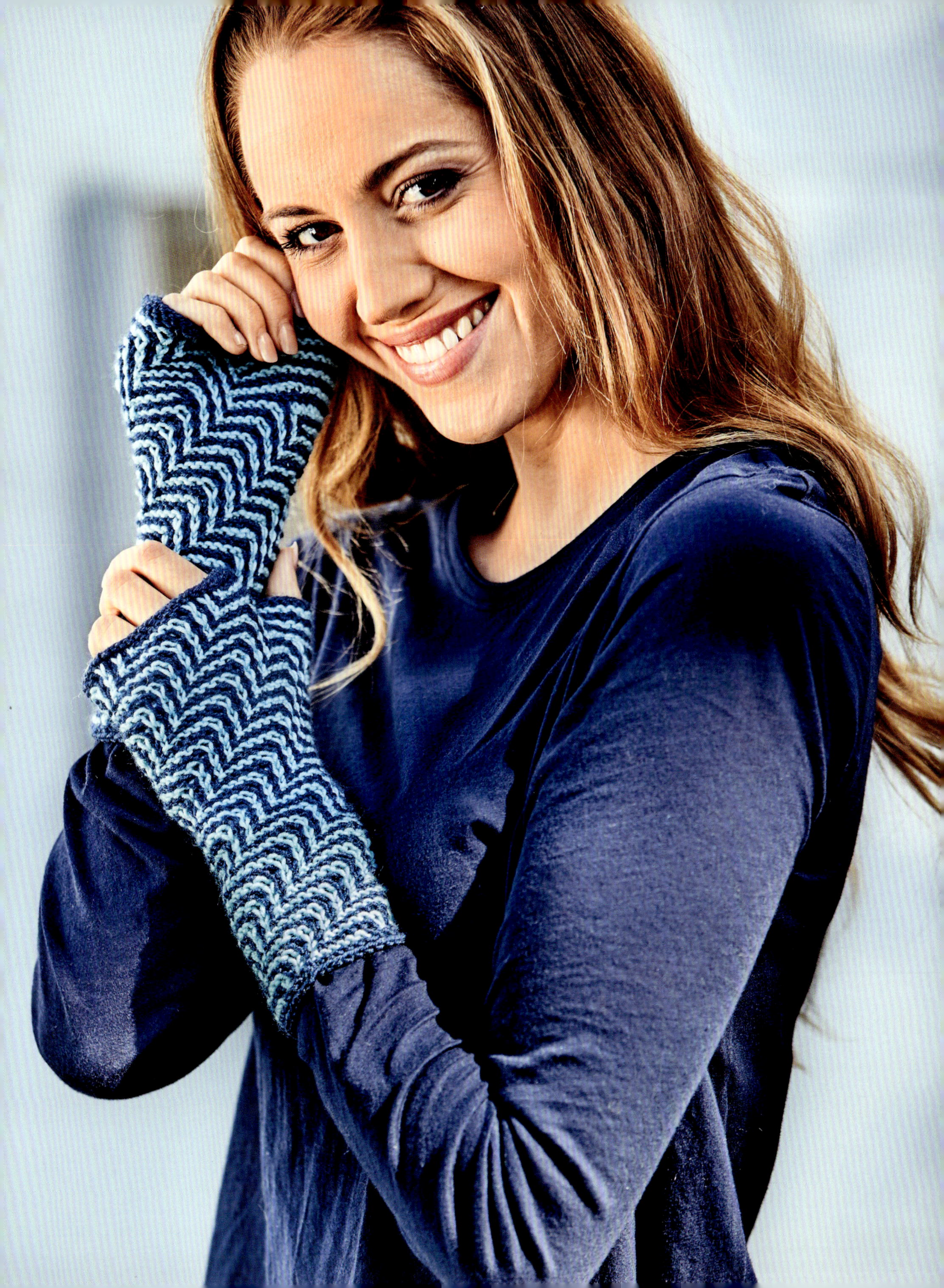

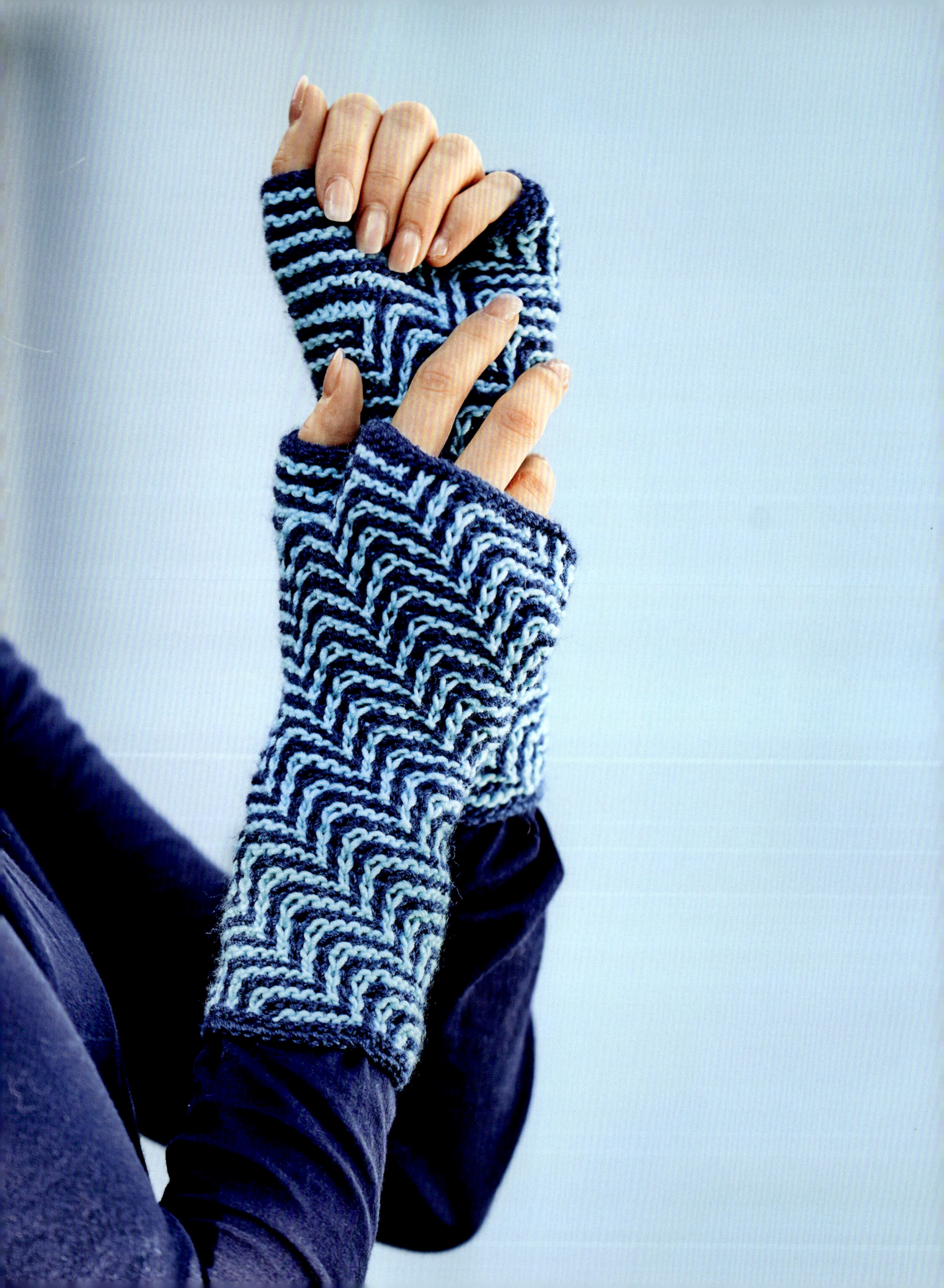

1/2/3 × wiederholen; es bleibt noch 1 Stegmasche übrig = insgesamt 44/55/66 M. Noch weitere 3/3,5/4 cm = 17/19/21 Rd im Hebemaschenmuster und 2 Rd kraus rechts in Dunkelblau stricken. Danach alle Maschen rechts abketten.

Für den **Daumen** die 15/17/19 Daumenkeilmaschen auf zwei Nadeln nehmen und mit der dritten Nadel 5/7/9 M aus dem Daumensteg auffassen = 20/24/28 M. Die Maschen gleichmäßig zu je 7-7-6/8/9-9-10 M auf drei Nadeln verteilen. Kraus rechts in der Streifenfolge stricken. Die Stegmaschen wie oben beschrieben abnehmen = 16/18/20 M.
Nach 2,5/3,5/3,5 cm = 6/8/8 Rd ab Steg alle Maschen locker rechts abketten.

Die **zweite Stulpe** in gleicher Weise stricken.

**Strickschrift**

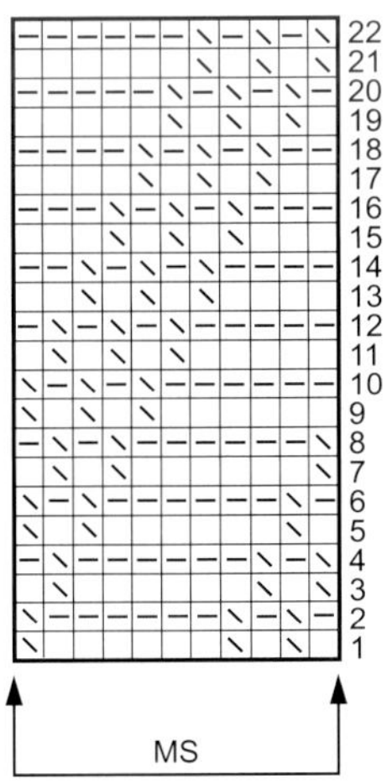


**Zeichenerklärung**

1 Kästchen = 1 Masche und 1 Runde
□ = 1 Masche rechts
⊟ = 1 Masche links
⧅ = 1 Masche wie zum Linksstricken abheben (Faden hinter der Arbeit)

# Ready for Celebration

## Festliche Handstulpen mit Zopf-Ajourmuster

Schwierigkeitsgrad ★★

**Größe:**
21 cm Länge

**Material:**
- Schurwollgarn (100 % Schurwolle, LL ca. 185 m/50 g), 50 g in Himbeer
- 100 cm farblich passendes Satinband (5 mm breit)
- 1 Nähnadel und farblich passender Faden
- 1 Nadelspiel 3,5 mm
- 1 Häkelnadel 3 mm

**Muster:**
**Glatt links:** In allen Runden stets linke Maschen stricken.
**Ajour-Zopfmuster:** Die Maschenzahl muss durch 8 teilbar sein. Nach Strickschrift arbeiten. Es sind nur ungerade Runden gezeichnet; in den geraden Runden die Maschen stricken, wie sie erscheinen und Umschläge rechts stricken. In der Breite den Mustersatz stets wiederholen. In der Höhe die 1.–18. Rd arbeiten, dann die 15.–18. Rd wiederholen.

**Maschenprobe:**
**Ajour-Zopfmuster** mit Nadeln 3,5 mm:
29 M und 37,5 Rd = 10 × 10 cm

**Hinweis:**
Die Angaben für beide Größen sind durch einen Schrägstrich voneinander getrennt. Steht nur eine Angabe, gilt sie für beide Größen.

**So wird's gemacht:**
**Rechte Stulpe**
56/64 M anschlagen und diese zu je 14/16 M gleichmäßig auf vier Nadeln verteilen. 1 Rd links, dann das **Ajour-Zopfmuster** stricken.

Nach 12,5 cm = 47 Rd ab Anschlag für den **Daumenkeil** die zweitletzte Masche der 4. Nadel markieren und beidseitig der markierten Masche je 1 M aus dem Querfaden links verschränkt herausstricken = 3 M Daumenkeil. Die weiteren Zunahmen wie folgt stricken: * In der folgenden 3. Rd vor und nach den Daumenkeilmaschen je 1 M links verschränkt aus dem Querfaden herausstricken, ab * 5/6 × arbeiten = 13/15 Daumenkeilmaschen. Die Zahl der Keilmaschen erhöht sich bei jeder Zunahmerunde um 2 M. Über die Daumenkeilmaschen jeweils glatt links stricken. Die Daumenkeilmaschen stilllegen.

Dann über den Daumenkeilmaschen für den **Daumensteg** 5/7 M neu dazu anschlagen und 1 Rd stricken, dabei über die 5/7M des Daumenstegs glatt links stricken. In der folgenden Runde die 1. Stegmasche mit der Masche davor und die letzte Stegmasche mit der Masche danach links zusammenstricken. Diese Abnahmen in jeder Runde ebenso arbeiten, bis nur noch 1 Stegmasche übrig ist = 56/64 M. Nach 21/22 cm = 79/83 Rd ab Anschlag alle Maschen locker abketten.

Für den **Daumen** die stillgelegten 13/15 Keilmaschen auf eine Nadel nehmen, 5/7 M aus dem Steg auffassen und gleichmäßig zu je 6/7-7-8 M auf 3 Nadeln verteilen = 18/22 M. Glatt links stricken. In der nächsten Runde die 1. Stegmasche mit der Masche davor, die letzte Stegmasche mit der Masche danach links zusammenstricken. Dies in jeder Runde wiederholen, bis nur noch 1 Stegmasche übrig ist = 14/16 M. In Höhe des obersten Daumengelenks alle Maschen abketten.

Linke Stulpe
Ebenso arbeiten.

**Fertigstellung:**
Den oberen Stulpenrand jeweils mit 1 Rd wie folgt **umhäkeln**: den Faden in der Mitte eines Zopfes anschlingen, * 2 M überspringen, 5 Stäbchen in 1 M, 2 M überspringen, 1 Kettmasche, ab * stets wiederholen, dabei gleichmäßig verteilt an zwei/vier Stellen nur 1 M überspringen; mit 1 Kettmasche in die Anschling-Masche zur Runde schließen.

Das **Satinband** in die letzte Lochrunde des Ajourzopfs einziehen, dabei auf dem Handrücken beginnen. Die Bandenden zu einer Schleife binden. Die Schleife mit dem Nähfaden und mit ein paar Stichen fixieren.

**Strickschrift und Zeichenerklärung:**
Siehe Seite 130.

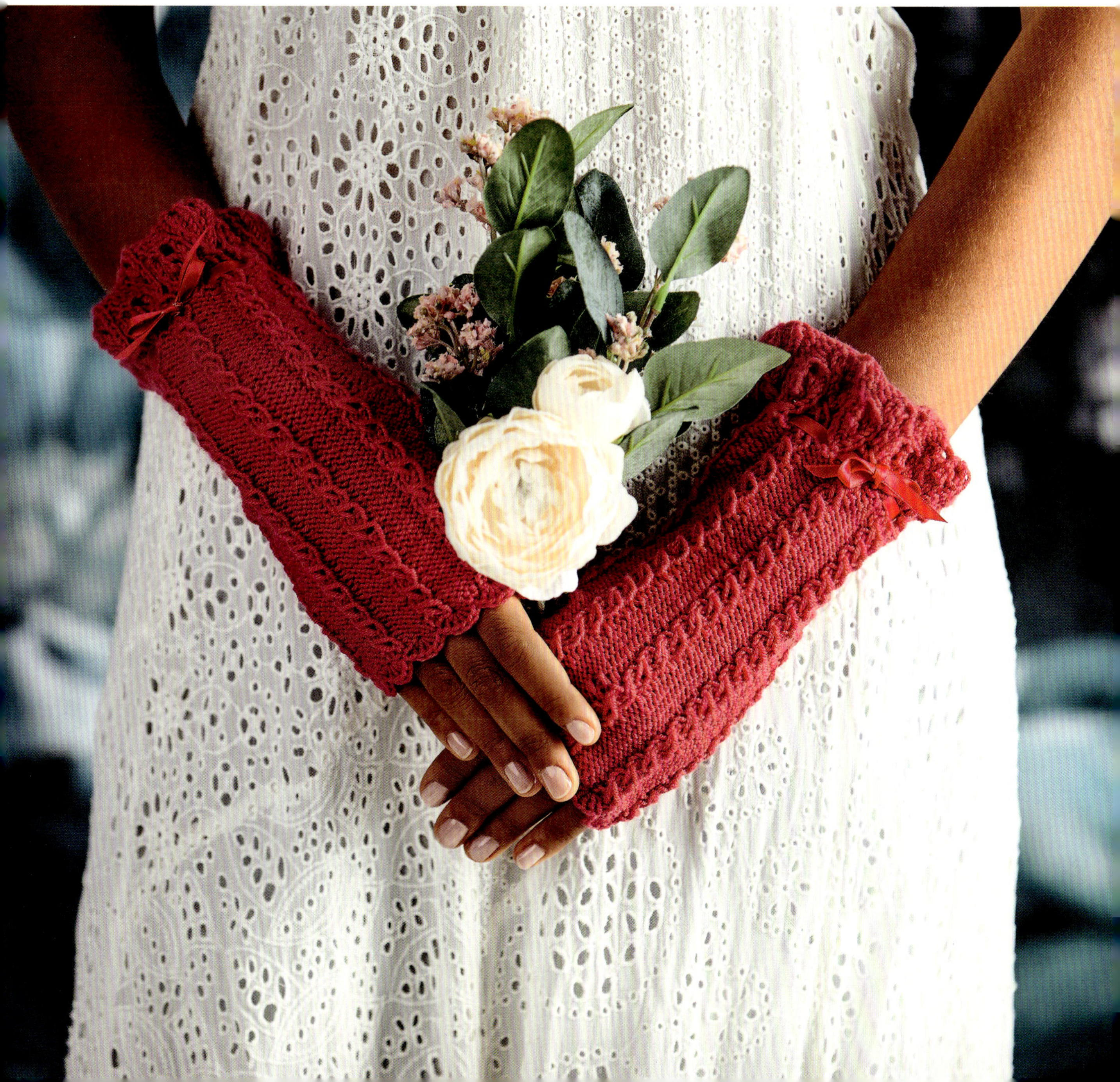

# Red Pearls

Handstulpen mit perlengekröntem Zopfmuster

Schwierigkeitsgrad ★★★

**Größe:**
24/25 cm Länge

**Material:**
- Schurwoll-Seide-Mischgarn (55% Schurwolle, 25% Polyamid, 20% Seide, LL ca. 200 m/50 g), 50 g in Rot
- 14 rote Perlen (7 mm Ø)
- 1 Nadelspiel 3 mm
- 1 Nähnadel und farblich passender Faden

**Muster:**
**Rippenmuster:** Stets 2 M rechts, 2 M links im Wechsel stricken.
**Glatt rechts:** In allen Runden stets rechte Maschen stricken.
**Zopfmuster:** Nach Strickschrift arbeiten. Die Maschenzahl muss durch 23 teilbar sein. Es sind nur ungerade Runden gezeichnet; in den geraden Runden die Maschen stricken, wie sie erscheinen, und die Umschläge rechts

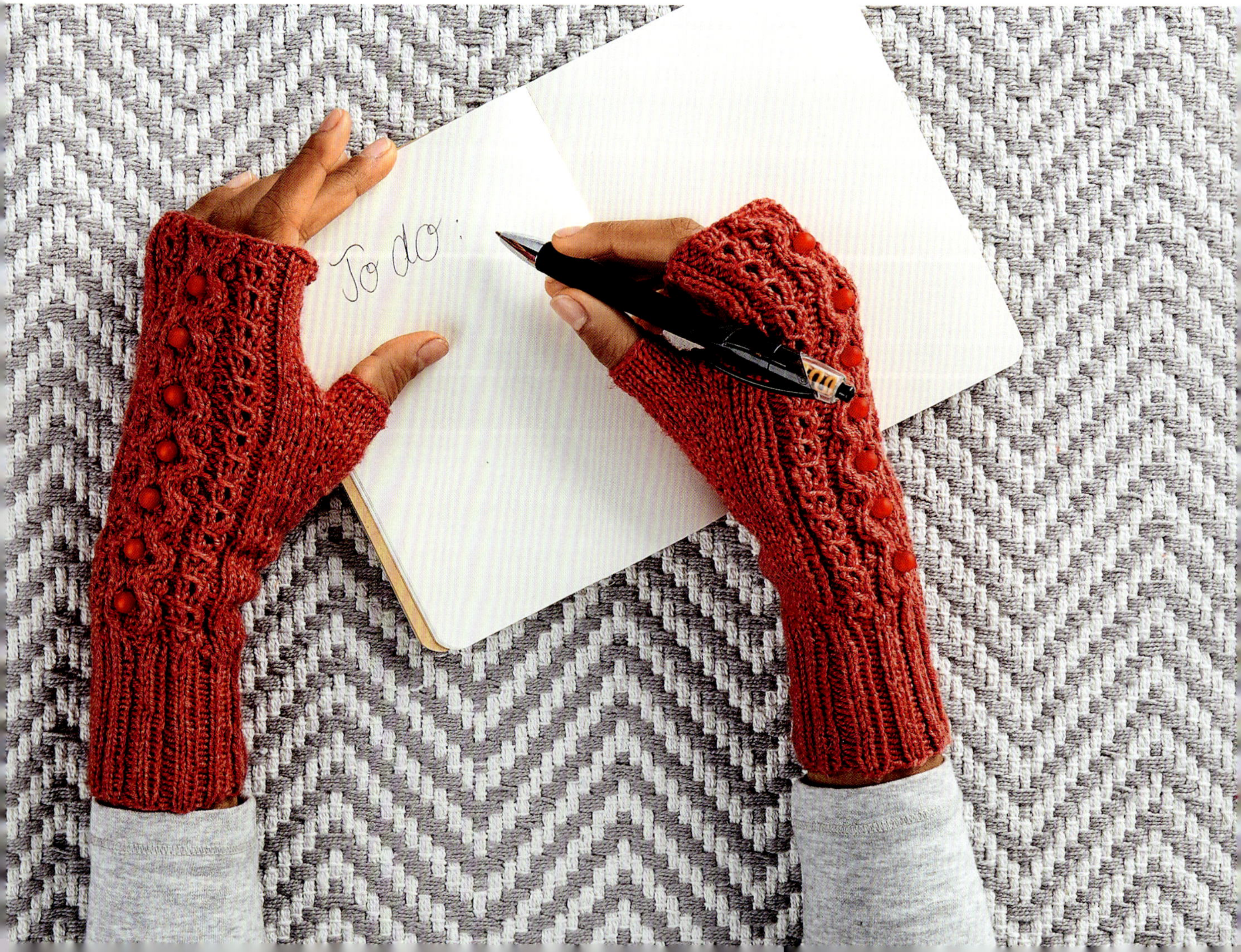

stricken. In der Breite die Mustereinteilung stricken, wie in der Anleitung beschrieben. In der Höhe die 1.–10. Rd 1× arbeiten, dann die 3.–10. Rd fortlaufend wiederholen.

### Maschenprobe:

**Glatt rechts** mit Nadeln 3 mm:
21,5 M und 36 Rd = 10×10 cm
**Zopfmuster** mit Nadeln 3 mm:
23 M und 36 Rd = 6×10 cm
**Rippenmuster** mit Nadeln 3 mm und leicht gedehnt gemessen:
25,5 M und 36 Rd = 10×10 cm

### Hinweis:

Die Angaben für beide Größen sind durch einen Schrägstrich voneinander getrennt. Steht nur eine Angabe, gilt sie für beide Größen.

### So wird's gemacht:

Rechte Stulpe

Die Maschen der Handfläche sind auf der 1. und 2. Nadel, die Maschen des Handrückens auf der 3. und 4. Nadel.

48/52 M anschlagen und diese zu je 12/14 M auf vier Nadeln verteilen. Für den Bund 7,5 cm = 27 Rd im **Rippenmuster** stricken.

Dann die **Maschen** wie folgt **einteilen**: 26/30 M glatt rechts, 20 M Zopfmuster, dabei in der 1. Rd über den mittleren 6 M gleichmäßig verteilt 3 M zunehmen = 23 M, 2 M glatt rechts = 51/55 M.

Für den **Daumenkeil** nach 6,5 cm = 23 Rd ab Bund die 4. M der 1. Nadel markieren und beidseitig der markierten Masche je 1 M aus dem Querfaden rechts verschränkt herausstricken = 3 M Daumenkeil. * In der folgenden 3. Rd vor und nach den Daumenkeilmaschen je 1 M aus dem Querfaden rechts verschränkt herausstricken, ab * insgesamt 5/6× arbeiten = 13/15 Daumenkeilmaschen. Die Zahl der Daumenkeilmaschen erhöht sich bei jeder Zunahmerunde um 2 M. Über die Daumenkeilmaschen stets glatt rechts stricken. Die Daumenkeilmaschen stilllegen.

Über den stillgelegten Daumenkeilmaschen für den **Daumensteg** 5 M dazu anschlagen. 1 Rd stricken, dabei über die 5 Stegmaschen glatt rechts stricken. In der folgenden Runde die 1. Stegmasche mit der Masche davor rechts überzogen zusammenstricken (= 1 M wie zum Rechtsstricken abheben, 1 M rechts stricken, dann die abgehobene Masche überziehen) und die letzte Stegmasche mit der Masche danach rechts zusammenstricken. Die Abnahmen in der nächsten Runde ebenso arbeiten = 51/59 M. Nach 16,5/17,5 cm = 60/64 Rd ab Bund alle Maschen abketten.

Für den **Daumen** die 13/15 Keilmaschen auf eine Nadel nehmen und 5/7 M aus dem Steg auffassen = 18/20 M. Die Maschen gleichmäßig zu je 6/7-7-6 M auf 3 Nadeln verteilen. Glatt rechts stricken. In der folgenden Runde die 1. Stegmasche mit der Masche davor rechts überzogen zusammenstricken und die letzte Stegmasche mit der Masche danach rechts zusammenstricken. Diese Abnahmen in der folgenden Runde ebenso arbeiten, es bleibt noch 1 Stegmasche übrig = 14/16 M. In Höhe des obersten Daumengelenks alle Maschen locker abketten.

Zuletzt die **Perlen** aufnähen - siehe Foto.

Linke Stulpe

Bei der linken Stulpe liegen die Maschen des Handrückens auf der 1. und 2. Nadel und die der Handfläche auf der 3. und 4. Nadel. Deshalb für den Daumenkeil die viertletzte Masche der 4. Nadel markieren.

### Strickschrift und Zeichenerklärung:

Siehe Seite 130.

# Smell of Roses

Zartrosa Handstulpen mit Rippen- und Zopf-Ajourmuster

Schwierigkeitsgrad ★★

**Größe:**
18/19,5 cm Länge

**Material:**
- Schurwoll-Garn (100 % Schurwolle, LL ca. 200 m/50 g), 50 g in Flieder
- 1 Nadelspiel 3 mm

**Muster:**
**Rippenmuster:** Stets 2 M rechts, 2 M links im Wechsel stricken.
**Ajour-Zopfmuster:** Nach Strickschrift arbeiten. Die Maschenzahl muss teilbar durch 22 sein. Es sind nur ungerade Runden gezeichnet; in den geraden Runden die Maschen stricken, wie sie erscheinen bzw. wie in der Zeichenerklärung angegeben. Die 1.–30. Rd arbeiten, dann die 19.–30. Rd wiederholen.
**Glatt rechts:** Stets rechte Maschen stricken.

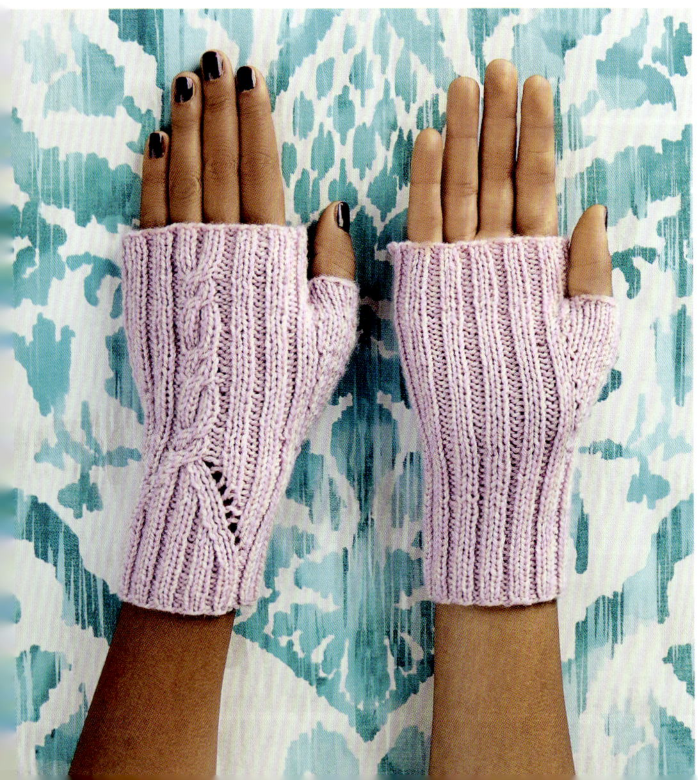

**Maschenprobe:**
**Rippenmuster** mit Nadeln 3 mm:
24 M und 34,5 Rd = 10 × 10 cm

**Hinweis:**
Die Angaben für beide Größen sind durch einen Schrägstrich voneinander getrennt. Steht nur eine Angabe, gilt sie für beide Größen.

**So wird's gemacht:**
**Linke Stulpe**
Die Maschen der Handfläche liegen auf der 1. und 2. Nadel, die Maschen des Handrückens auf der 3. und 4. Nadel.

52/56 M **anschlagen** und diese gleichmäßig zu je 13/14 M auf vier Nadeln verteilen.

Für den **Bund** 2,5 cm = 8 Rd im Rippenmuster stricken, dafür mit 2 M links, 2 M rechts/2 M rechts, 2 M links beginnen.

Dann die **Maschen** wie folgt **einteilen**:
28/30 M Rippenmuster, 22 M Ajourzopf,
2/4 M Rippenmuster.

Für den **Daumenkeil** nach 8,5 cm = 30 Rd ab Anschlag die 4./5. M der 1. Nadel markieren und beidseitig der markierten Masche je 1 M aus dem Querfaden rechts verschränkt herausstricken = 3 M Daumenkeil. * In der folgenden 3. Rd vor und nach den Keilmaschen je 1 M aus dem Querfaden rechts verschränkt herausstricken, ab * 5/6× arbeiten = 13/15 Keilmaschen. Die Zahl der Keilmaschen erhöht sich bei jeder Zunahmerunde um 2 M. Über die Daumenkeilmaschen glatt rechts stricken. Die Daumenkeilmaschen stilllegen.

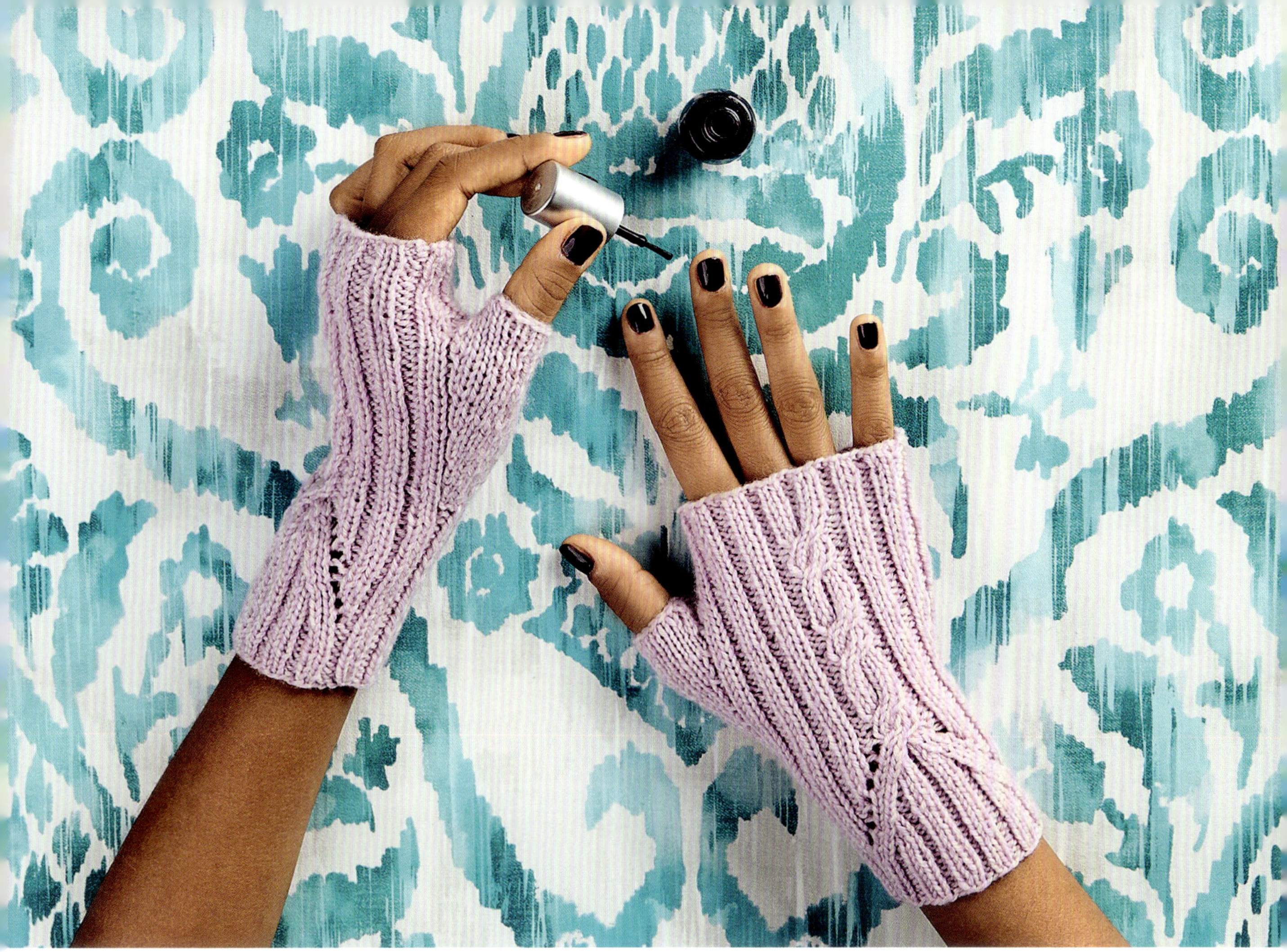

Dann über den Daumenkeilmaschen für den **Daumensteg** 5 M dazu anschlagen und 1 Rd stricken, dabei über die 5 M des Daumenstegs glatt rechts stricken. In der folgenden Runde die 1. Stegmasche mit der Masche davor rechts überzogen zusammenstricken (= 1 M wie zum Rechtsstricken abheben, 1 M rechts stricken, dann die abgehobene Masche überziehen) und die letzte Stegmasche mit der Masche danach rechts zusammenstricken. Dies in jeder Runde wiederholen, es bleibt noch 1 Stegmasche übrig = 52/60 M.

Nach 18 cm = 62 Rd ab Anschlag alle Maschen locker abketten/nach 18 cm = 62 Rd noch 1,5 cm = 6 Rd im **Rippenmuster** arbeiten, dann alle Maschen locker abketten. Für den **Daumen** die 13/15 Keilmaschen auf eine Nadel nehmen und 5 M aus dem Steg dazu auffassen = 18/20 M. Die Maschen gleichmäßig zu je 6/7-6-7 M auf 3 Nadeln verteilen. Glatt rechts stricken. In der folgenden Runde die 1. Stegmasche mit der Masche davor rechts überzogen zusammenstricken und die letzte Stegmasche mit der Masche danach rechts zusammenstricken. Diese Abnahmen in jeder Runde wiederholen, bis nur noch 1 Stegmasche übrig ist = 14/16 M. In Höhe des obersten Daumengelenks alle Maschen locker abketten.

### Rechte Stulpe

Gegengleich arbeiten. Die Maschen des Handrückens sind auf der 1. und 2. Nadel, die Maschen der Handfläche auf der 3. und 4. Nadel. Für den Daumenkeil die viertletzte (fünftletzte) Masche der 4. Nadel markieren.

**Strickschrift und Zeichenerklärung:**
Siehe Seite 130.

# Think Pink

## Handstulpen mit Hebemaschenmuster

Schwierigkeitsgrad ★★

**Größe:**
21 cm Länge

**Material:**
- Alpaka-Schurwoll-Mischgarn (72% Alpaka, 16% Polyamid, 12% Schurwolle), je 50 g in Senf und Zyklam
- 1 Nadelspiel 4,5 mm

**Muster:**
**Kraus rechts:** In Hin- und Rückreihen stets rechte Maschen stricken.
**Hebemaschenmuster:** Die Maschenzahl muss teilbar durch 8 + 2 Randmaschen sein. Nach Strickschrift arbeiten. In der Breite zwischen den Randmaschen den Mustersatz fortlaufend wiederholen. In der Höhe die 1.–12. R stets wiederholen.
**Streifenfolge A:** * 2 R Senf, 4 R Zyklam, ab * fortlaufend wiederholen.
**Streifenfolge B:** * 2 R Zyklam, 4 R Senf, ab * fortlaufend wiederholen.

**Maschenprobe:**
**Hebemaschenmuster** mit Nadeln 4,5 mm: 18 M und 36 R = 10 × 10 cm

**Hinweis:**
Die Angaben für beide Größen sind durch einen Schrägstrich voneinander getrennt. Steht nur eine Angabe, gilt sie für beide Größen.

**So wird's gemacht:**

**Rechte Stulpe**
Jeweils 17/21 M in Senf und 17/21 M in Zyklam **anschlagen** = 34/42 M. Beim Farbwechsel die Fäden auf der Rückseite der Arbeit verkreuzen, damit keine Löcher entstehen.

Über 3 R **kraus rechts** stricken, dabei mit 1 Rückreihe beginnen und in den Farben der Anschlagsmaschen stricken. Dann im Hebemaschenmuster fortfahren. Dabei über die ersten 17/21 M die Streifenfolge A, über die letzten 17/21 M die Streifenfolge B stricken.

Für den **Daumenschlitz** nach 14 cm = 51 R ab Anschlag die 7.- bis 12.-letzte/9.- bis 14.-letzte Masche abketten und in der folgenden Reihe wieder dazu anschlagen.

Nach 4 cm = 14 R ab Daumenschlitz 2 R **kraus rechts** stricken, dabei über die ersten 17/21 M in Zyklam, über die letzten 17/21 M in Senf stricken. Weitere 2 R kraus rechts stricken, dabei über die ersten 17/21 M in Senf und über die letzten 17/21 M in Zyklam stricken. Dann alle Maschen locker abketten und die Nähte schließen.

**Linke Stulpe**
Gegengleich arbeiten und für den Daumenschlitz die 7. bis 12./9. bis 14. M abketten.

**Strickschrift**

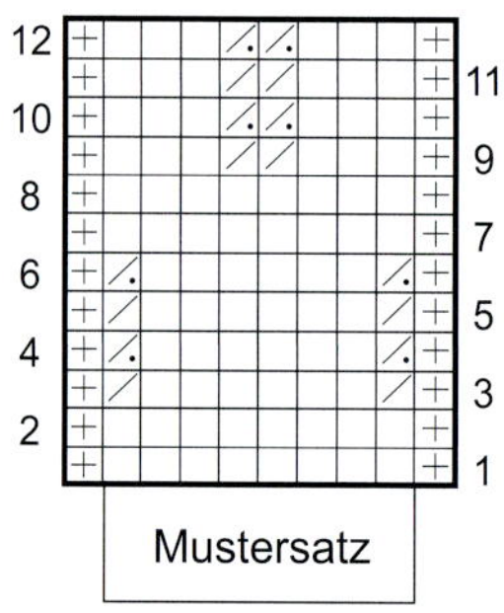


**Zeichenerklärung**

- ⊞ = Randmasche
- □ = 1 Masche rechts
- ⧄ = 1 Masche wie zum Linksstricken abheben, Faden vor der Arbeit
- ⧄ = 1 Masche wie zum Linksstricken abheben, Faden hinter der Arbeit

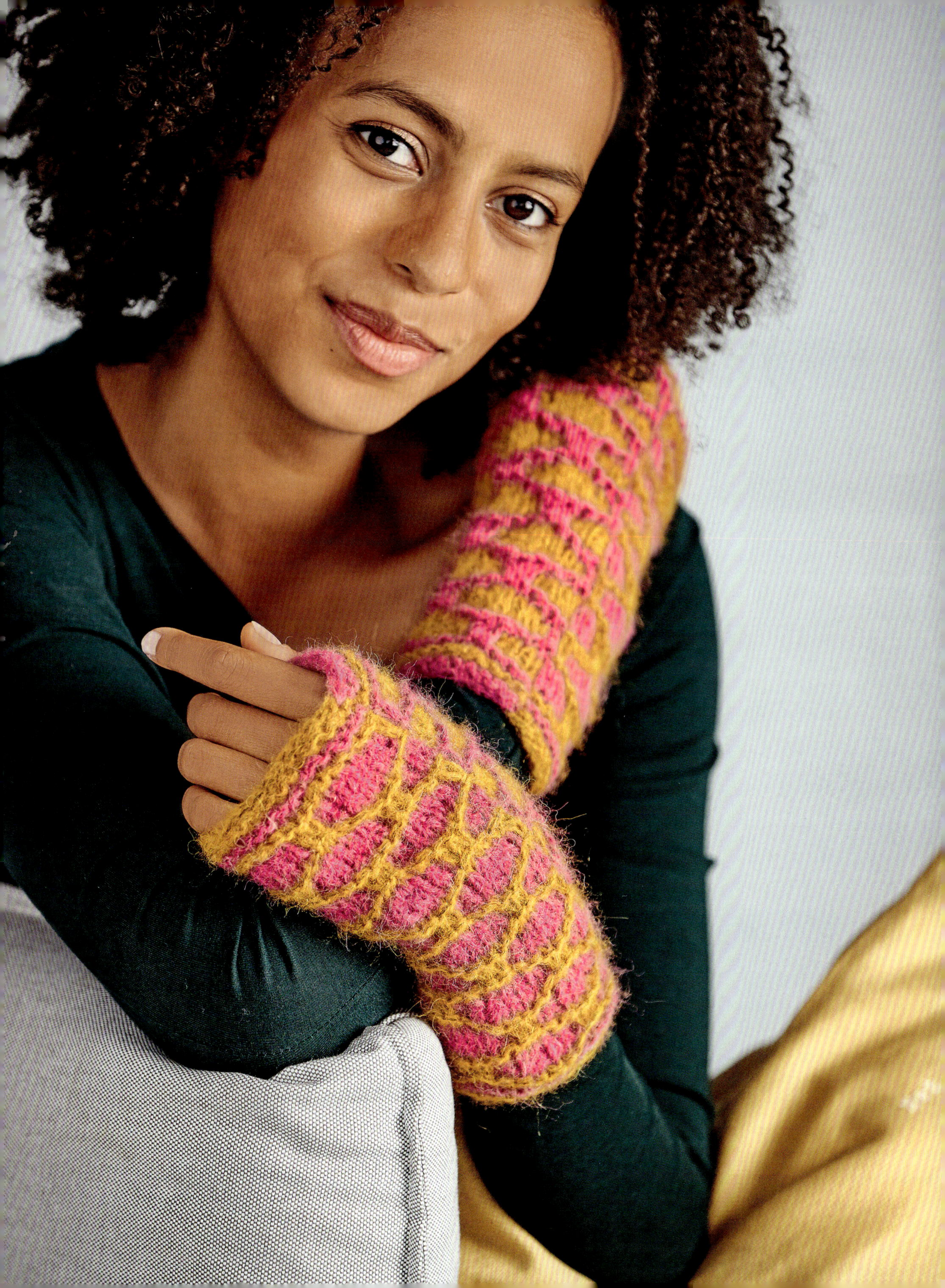

# Colours of the Sky

Handstulpen im Rippen- und Jacquardmuster

Schwierigkeitsgrad ★★

**Größe:**
21 cm Länge

**Material:**
- Schurwoll-Garn (100 % Schurwolle, LL ca. 200 m/50 g), je 50 g in Grau, Gelb und Mint
- 1 Nadelspiel 3 mm

**Muster:**
**Rippenmuster:** Stets 2 M rechts, 2 M links im Wechsel stricken.
**Glatt rechts:** In Runden immer rechts stricken.
**Jacquardmuster:** Die Maschenzahl muss durch 22 teilbar sein. Nach Zählmuster glatt rechts stricken. Gezeichnet sind alle Runden.

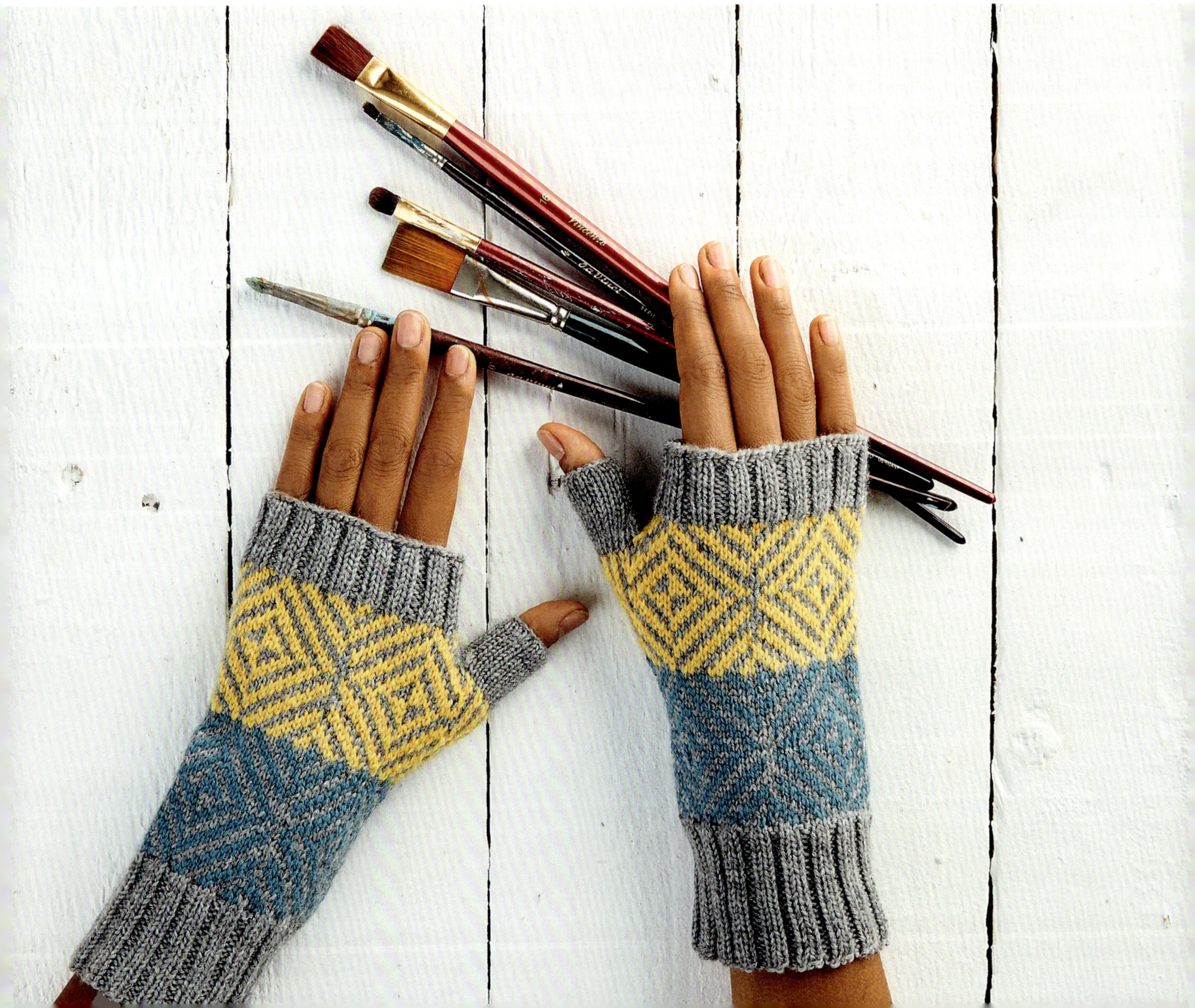

In der Breite den Mustersatz 3 × arbeiten. In der Höhe die 1.–22. Rd 2 × arbeiten, dabei in den ersten 22 Rd mit der Akzentfarbe Mint und in den folgenden 22 Rd mit der Akzentfarbe Gelb stricken = 44 Rd.

**Maschenprobe:**
**Jacquardmuster** mit Nadeln 3 mm:
36 M und 37 Rd = 10 × 10 cm

**So wird's gemacht:**
**Rechte Stulpe**
Die Maschen der Handfläche sind auf der 1. und 2. Nadel, die Maschen des Handrückens auf der 3. und 4. Nadel.

64 M in Hellgrau anschlagen, zu je 16 M auf vier Nadeln verteilen und für den **Bund** 6 cm = 22 Rd im Rippenmuster stricken.

Dann im **Jacquardmuster** weiterarbeiten, dabei in der 1. Runde gleichmäßig verteilt 2 M zunehmen = 66 M.

Für den **Daumenkeil** nach 4,5 cm = 17 Rd ab Bund die 4. M der 1. Nadel markieren und beidseitig der markierten Masche je 1 M aus dem Querfaden rechts verschränkt in Hellgrau herausstricken = 3 Daumenkeilmaschen. Über die Daumenkeilmaschen glatt rechts abwechselnd 1 M in Hellgrau und 1 M in der Akzentfarbe stricken. * In der folgenden 3. Rd vor und nach den Daumenkeilmaschen je 1 M aus dem Querfaden rechts verschränkt herausstricken, ab * 7 × arbeiten = 17 Daumenkeilmaschen. Die Anzahl der Keilmaschen erhöht sich bei jeder Zunahmerunde um 2 M. Die Daumenkeilmaschen stilllegen.

Dann über den Daumenkeilmaschen für den **Daumensteg** 9 M in Hellgrau neu anschlagen und 1 Rd stricken, dabei über die 9 M des Daumenstegs glatt rechts stricken und den Farbwechsel des Daumenkeils fortsetzen. In der folgenden Runde die 1. Stegmasche mit der Masche davor rechts überzogen zusammenstricken (= 1 M wie zum Rechtsstricken abheben, 1 M rechts stricken, dann die abgehobene Masche überziehen) und die letzte Stegmasche mit der Masche danach rechts zusammenstricken. Diese Abnahmen in jeder Runde ebenso arbeiten, bis nur noch 1 Stegmasche übrig ist = 66 M.

Nach den 44 Rd Jacquardmuster 1 Rd **glatt rechts** in Hellgrau stricken, dabei gleichmäßig verteilt 2 M abnehmen = 64 M.

Danach 3 cm = 12 Rd im **Rippenmuster** in Hellgrau stricken. Maschen abketten.

Für den **Daumen** die 17 Keilmaschen auf eine Nadel nehmen und 9 M aus dem Steg in Hellgrau auffassen = 26 M. Die Maschen zu je 8-9-9 M auf 3 Nadeln verteilen. Glatt rechts in Hellgrau stricken. In der folgenden Runde die 1. Stegmasche mit der Masche davor rechts überzogen zusammenstricken und die letzte Stegmasche mit der Masche danach rechts zusammenstricken. Diese Abnahmen in jeder Runde arbeiten, bis nur noch 1 Stegmasche übrig ist = 18 M. In Höhe des obersten Daumengelenks alle Maschen abketten.

**Linke Stulpe**
Genauso, jedoch für den Daumenkeil die viertletzte Masche der 4. Nadel markieren.

**Zählmuster und Zeichenerklärung:**
Siehe Seite 131.

# Hip and Fancy

## Farbenfrohe Handstulpen im skandinavischen Stil

Schwierigkeitsgrad ★★

**Größe:**
20 cm Länge

**Material:**

- Schurwoll-Garn (100 % Schurwolle, LL ca. 200 m/50 g), je 50 g in Natur, Türkis, Grün und Orange
- 1 Nadelspiel 3 mm

**Muster:**
**Rippenmuster:** Stets 1 M rechts, 1 M links im Wechsel stricken.
**Glatt rechts:** In Runden immer rechts stricken.
**Kraus rechts:** Stets 1 Rd rechts, 1 Rd links im Wechsel stricken.
**Jacquardmuster:** Die Maschenzahl muss durch 4 teilbar sein. Nach Zählmuster glatt rechts arbeiten. Gezeichnet sind alle Runden. In der Breite den Mustersatz stets wiederholen. In der Höhe 1× die 1.–17. Rd arbeiten, dann die 16. und 17. Rd 14/16× wiederholen, danach die 46.–52. Rd arbeiten = 52/56 Rd.

**Maschenprobe:**
**Jacquardmuster** mit Nadeln 3 mm:
32 M und 34 Rd = 10 × 10 cm

**Hinweis:**
Die Angaben für beide Größen sind durch einen Schrägstrich voneinander getrennt. Steht nur eine Angabe, gilt sie für beide Größen.

**So wird's gemacht:**
60/72 M in Natur anschlagen, zu je 15/18 M auf vier Nadeln verteilen und für den **Bund** 5 cm = 17 Rd im Rippenmuster stricken. Dann 2 Rd **kraus rechts** stricken, anschließend im **Jacquardmuster** weiterarbeiten.

Für den **Daumenkeil** nach 4,5 cm = 15 Rd ab Bund die 4. M der 1. Nadel markieren und beidseitig der markierten Masche je 1 M aus dem Querfaden rechts verschränkt in Natur herausstricken = 3 Daumenkeilmaschen. Die weiteren Zunahmen wie folgt stricken: * In der folgenden 3. Rd vor und nach den Daumenkeilmaschen je 1 M aus dem Querfaden rechts verschränkt herausstricken, ab * 7/9× arbeiten = 17/21 Daumenkeilmaschen. Die Anzahl der Daumenkeilmaschen erhöht sich bei jeder Zunahmerunde um 2 M. Über die Daumenkeilmaschen glatt rechts stricken, dabei je 1 M in Natur und Türkis im Wechsel arbeiten und die Farben in jeder Runde versetzen. Die Daumenkeilmaschen stilllegen.

Dann über den Daumenkeilmaschen für den **Daumensteg** insgesamt 9 M, und zwar je 1 M in Natur und Türkis im Wechsel dazu anschlagen und 1 Rd stricken. Dabei über die 9 M des Daumenstegs glatt rechts stricken, je 1 M in Türkis und Natur im Wechsel arbeiten und die Farben in jeder Runde versetzen. In der folgenden Runde die 1. Stegmasche mit der Masche davor rechts überzogen zusammenstricken (= 1 M wie zum Rechtsstricken abheben, 1 M rechts stricken und die abgehobene Masche überziehen) und die letzte Stegmasche mit der Masche danach rechts zusammenstricken. Diese Abnahmen in jeder Runde ebenso arbeiten, bis nur noch 1 Stegmasche übrig ist = 60/72 M.

Nach 52/56 Rd Jacquardmuster in Orange weiterarbeiten und für den **Umbruch** 1 Rd links und danach 8 Rd glatt rechts stricken. Dann alle Maschen locker abketten.

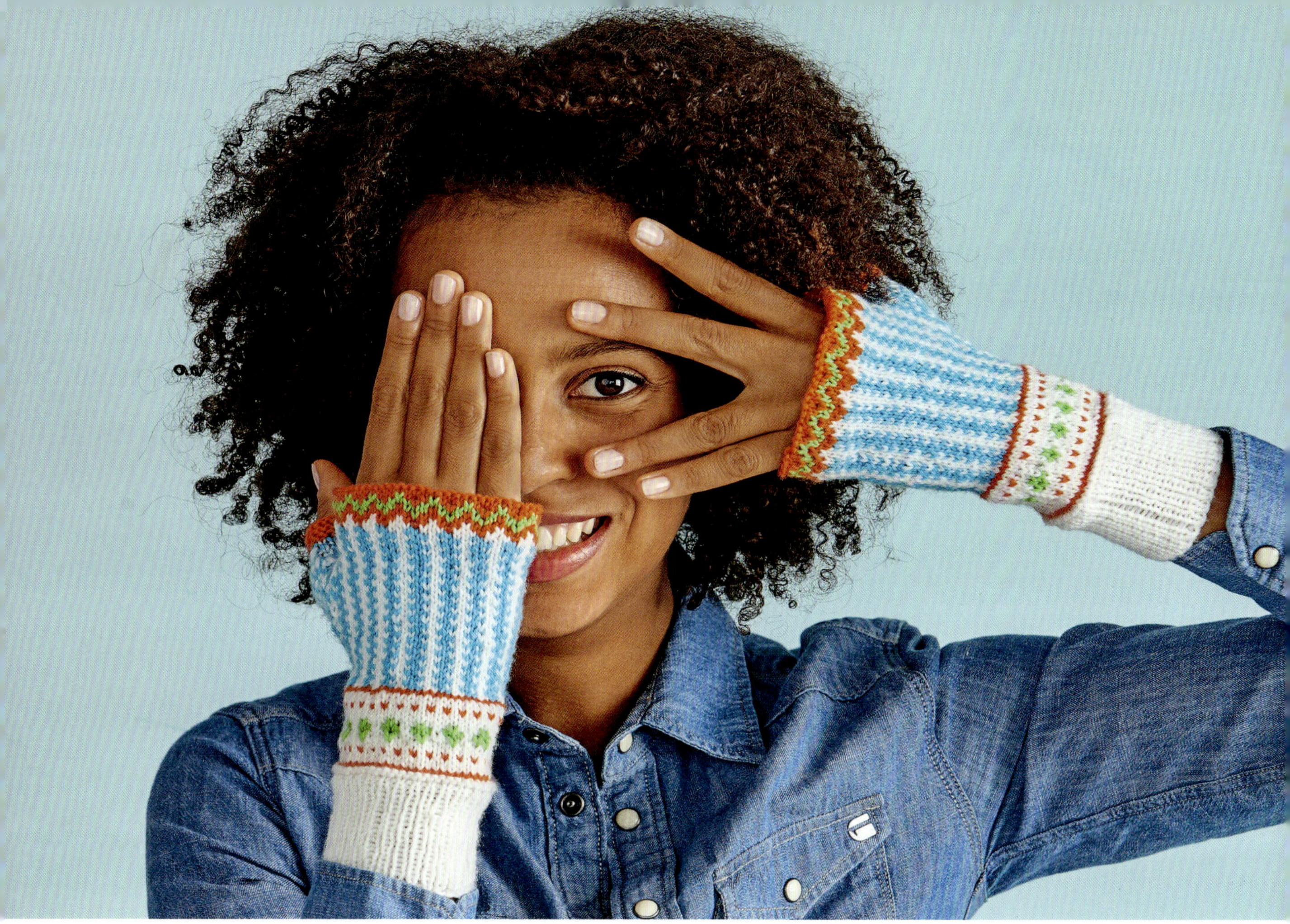

Für den **Daumen** die 17/21 Keilmaschen auf eine Nadel nehmen und 9 M aus dem Steg, und zwar abwechselnd je 1 M in Natur und Türkis, auffassen = 26/30 M. Die Maschen gleichmäßig zu je 8-9-9/10 M auf 3 Nadeln verteilen. Glatt rechts stricken, dabei je 1 M in Türkis und Natur im Wechsel arbeiten und die Farben in jeder Runde versetzen. In der folgenden Runde die 1. Stegmasche mit der Masche davor rechts überzogen zusammenstricken und die letzte Stegmasche mit der Masche danach rechts zusammenstricken. Diese Abnahmen in jeder Runde arbeiten, bis nur noch 1 Stegmasche übrig ist = 18/22 M. 1 cm unterhalb des obersten Daumengelenks noch 6 Rd kraus rechts in Orange stricken und alle Maschen locker abketten.

Den **oberen Stulpenrand** am Umbruch nach innen umschlagen und annähen.

Die **linke Stulpe** in gleicher Weise arbeiten.

**Strickschrift und Zeichenerklärung:**
Siehe Seite 131.

# Soft and Cozy

## Armstulpen mit Jacquardmuster

Schwierigkeitsgrad ★★

**Größe:**
23,5 cm Länge

**Material:**
- Kaschmir-Garn (100 % Kaschmir, LL ca. 115 m/25 g), 50 g in Rosa und 25 g in Natur
- 1 Nadelspiel 3,5 mm

**Muster:**
**Glatt rechts:** In Runden immer rechts stricken.
**Kraus rechts:** In Runden abwechselnd 1 Rd rechts und 1 Rd links stricken.
**Jacquardmuster A:** Maschenzahl teilbar durch 12. Nach Zählmuster A glatt rechts. In der Breite den Mustersatz stets wiederholen. In der Höhe 1× die 1.–24. Rd arbeiten.

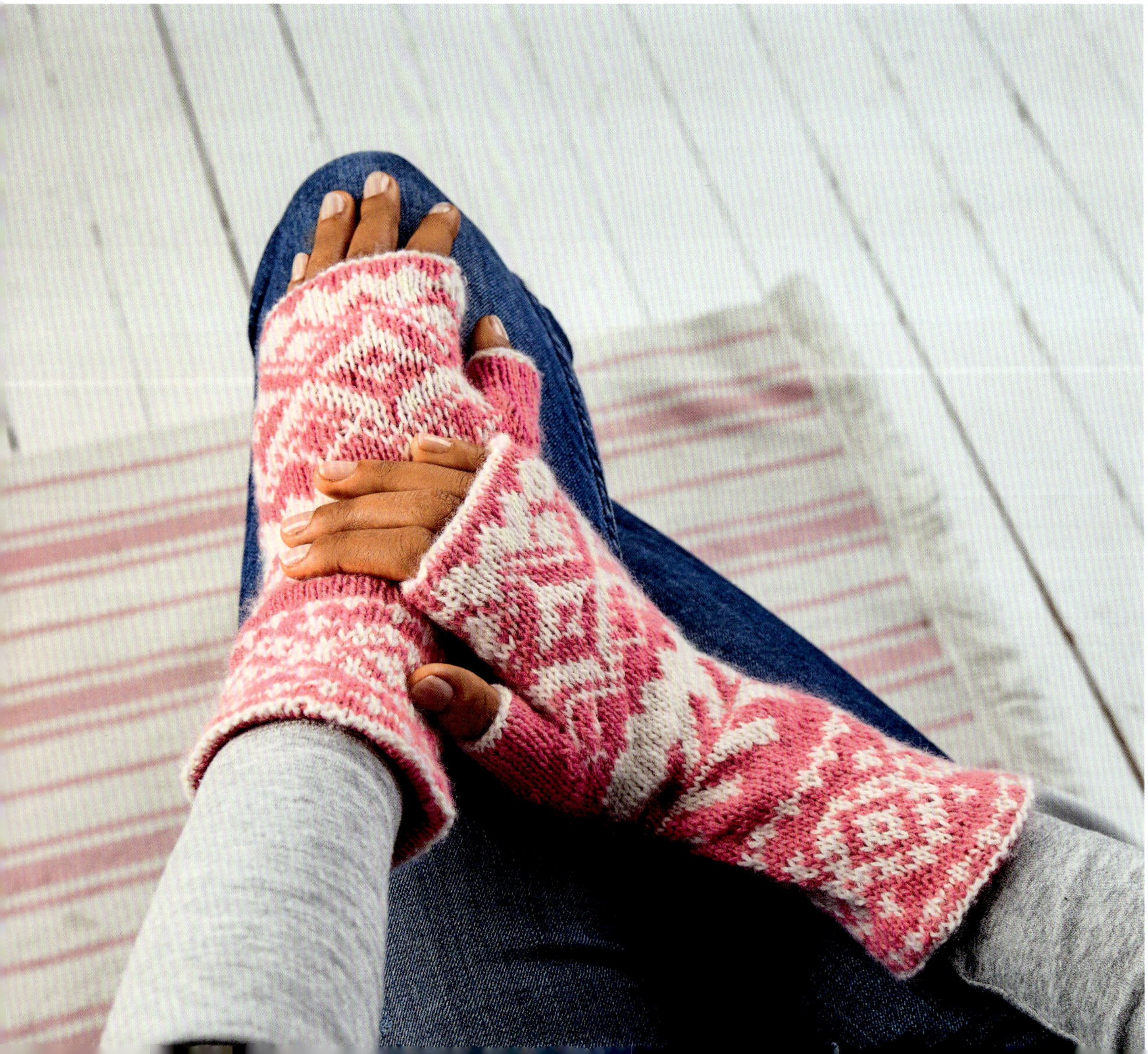

**Jacquardmuster B:** Maschenzahl teilbar durch 6. Nach Zählmuster B (siehe Seite 131) glatt rechts. In der Breite den Mustersatz stets wiederholen. In der Höhe 1× die 1.–12. Rd arbeiten.
**Jacquardmuster C:** Maschenzahl teilbar durch 12. Nach Zählmuster C glatt rechts. In der Breite den Mustersatz stets wiederholen. In der Höhe 1× die 1.–28. Rd arbeiten.
**Muster- und Farbfolge:** 6 Rd glatt rechts in Rosa, 2 Rd kraus rechts in Natur = Umbruch, 24 Rd Jacquardmuster A, 5 Rd glatt rechts in Rosa, 12 Rd Jacquardmuster B, 5 Rd glatt rechts in Natur, 28 Rd Jacquardmuster C, 2 Rd glatt rechts in Rosa, 2 Rd kraus rechts in Natur = Umbruch, 6 Rd glatt rechts in Rosa = 92 Rd insgesamt.

## Maschenprobe:

**Muster- und Farbfolge** mit Nadeln 3,5 mm: 27 M und 34 Rd = 10 × 10 cm

## Hinweis:

Die Angaben für beide Größen sind durch einen Schrägstrich voneinander getrennt. Steht nur eine Angabe, gilt sie für beide Größen.

## So wird's gemacht:

### Rechte Stulpe

Die Maschen der Handfläche sind auf der 1. und 2. Nadel, die Maschen des Handrückens auf der 3. und 4. Nadel.

48/60 M in Rosa **anschlagen** und zu je 12/15 M auf vier Nadeln verteilen. Weiter in der **Muster- und Farbfolge** stricken.

Nach 12/10,5 cm = 37/33 Rd ab Umbruch für den **Daumenkeil** die 4. M der 1. Nadel markieren und beidseitig der markierten Masche je 1 M aus dem Querfaden rechts verschränkt herausstricken = 3 M Daumenkeil. Über die Daumenkeilmaschen in Rosa stricken, dabei den naturfarbenen Faden immer mal wieder auf der Rückseite einweben. * In der folgenden 3. Rd vor und nach den Keilmaschen je 1 M aus dem Querfaden rechts verschränkt herausstricken, ab * 6/8× arbeiten = 15/19 Daumenkeilmaschen. Die Anzahl der Keilmaschen erhöht sich bei jeder Zunahmerunde um 2 M. Die Keilmaschen stilllegen.

Dann über den Daumenkeilmaschen für den **Daumensteg** 5/9 M in Rosa dazu anschlagen und 1 Rd stricken, dabei über die 5/9 M des Daumenstegs in Rosa stricken. In der folgenden Runde die 1. Stegmasche mit der Masche davor rechts überzogen zusammenstricken (= 1 M wie zum Rechtsstricken abheben, 1 M rechts stricken und die abgehobene Masche überziehen), die letzte Stegmasche mit der Masche danach rechts zusammenstricken. Diese Abnahmen in jeder Runde wiederholen, bis nur noch 1 Stegmasche übrig ist = 48/60 M. Nach den 92 Rd in der Muster- und Farbfolge alle Maschen locker abketten.

Für den **Daumen** die 15/19 Keilmaschen auf eine Nadel nehmen und 5/9 M aus dem Steg in Rosa auffassen = 20/28 M. Die Maschen zu je 7-6-7/9-10-9 M auf 3 Nadeln verteilen. Glatt rechts in Rosa stricken. In der folgenden Runde die 1. Stegmasche mit der Masche davor rechts überzogen zusammenstricken und die letzte Stegmasche mit der Masche danach rechts zusammenstricken. Diese Abnahmen in jeder Runde wiederholen, bis nur noch 1 Stegmasche übrig ist = 16/20 M. In Höhe des obersten Daumengelenks alle Maschen in Natur links abketten.

Den oberen und unteren Stulpenrand jeweils am **Umbruch** nach innen umschlagen und mit lockeren Überwendlingstichen annähen.

### Linke Stulpe

Genauso, jedoch für den Daumenkeil die viertletzte Masche der 4. Nadel markieren.

## Zählmuster und Zeichenerklärung:

Siehe Seite 131.

**Strickschrift und Zeichenerklärung zu Seite 116–117**

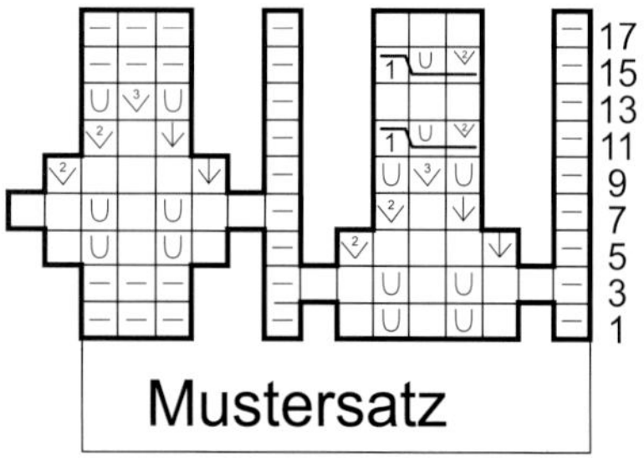


**Zeichenerklärung**

= 1 Masche rechts

= 1 Masche links

= 1 Umschlag

= 2 Maschen rechts zusammenstricken

= 2 Maschen rechts überzogen zusammenstricken (= 1 Masche wie zum Rechtsstricken abheben, 1 Masche rechts stricken, dann die abgehobene Masche überziehen)

= 3 Maschen rechts zusammenstricken

= 1 Masche auf eine Hilfsnadel vor die Arbeit legen, 2 Maschen rechts zusammenstricken, 1 Umschlag, dann die Masche der Hilfsnadel rechts stricken

**Strickschrift und Zeichenerklärung zu Seite 118–119**

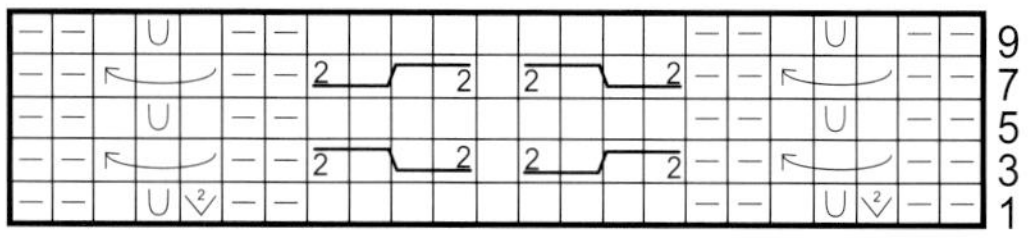

**Zeichenerklärung**

= 1 Masche rechts

= 1 Masche links

= 1 Umschlag

= 2 Maschen rechts zusammenstricken

= 2 Maschen auf eine Hilfsnadel vor die Arbeit legen, 2 Maschen rechts stricken, dann die Maschen der Hilfsnadel rechts stricken

= 2 Maschen auf eine Hilfsnadel hinter die Arbeit legen, 2 Maschen rechts stricken, dann die Maschen der Hilfsnadel rechts stricken

= 1 Masche abheben (Faden hinter der Arbeit), 2 Maschen rechts stricken, dann die abgehobene Masche überziehen

**Strickschrift und Zeichenerklärung zu Seite 120–121**

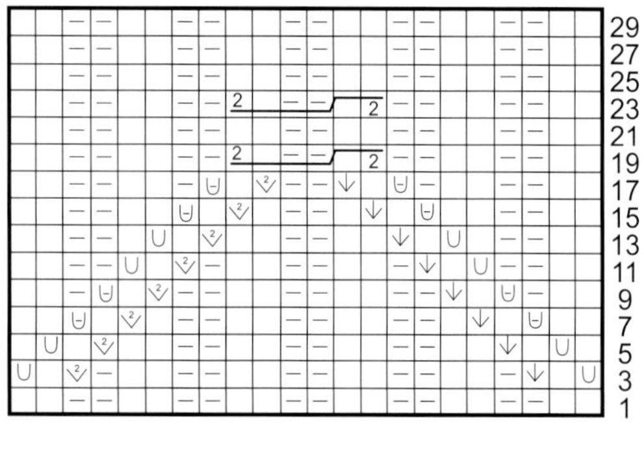

**Zeichenerklärung**

= 1 Masche rechts

= 1 Masche links

= 1 Umschlag (in der folgenden Runde rechts stricken)

= 1 Umschlag (in der folgenden Runde links stricken)

= 2 Maschen rechts zusammenstricken

= 2 Maschen rechts überzogen zusammenstricken (= 1 Masche wie zum Rechtsstricken abheben, 1 Masche rechts stricken, dann die abgehobene Masche überziehen)

= 4 Maschen auf eine Hilfsnadel hinter die Arbeit legen, 2 Maschen rechts stricken, dann die Maschen der Hilfsnadel wie folgt stricken: 2 Maschen links, 2 Maschen rechts.

**Zählmuster und Zeichenerklärung zu Seite 124–125**

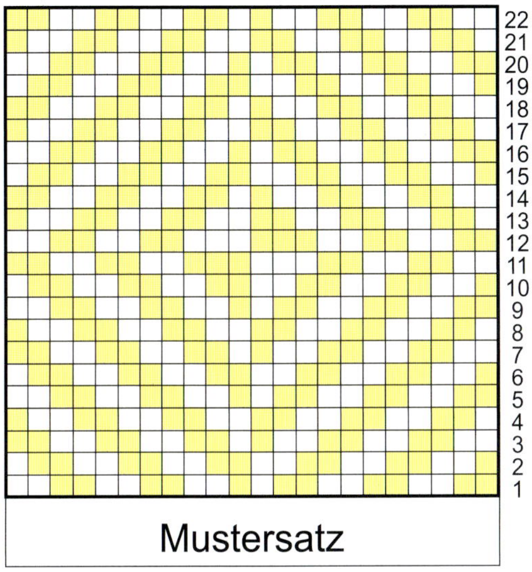


**Zeichenerklärung**

- ☐ = 1 Masche Hellgrau
- ☐ = 1 Masche Akzentfarbe

**Strickschrift und Zeichenerklärung zu Seite 126–127**

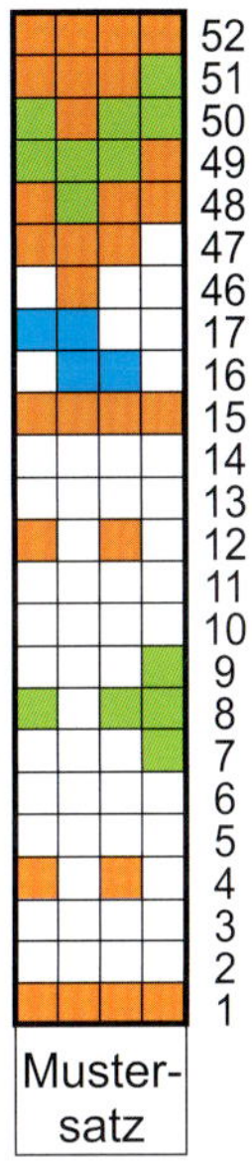


**Zeichenerklärung**

- ☐ = 1 Masche Natur
- ☐ = 1 Masche Orange
- ☐ = 1 Masche Grün
- ☐ = 1 Masche Türkis

**Zählmuster und Zeichenerklärung zu Seite 128–129**

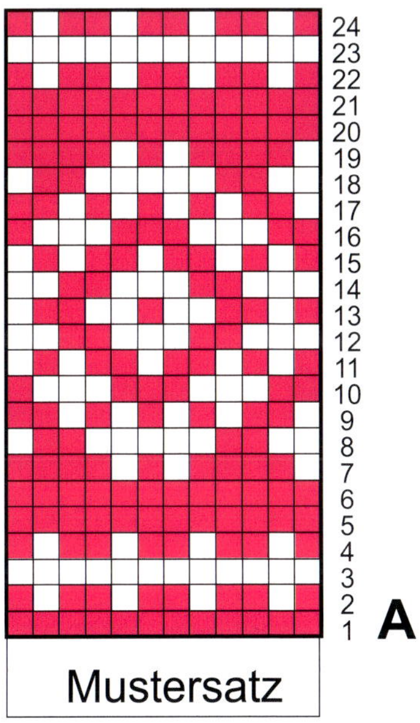


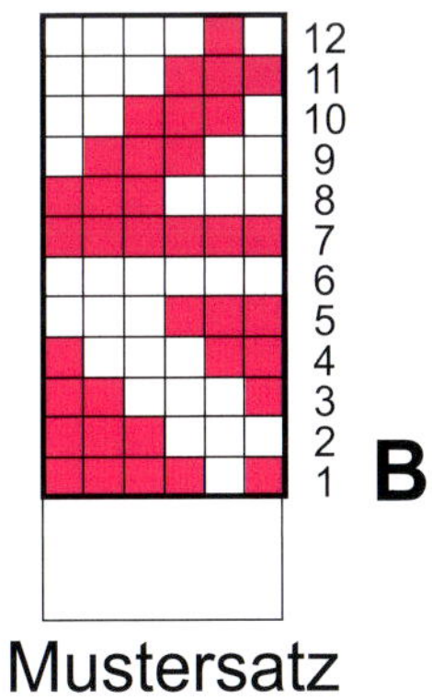


**Zeichenerklärung**

- ☐ = 1 Masche in Natur
- ☐ = 1 Masche in Rosa

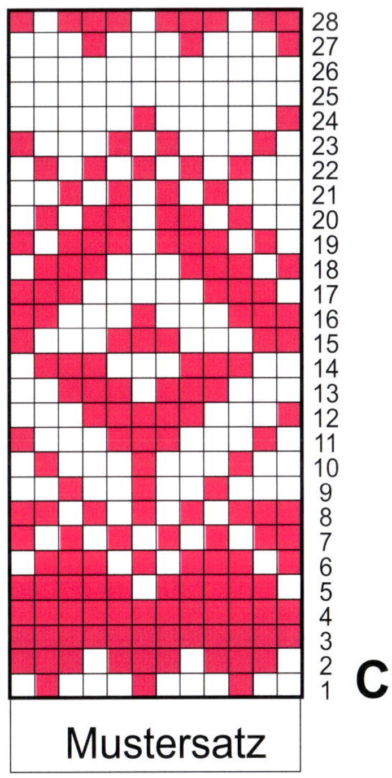

# Beinstulpen

# Leg Warmer

## Beinstulpen im Reismuster mit Farbverlauf

Schwierigkeitsgrad ★

**Größe:**
31 cm Länge

**Material:**

- Schurwoll-Mischgarn (60 % Schurwolle, 40 % Polyacryl, LL ca. 85 m/50 g), 400 g in Blau-Pink meliert, 200 g in Dunkelblau
- 1 Nadelspiel 5 mm

**Muster:**
Kraus rechts: In Runden abwechselnd 1 Rd rechte Maschen, 1 Rd linke Maschen stricken.
Reismuster: In der 1. Rd nur rechte Maschen, in der 2. Rd. 1 M rechts, 1 M links im Wechsel stricken. Die 1. und 2. Rd stets wiederholen.
Musterfolge: 6 Rd kraus rechts in Dunkelblau, * 16 Rd Reismuster in Blau-Pink meliert, 4 Rd kraus rechts in Dunkelblau, ab * noch 1 × wiederholen, dann 26 Rd Reismuster in Blau-Pink meliert und für die Abschlussblende 8 Rd kraus rechts in Dunkelblau = 80 Rd.
Zunahmen: Jeweils 1 M rechts verschränkt aus dem Querfaden herausstricken.
Abnahmen: Je 2 M rechts zusammenstricken.

**Maschenprobe:**
Musterfolge mit Nadeln 5 mm:
17 M und 2 Rd = 10 × 10 cm

**So wird's gemacht:**
Insgesamt 44 M in Dunkelblau anschlagen, gleichmäßig zu je 11 M auf vier Nadeln des Nadelspiels verteilen und die Arbeit zur Runde schließen. In der Musterfolge stricken.

Für die Weite in der 1. Rd des 1. Reismusters 4 M und in der 1. Rd des 2. und 3. Reismusters je 6 M gleichmäßig verteilt zunehmen = 60 M.

In der 1. Rd der Abschlussblende gleichmäßig verteilt 6 M abnehmen = 54 M.

Nach der letzten Runde der Musterfolge alle Maschen in Dunkelblau rechts abketten.

Die zweite Stulpe in gleicher Weise stricken.

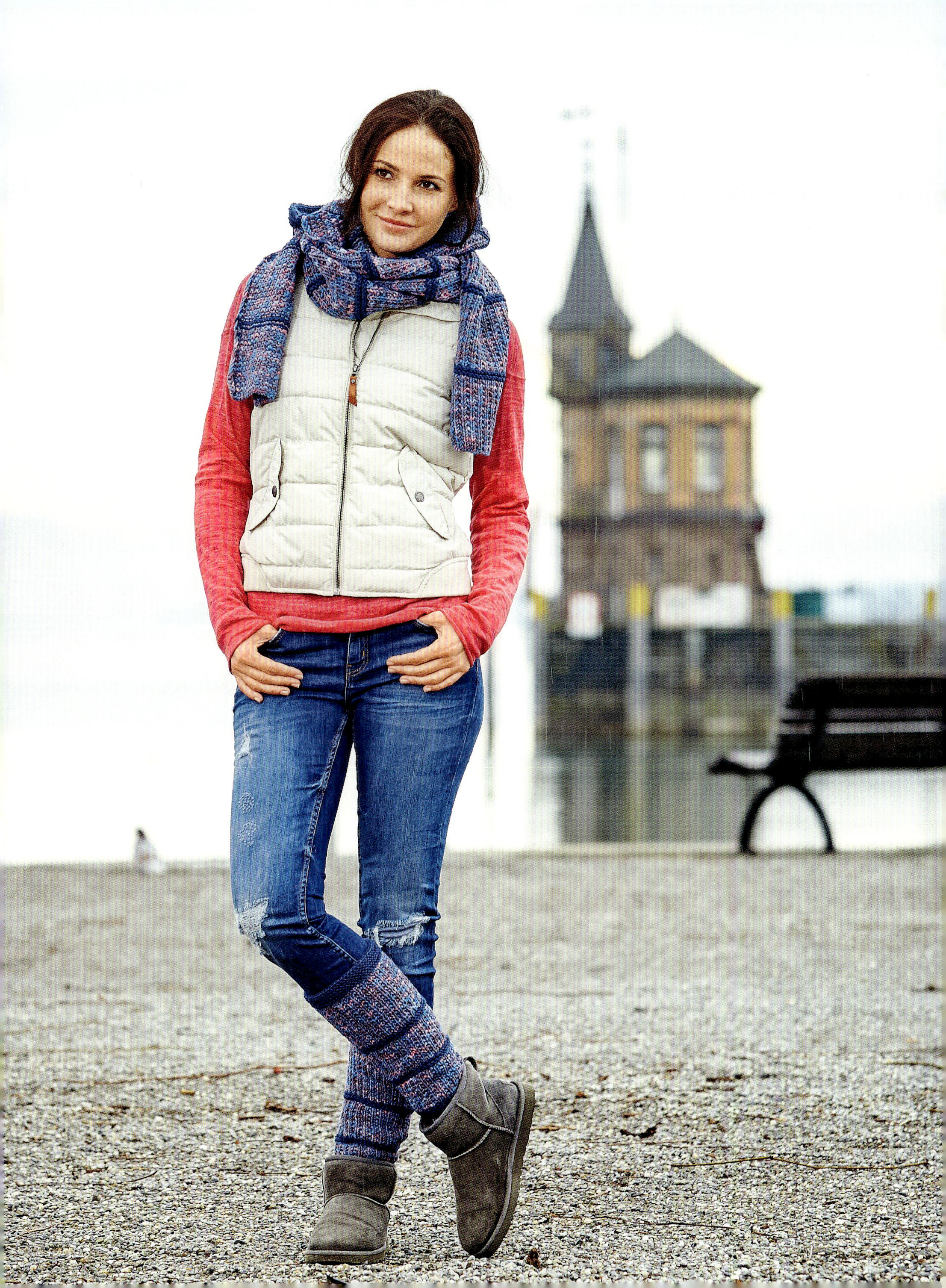

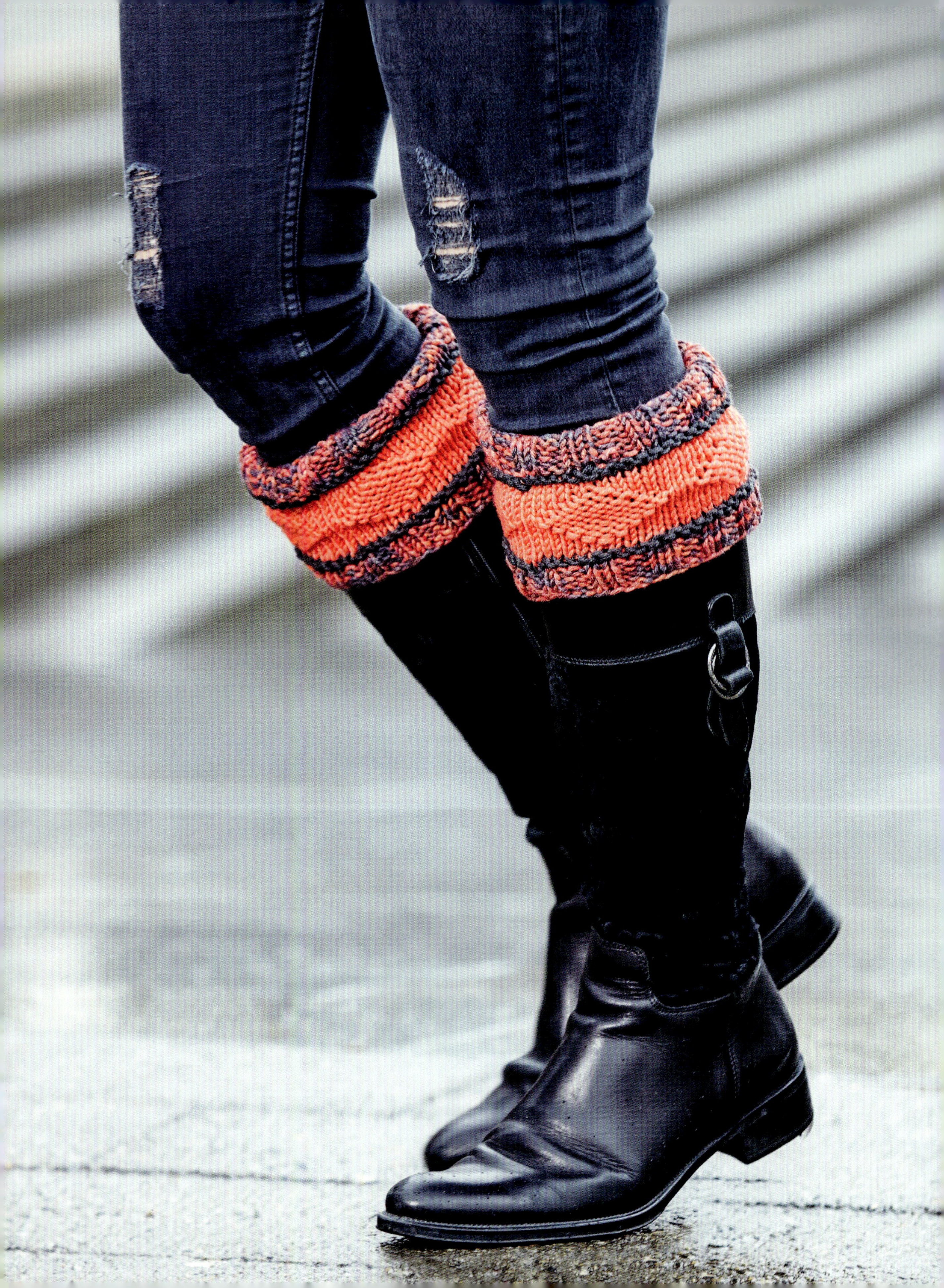

# On Top

## Umschlag-Stulpen mit Rhomben und Reliefstrukturen

Schwierigkeitsgrad ★★

**Größe:**
29 cm Länge

**Material:**

- Schurwoll-Mischgarn (60 % Schurwolle, 40 % Polyacryl, LL ca. 85 m/50 g), 100 g in Rot-Grau meliert, je 50 g in Koralle und Anthrazit
- je 1 Nadelspiel 4,5 und 5 mm

**Muster:**
**Rippenmuster:** Stets 2 M rechts, 2 M links im Wechsel stricken.
**Glatt rechts:** In allen Rd immer rechte Maschen stricken.
**Kraus rechts:** Abwechselnd 1 Rd rechte Maschen, 1 Rd linke Maschen stricken.
**Rhombenmuster:** Die Maschenzahl muss durch 11 teilbar sein. Nach Strickschrift stricken. Es sind alle Runden gezeichnet. In der Breite den Mustersatz 5× stricken. In der Höhe 1× die 1.–12. Rd arbeiten.
**Musterfolge:** 2 Rd kraus rechts in Anthrazit, 12 Rd Rhombenmuster in Koralle, 2 Rd kraus rechts in Anthrazit.

**Maschenprobe:**
**Rippenmuster** mit Nadeln 4,5 mm, leicht gedehnt gemessen:
20 M und 23 Rd = 10 × 10 cm
**Rhombenmuster** mit Nadeln 5 mm:
17 M und 12 Rd = 10 × 4,5 cm

**So wird's gemacht:**
Insgesamt 48 M in Rot-Grau meliert mit Nadeln 4,5 mm **anschlagen**, die Maschen gleichmäßig zu je 12 M auf vier Nadeln verteilen und die Arbeit zur Runde schließen. Über 21 cm = 48 Rd im **Rippenmuster** in Rot-Grau meliert arbeiten.

Dann zum Nadelspiel 5 mm wechseln und in der **Musterfolge** fortfahren, dabei in der 1. Rd gleichmäßig verteilt 7 M zunehmen = 55 M.

Nach der letzten Runde der Musterfolge 1 Rd **rechte Maschen** in Rot-Grau meliert stricken. Zum Musterausgleich 1 M zunehmen = 56 M.

Für die Abschlussblende noch 4 Rd **Rippenmuster** in Rot-Grau meliert arbeiten, dann alle Maschen abketten, wie sie erscheinen.

Die zweite Stulpe in gleicher Weise stricken.

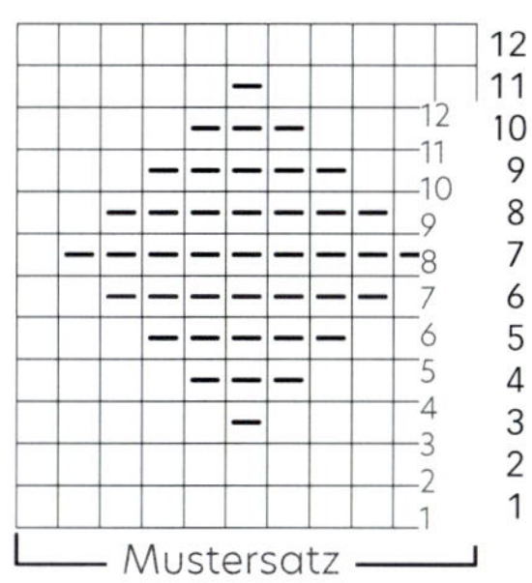


**Zeichenerklärung**
□ = 1 Masche rechts
⊟ = 1 Masche links

# Casual

Sportliche Beinstulpen im Rippenmuster

Schwierigkeitsgrad ★

**Größe:**
26 cm Länge

**Material:**
- Schurwoll-Mischgarn (75% Schurwolle, 25% Polyamid, LL ca. 130 m/50 g), 100 g in Dunkelgrau
- 1 Nadelspiel 3,5 mm

**Muster:**
Rippenmuster: Die Maschenzahl muss durch 3 teilbar sein. In allen Runden abwechselnd 2 M rechts, 1 M kraus rechts (1 Rd rechts, 1 Rd links) arbeiten.

**Maschenprobe:**
Rippenmuster mit Nadeln 3,5 mm:
23 M und 30 Rd = 10 × 10 cm

**So wird's gemacht:**

Rechte Stulpe
60 M anschlagen, diese zu je 15 M auf vier Nadeln verteilen und zur Runde schließen.

Über 26 cm = 78 Rd im Rippenmuster arbeiten. Dann alle Maschen locker abketten.

Linke Stulpe
Ebenso arbeiten.

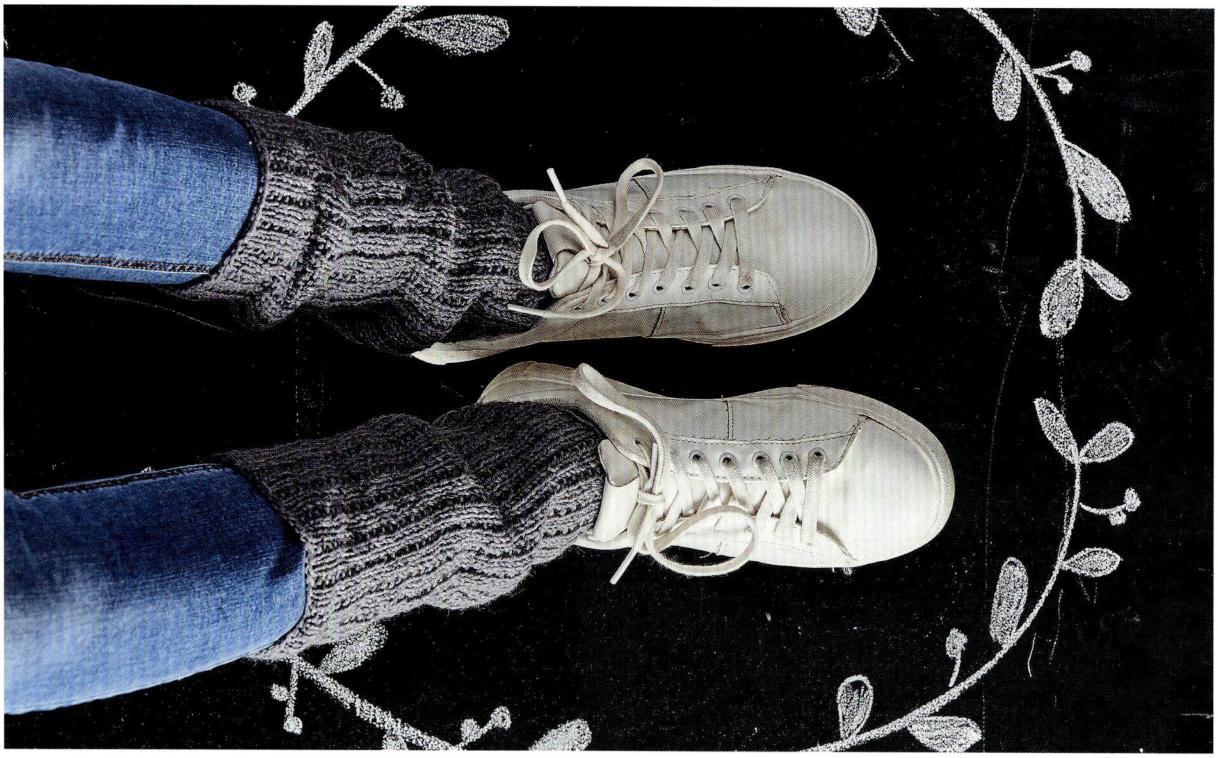

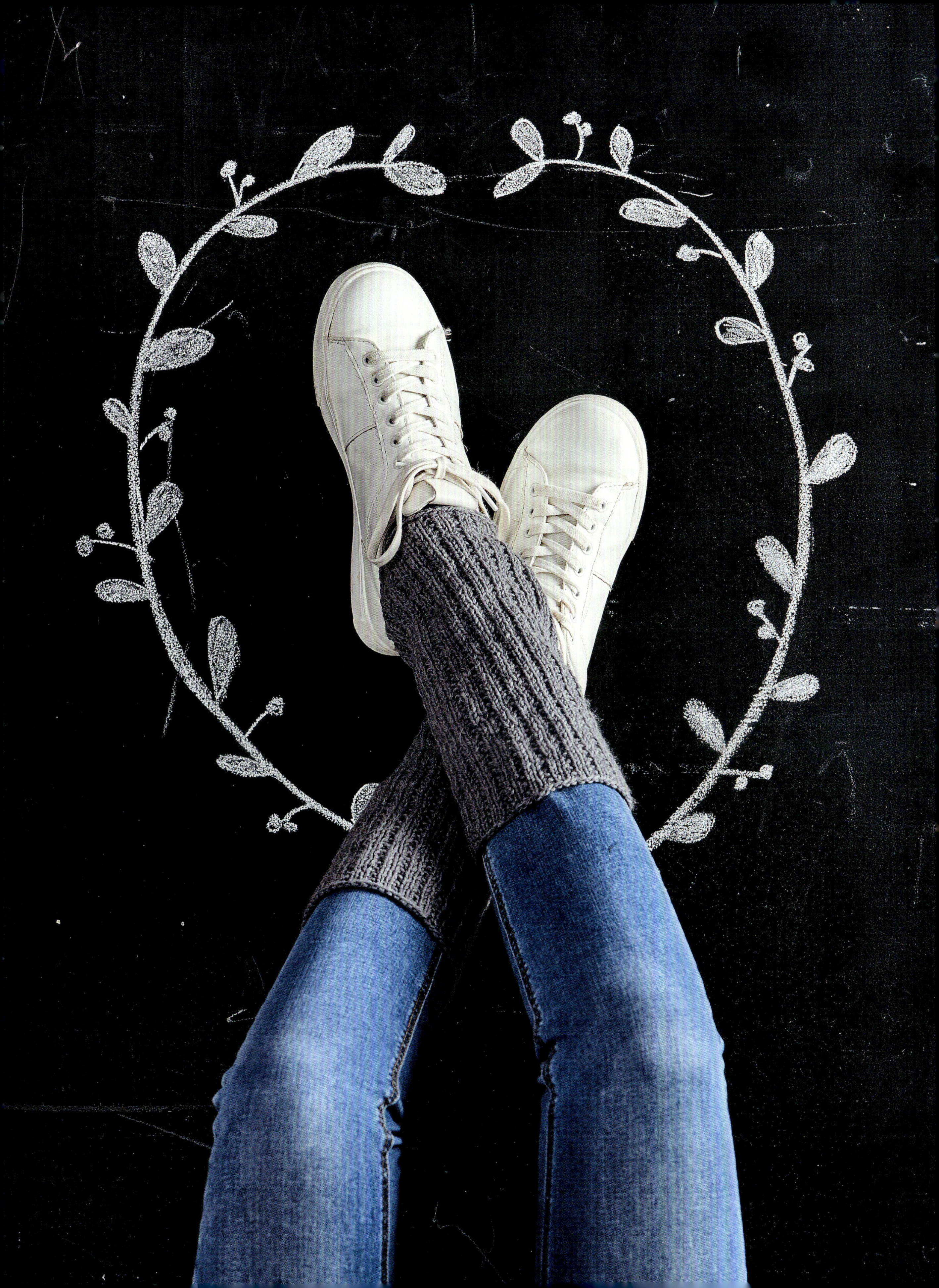

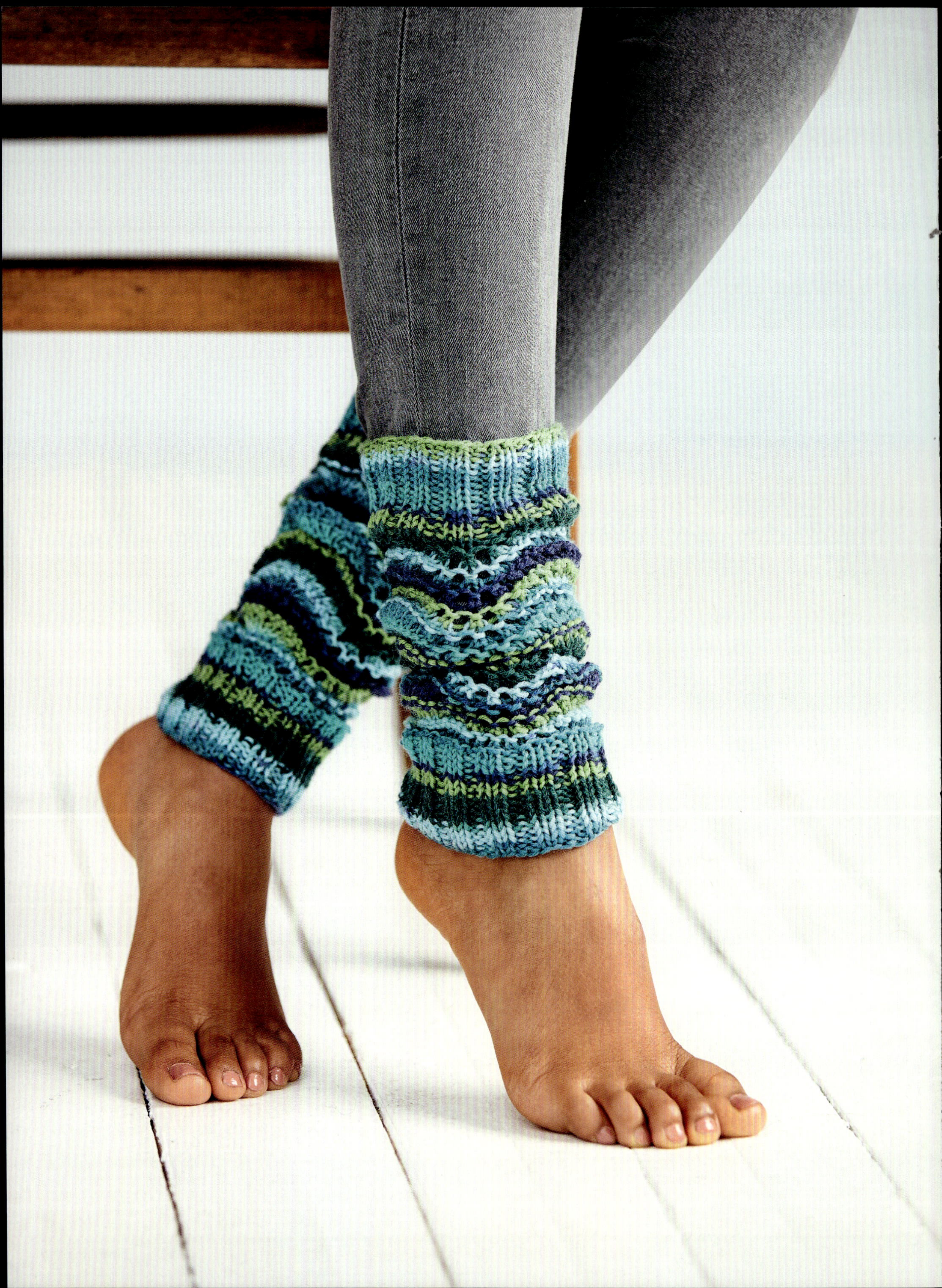

# Wavy Lines

Der Farbeffekt kommt direkt aus dem Garn!

Schwierigkeitsgrad ★

**Größe:**
25 cm Länge

**Material:**
- Sockenwolle, 6-fädig (75 % Schurwolle, 25 % Polyamid, LL ca. 400 m/150 g), 150 g mit einem Farbverlaufsgarn aus Blau- und Grüntönen
- 1 Nadelspiel 4 mm

**Muster:**
**Rippenmuster:** Stets 2 M rechts, 2 M links.
**Pfauenmuster:** Die Maschenzahl muss durch 17 teilbar sein. Nach Strickschrift arbeiten. Es sind alle Runden gezeichnet. In der Breite den Mustersatz stets wiederholen. In der Höhe die 1.–4. Rd fortlaufend wiederholen.

**Maschenprobe:**
**Pfauenmuster** mit Nadeln 4 mm:
21 M und 33,5 Rd = 10 × 10 cm
**Rippenmuster,** Nadeln 4 mm, leicht gedehnt:
21 M und 30 Rd = 10 × 10 cm

**Strickschrift**

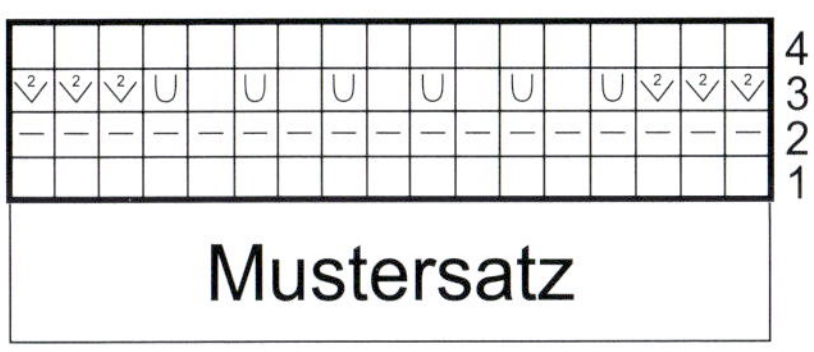


**Zeichenerklärung**

□ = 1 Masche rechts
⊟ = 1 Masche links
U = 1 Umschlag
⩔ = 2 Maschen rechts zusammenstricken

**So wird's gemacht:**

**Rechte Stulpe**
52 M anschlagen, diese gleichmäßig zu je 13 M auf vier Nadeln verteilen und für den Bund 5 cm = 15 Rd im Rippenmuster stricken.

Dann im Pfauenmuster fortfahren, dabei in der 1. Rd 1 M abnehmen = 51 M.

Nach 15 cm = 50 Rd ab Bund wieder über 5 cm = 15 Rd im Rippenmuster stricken, dabei in der 1. Rd 1 M zunehmen = 52 M. Dann alle Maschen abketten, wie sie erscheinen.

**Linke Stulpe**
Ebenso arbeiten.

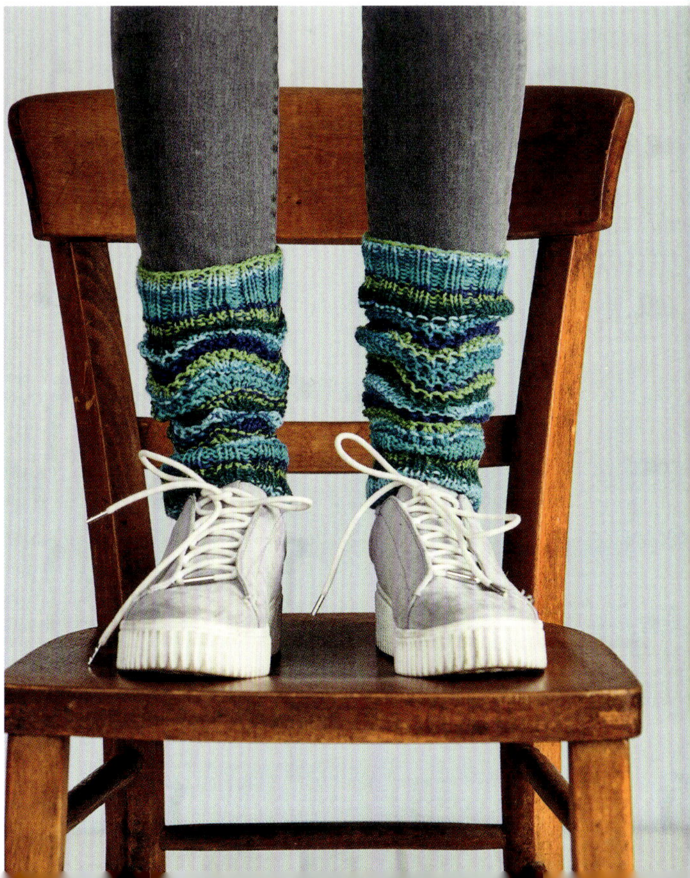

# Deep Blue

Kurze Beinstulpen mit Rippen- und Zopfmuster

Schwierigkeitsgrad ★★

**Größe:**
28 cm Länge

**Material:**
- Schurwoll-Garn (100 % Schurwolle, LL ca. 120 m/50 g), 100 g in Dunkelblau
- 1 Nadelspiel 3,5 mm

**Muster:**
**Rippenmuster:** In allen Runden abwechselnd 1 M links, 1 M rechts verschränkt.
**Zopf über 16 M:** Nach Strickschrift arbeiten. Es sind die 1. Rd (= Grundrunde) und danach alle geraden Runden gezeichnet; in den ungeraden Runden die Maschen stricken, wie sie erscheinen. In der Höhe 1× die 1.–17. Rd stricken, dann die 2.–17. Rd stets wiederholen.

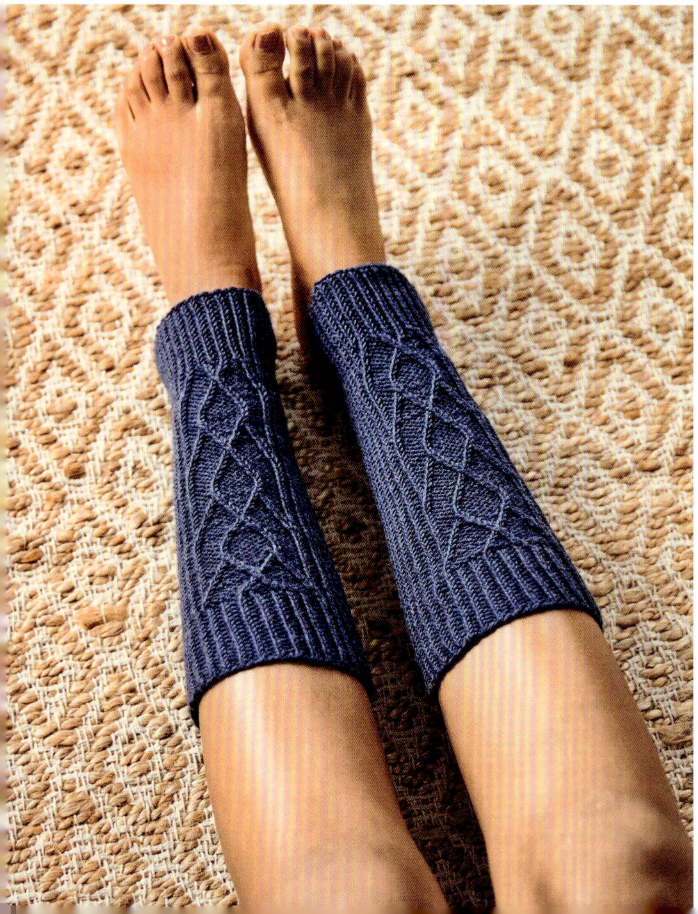

**Maschenprobe:**
**Rippenmuster** mit Nadeln 3,5 mm:
27 M und 34 Rd = 10 × 10 cm
**Zopf** mit Nadeln 3,5 mm:
16 M und 32 Rd = 5 × 10 cm

**So wird's gemacht:**
Insgesamt 70 M anschlagen, diese zu 19-16-19-16 M auf vier Nadeln verteilen und 5 cm = 17 Rd im Rippenmuster stricken.

Dann die Maschen wie folgt einteilen: * 1 M links, 1 M rechts verschränkt, ab * 9× arbeiten, 1 M links, 16 M Zopf, ab * 2× arbeiten. **Achtung:** Damit die rechts verschränkten Maschen des Bunds weiterlaufen, in der 1. Rd beim ersten Zopf die letzte Masche rechts verschränkt aus dem Querfaden herausstricken und beim zweiten Zopf die ersten 13 M stricken, dann 2 M links zusammenstricken, 1 M links, 1 M rechts verschränkt.

Nach 17,5 cm = 59 Rd ab Bund 5 cm = 17 Rd im Rippenmuster stricken, dabei in der 1. Rd beim ersten Zopf die letzten 2 M rechts verschränkt zusammenstricken und vor den letzten 2 M des zweiten Zopfes 1 M rechts verschränkt aus dem Querfaden zunehmen. Die Maschen abketten, wie sie erscheinen.

Die zweite Stulpe in gleicher Weise stricken.

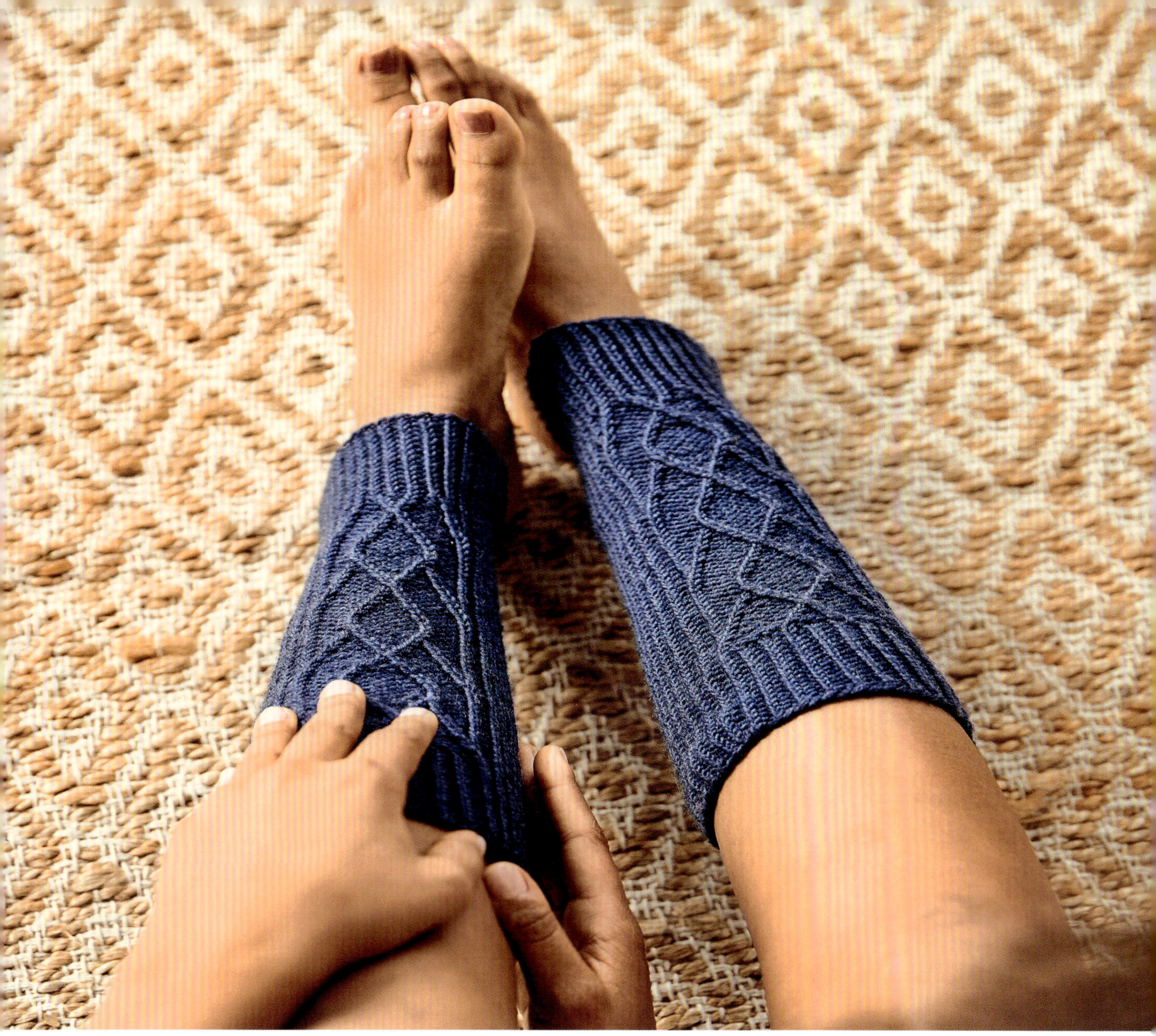

**Strickschrift**

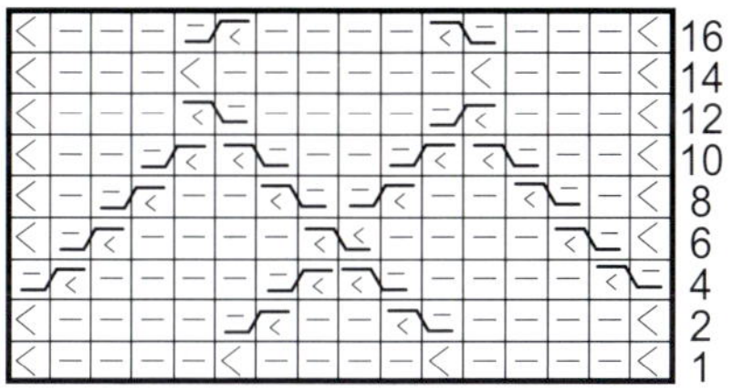

**Zeichenerklärung**

= 1 Masche rechts verschränkt

= 1 Masche links

= 1 Masche auf eine Hilfsnadel vor die Arbeit legen, 1 Masche rechts verschränkt stricken, dann die Masche der Hilfsnadel rechts verschränkt stricken

= 1 Masche auf eine Hilfsnadel vor die Arbeit legen, 1 Masche links stricken, dann die Masche der Hilfsnadel rechts verschränkt stricken

= 1 Masche auf eine Hilfsnadel hinter die Arbeit legen, 1 Masche rechts verschränkt stricken, dann die Masche der Hilfsnadel links stricken

# Colourful Squares

Beinstulpen im bunten Wabenmuster

Schwierigkeitsgrad ★★

**Größe:**
24,5 cm Länge

**Material:**
- Alpaka-Schurwoll-Mischgarn (72 % Alpaka, 16 % Polyamid, 12 % Schurwolle, LL ca. 190 m/50 g), je 50 g in Senf, Tanne und Zyklam
- 1 Nadelspiel 4,5 mm

**Muster:**
**Kraus rechts:** In Runden abwechseln 1 Rd rechte und 1 Rd linke Maschen stricken.
**Hebemaschenmuster:** Die Maschenzahl muss durch 4 teilbar sein. Nach Strickschrift arbeiten. In der Breite den Mustersatz, in der Höhe die 1.–12. Rd stets wiederholen.
**Farbfolge:** * 2 Rd Senf, 4 Rd Pink, 2 Rd Senf, 4 Rd Tanne, ab * stets wiederholen.

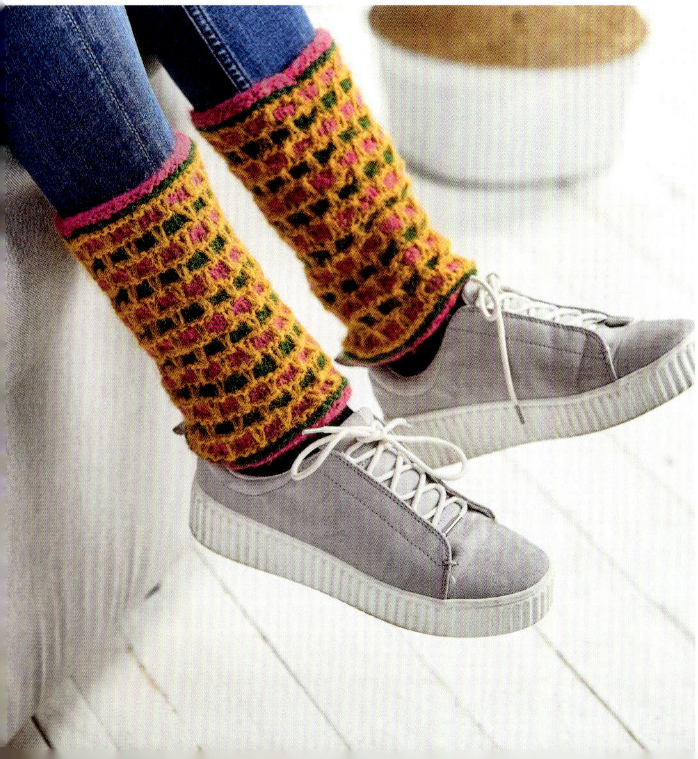

**Maschenprobe:**
**Hebemaschenmuster** mit Nadeln 3,5 mm: 20 M und 36 Rd = 10 × 10 cm

**Hinweis:**
Die Angaben für beide Größen sind durch einen Schrägstrich voneinander getrennt. Steht nur eine Angabe, gilt sie für beide Größen.

**So wird's gemacht:**
56/64 M in Zyklam anschlagen, gleichmäßig zu je 14 M auf vier Nadeln verteilen und für die Blende 2 Rd kraus rechts in Zyklam und 2 Rd kraus rechts in Tanne stricken.

Anschließend im Hebemaschenmuster in der Streifenfolge weiterarbeiten.

Nach 21,5 cm = 78 Rd im Hebemaschenmuster je 2 Rd kraus rechts in Senf, in Tanne und in Zyklam stricken. Dann alle Maschen locker abketten, wie sie erscheinen.

Die zweite Stulpe in gleicher Weise arbeiten.

**Strickschrift**

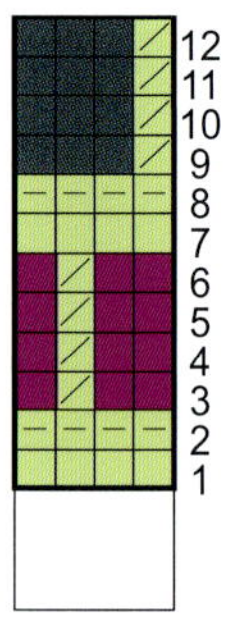


Mustersatz

**Zeichenerklärung**

- ■ = Senf
- ■ = Tanne
- ■ = Zyklam
- □ = 1 Masche rechts
- ⊟ = 1 Masche links
- ⧄ = 1 Masche wie zum Linksstricken abheben, Faden hinter der Arbeit

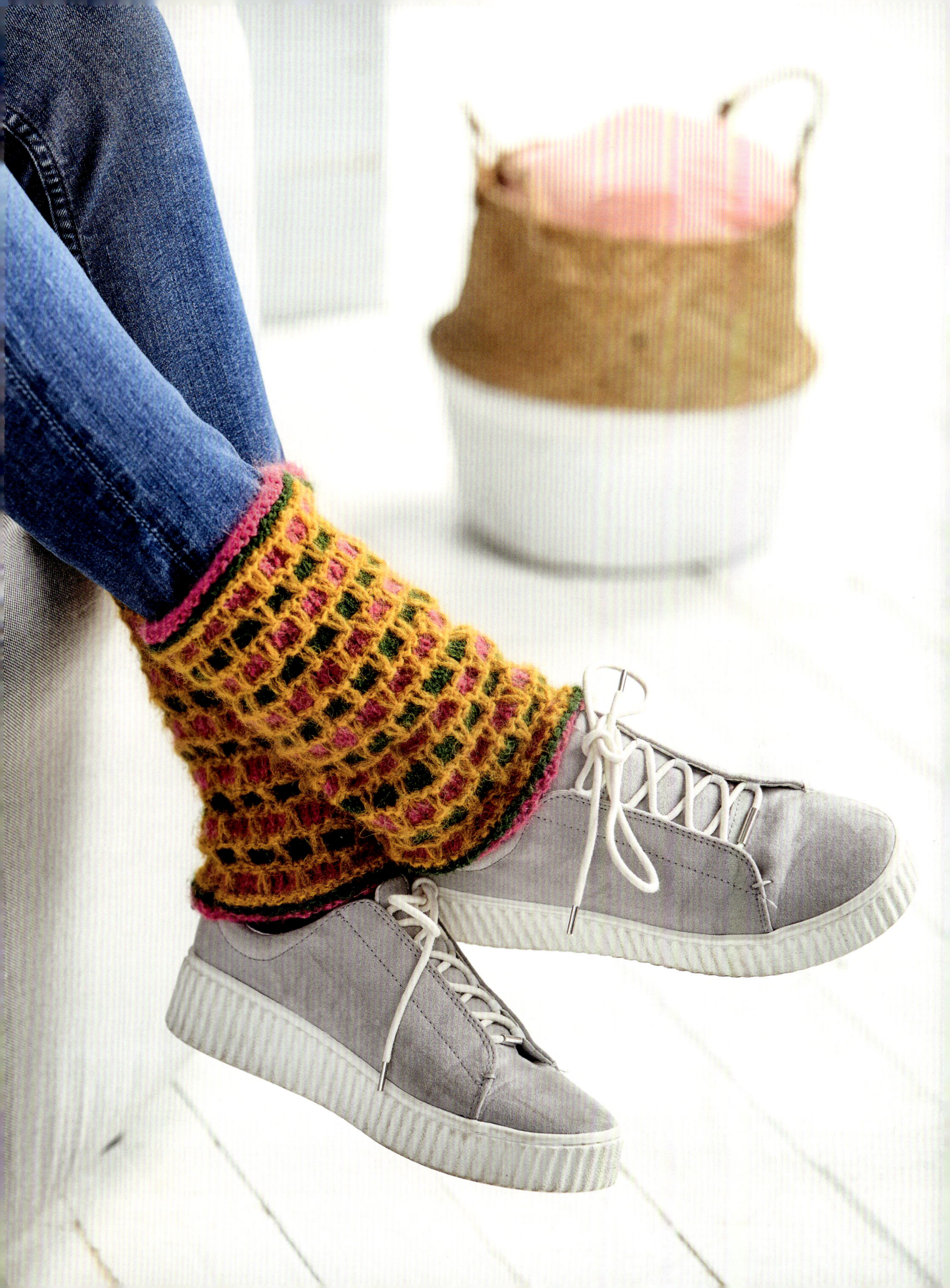

# Stulpen für Kinder

# Funny Bears

Fröhliche Stiefelstulpen in Bärchenform

Schwierigkeitsgrad ★

**Größe:**
26,5 cm Länge

**Material:**
- Schurwoll-Garn (100 % Schurwolle, LL ca. 125 m/50 g), 150 g in Schoko, je 50 g in Natur und Schwarz
- 1 Nadelspiel 4 mm
- Pompon-Set für kleine Pompons

**Muster:**
**Rippenmuster:** In allen Runden abwechselnd 2 M links, 2 M rechts stricken.
**Glatt links:** In Runden immer links stricken.
**Glatt rechts:** In Runden immer rechts stricken.
**Kraus rechts:** In Runden abwechselnd 1 Rd links, 1 Rd rechts stricken.

**Maschenprobe:**
**Glatt rechts** mit Nadeln 4 mm:
21,5 M und 30 Rd = 10 × 10 cm

**So wird's gemacht:**
Insgesamt 68 M in Schoko anschlagen, zu je 17 M auf vier Nadeln verteilen und über 16 cm im Rippenmuster arbeiten.

Dann für den Umbruch 2 Rd links stricken.

Anschließend 7,5 cm = 22 Rd glatt rechts sowie 5 Rd kraus rechts stricken und alle Maschen locker rechts abketten.

Die zweite Stulpe in gleicher Weise stricken.

**Zu guter Letzt:**
Die Teile so drehen, dass der Kraus-rechts-Rand unten liegt. Dann oberhalb der kraus-rechten Runden das Gesicht laut Zählmuster im Maschenstich aufsticken. Den Mund mit Stielstichen in Schwarz aufsticken.

Zwei Pompons mit ca. 3 cm Ø in Schoko anfertigen und an beiden Seiten des Gesichts unterhalb des Umbruchs annähen. Den Rippenmusterteil am Umbruch nach innen umschlagen, dadurch liegt das Gesicht außen.

**Zählmuster**

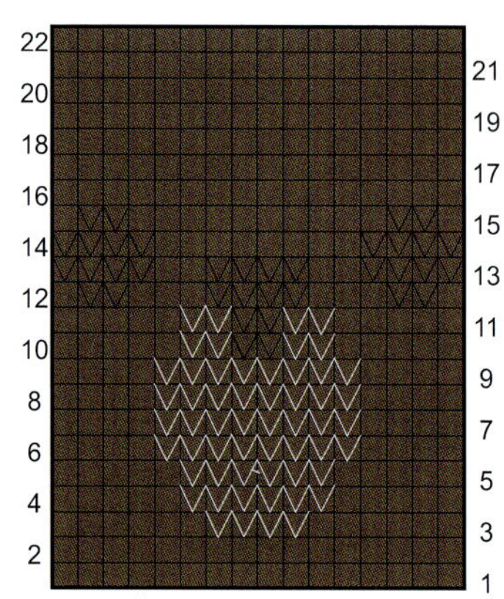


**Zeichenerklärung**

- = 1 Masche in Schoko
- = 1 Maschenstich über 1 Masche und 1 Reihe in Natur
- = 1 Maschenstich über 1 Masche und 1 Reihe in Schwarz

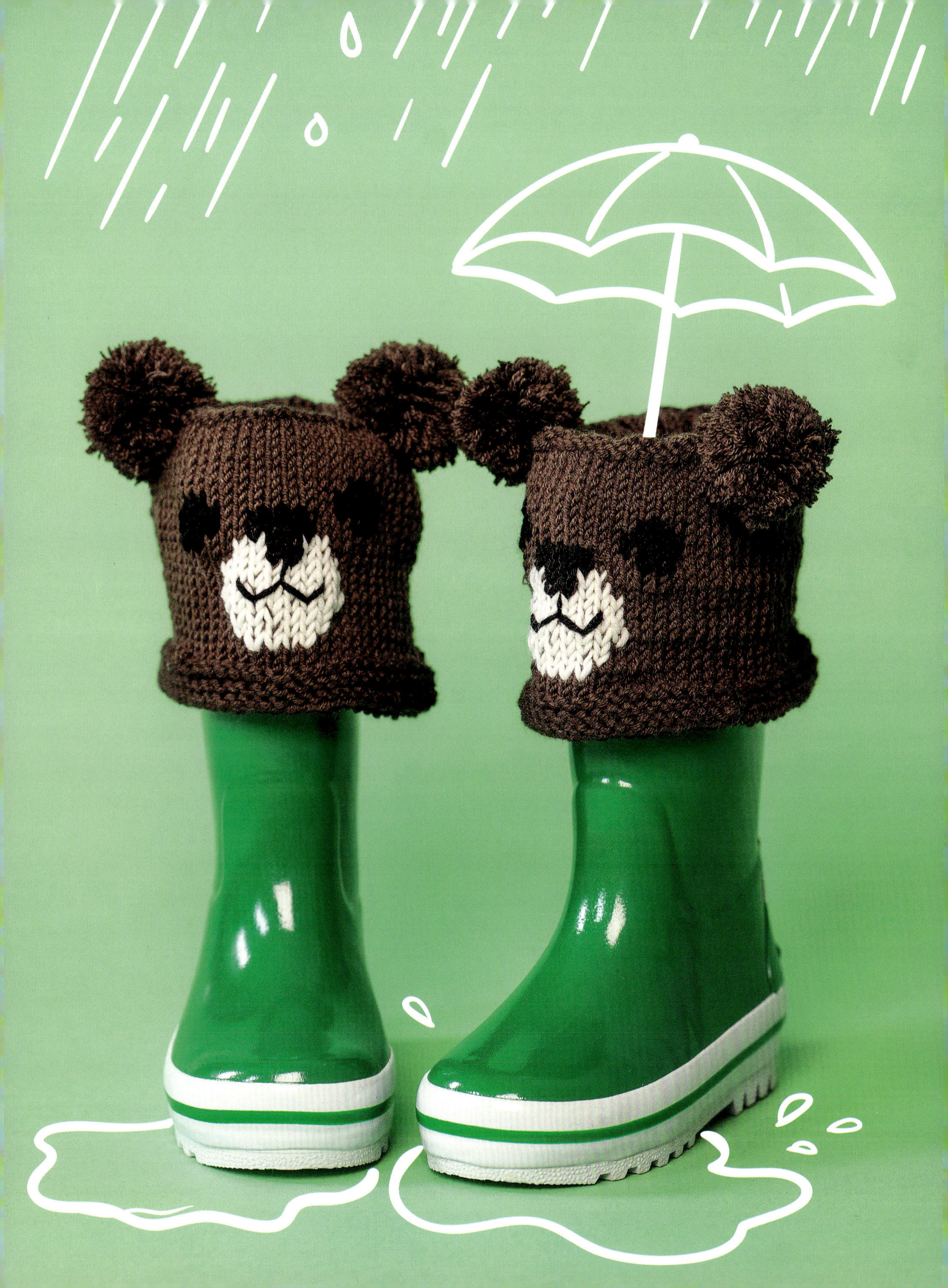

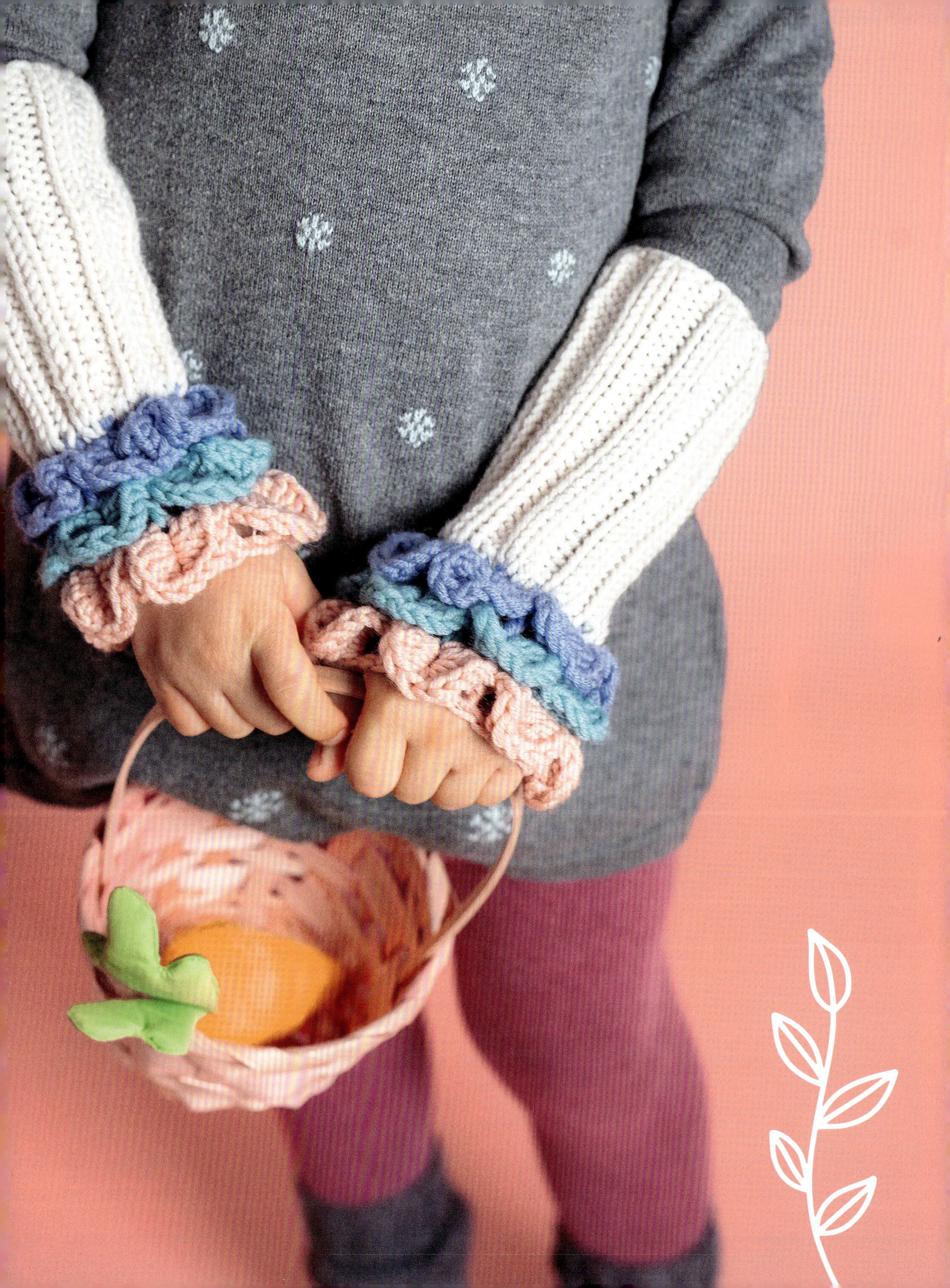

# Little Princess

## Armstulpen mit Rüschenrand

Schwierigkeitsgrad ★★

**Größe:**
26,5 cm Länge

**Material:**
- Schurwollgarn (100 % Schurwolle, LL ca. 80 m/50 g), je 50 g in Natur, Blau, Mint und Lachs
- 1 Nadelspiel 5 mm
- 1 Häkelnadel 4,5 mm

**Muster:**
Rippenmuster: In allen Runden abwechseld 2 M links, 2 M rechts im Wechsel stricken.
Schuppenmuster: Der Maschenanschlag muss durch 6 teilbar sein. Nach Häkelschrift arbeiten. In der Breite den Mustersatz = 6 Anschlagsmaschen 5 × arbeiten. In der Höhe 1 × die 1.–6. Rd häkeln. Die Schuppen der geraden Runden um die Stäbchen der ungeraden Runden arbeiten, dabei die Arbeit drehen (aber nicht wenden!).
Streifenfolge: Nacheinander 2 Rd in Lachs, 2 Rd in Mint und 2 Rd in Blau arbeiten.

**Maschenprobe:**
Rippenmuster mit Nadeln 5 mm:
25,5 M und 23 Rd = 10 × 10 cm

**So wird's gemacht:**
30 Luftmaschen in Lachs mit der Häkelnadel anschlagen und mit 1 Kettmasche in die 1. Luftmasche zur Runde schließen. 6 Rd im Schuppenmuster in der Streifenfolge häkeln.

Anschließend aus dem oberen Rand 36 M in Natur mit Nadeln 5 mm auffassen, zu je 9 M auf vier Nadeln verteilen und 13 m = 30 Rd im Rippenmuster stricken. Dann alle Maschen abketten, wie sie erscheinen.

Die zweite Stulpe ebenso anfertigen.

**Häkelschrift**

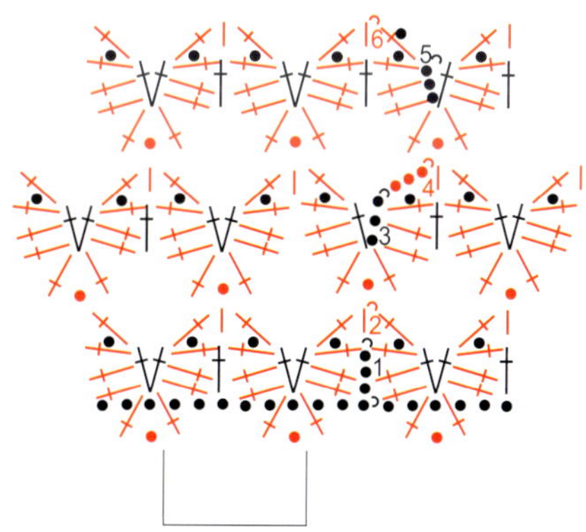

Mustersatz

**Zeichenerklärung**

- ● = 1 Luftmasche
- = 1 Kettmasche
- = 1 feste Masche
- = 1 Stäbchen

# Hello from Sweden

## Loop und Beinstulpen im skandinavischen Stil

Schwierigkeitsgrad ★

**Größe:**
**Loop:** ca. 38 cm Umfang
**Stulpen:** 26/30 cm Länge

**Material:**
- Schurwoll-Garn (100 % Schurwolle, LL ca. 90 m/50 g), für den Loop je 50 g in Grün, Stein und Braun; für die Stulpen 100 g in Grün und je 50 g in Stein und Braun
- Stricknadeln 4 mm;
- je 1 Nadelspiel 3 mm und 3,5 mm

**Muster:**
**Kraus rechts:** In Hin- und Rückreihen stets rechte Maschen stricken.
**Perlmuster:** In Runden 1 M rechts, 1 M links im Wechsel stricken und in jeder Runde die Maschen versetzt arbeiten.
**Bündchenmuster:** In Runden stets 1 M rechts, 1 M links im Wechsel stricken.
**Verschränktes Bündchenmuster:** In Runden stets 1 M rechts verschränkt, 1 M links verschränkt im Wechsel stricken.
**Falsches Patent in Rd:** Die Maschenzahl muss durch 4 teilbar sein. 1. Rd: Stets 3 M rechts, 1 M links stricken. 2. Rd: * 1 M links, 1 M rechts, 2 M links; ab * stets wiederholen. Die 1.–2. Rd fortlaufend wiederholen.
**Jacquardmuster:** Die Maschenzahl muss durch 4 teilbar sein. Glatt rechts nach Zählmuster arbeiten. In der Breite den Mustersatz zwischen den Pfeilen stets wiederholen. In der Höhe die 1.–4. Rd insgesamt 1× arbeiten.

**Maschenprobe:**
**Perlmuster** mit Nadeln 5 mm:
19 M und 36 Rd = 10 × 10 cm
**Kraus rechts** mit Nadeln 4 mm:
19 M und 40 Rd = 10 × 10 cm
**Falsches Patent** mit Nadeln 3,5 mm:
22 M und 40 Rd = 10 × 10 cm

**Hinweis:**
Die Angaben für beide Größen sind durch einen Schrägstrich voneinander getrennt. Steht nur eine Angabe, gilt sie für beide Größen.

**So wird's gemacht:**

Loop

29 M in Grün anschlagen und kraus rechts wie folgt arbeiten: * 4 R Grün, 2 R Stein, 2 R Braun, 2 R Stein; ab * wiederholen.
Nach 36 cm und 150 R (= 15 × die 10 R der Farbfolge) alle M abketten.
Anschlag- und Abkettkante zusammennähen, dabei an der unteren Kante 3 cm offenlassen. Den Loop anfeuchten, in Form ziehen und liegend trocknen lassen.

Stiefelstulpen

Mit Nadeln 3 mm insgesamt 48 M/52 M in Braun anschlagen, die M zu je 12/13 M auf vier Nadeln verteilen und zur Rd schließen.
Im verschränkten Bündchenmuster über 4 cm abwechselnd 2 Rd Stein, 2 Rd Braun stricken, danach noch 2 Rd Stein arbeiten.
Anschließend in Grün mit Nadeln 3,5 mm im falschen Patent fortfahren.
Nach 22/26 cm Gesamthöhe wieder zu Nadeln 3 mm wechseln und über 4 cm im verschränkten Bündchenmuster abwechselnd 2 Rd Stein, 2 Rd Braun arbeiten, dabei mit Braun enden. Alle M locker abketten.

Die zweite Stulpe in gleicher Weise stricken.

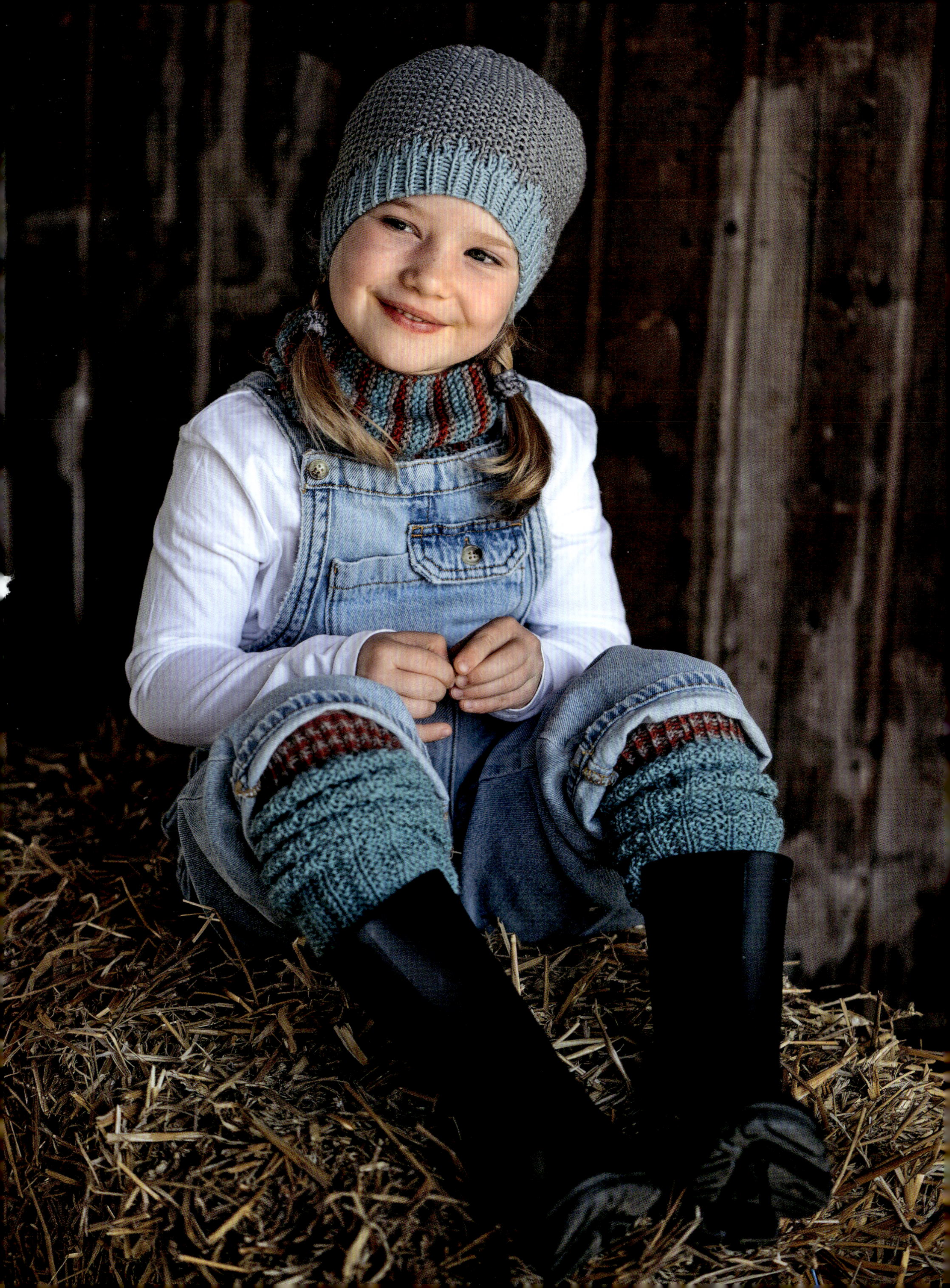

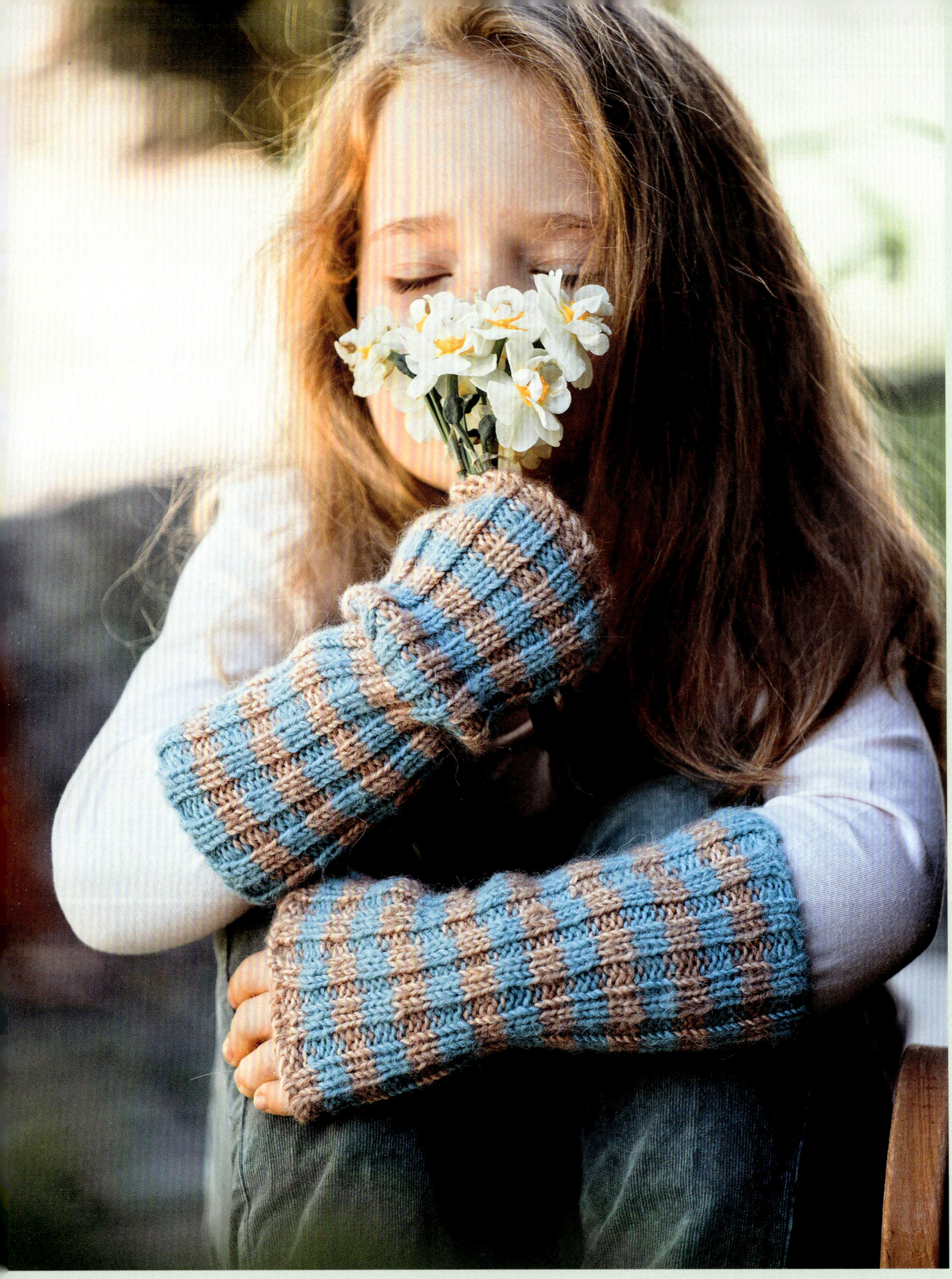

# Soft Stripes

Kesse Handstulpen im Rippen- und Ringelmuster

Schwierigkeitsgrad ★

**Größe:**
17/22 cm Länge

**Material:**
- Schurwoll-Garn (100 % Schurwolle; LL ca. 150 m/50 g), je 50 g Mint und Rosa; Alpaka-Garn (54 % Alpaka, 24 % Polyamid, 22 % Wolle, LL ca. 199 m/25 g), je 25 g Mint und Rosa
- 1 Nadelspiel 4 mm

**Muster:**
Rippenmuster: In Runden stets 2 M rechts, 2 M links im Wechsel stricken.

**Maschenprobe:**
Rippenmuster mit Nadeln 4 mm:
24 M und 30 Rd = 10 × 10 cm

**Hinweis:**
Die Angaben für beide Größen sind durch einen Schrägstrich voneinander getrennt. Steht nur eine Angabe, gilt sie für beide Größen.

**So wird's gemacht:**
Stets 2-fädig mit je 1 Faden Schurwoll- und Alpaka-Garn in der jeweiligen Farbe stricken.

Insgesamt 36/40 M in Mint anschlagen und gleichmäßig zu je 8/10 M auf vier Nadeln verteilen. Die Maschen zur Rd schließen.

Dann in folgender Farbfolge im Rippenmuster arbeiten: * 4 Rd Mint, 4 Rd Rosa, ab * fortlaufend wiederholen.

Nach 17/22 cm ab Anschlag, nach einem Streifen in Rosa, alle Maschen abketten.

Die zweite Stulpe in gleicher Weise stricken.

# Natural Colours

## Handstulpen in zwei verschiedenen Rippenmustern

Schwierigkeitsgrad ★

**Größe:**
19/21 cm Länge

**Material:**
- Alpaka-Garn (100 % Alpaka, LL ca. 100 m/50 g), je 50 g Hellgrau meliert und Rostrot, je ein Rest in Rosa und Senf
- 1 Nadelspiel 4 mm

**Muster:**
**Bündchenmuster:** In Runden stets 1 M rechts, 1 M links im Wechsel stricken.
**Rippenmuster:** In Runden stets 2 M rechts, 2 M links im Wechsel stricken.

**Maschenprobe:**
**Rippenmuster** mit Nadeln 4 mm:
24 M und 30 Rd = 10 × 10 cm

**Hinweis:**
Die Angaben für beide Größen sind durch einen Schrägstrich voneinander getrennt. Steht nur eine Angabe, gilt sie für beide Größen.

**So wird's gemacht:**
Für die linke Stulpe 36/40 M in Grau **anschlagen**, zu je 9/10 M auf vier Nadeln eines Nadelspiels verteilen und zur Rd schließen.

Anschließend wie folgt im **Bündchenmuster** stricken: 10/12 Rd in Hellgrau meliert, 3 Rd in Senf und 5 Rd in Rosa. Dann weiter in Rostrot im **Rippenmuster** arbeiten.

Nach 13/14 cm ab Anschlag mit den Zunahmen für den **Daumenzwickel** beginnen: Hierzu bis 1 M vor Ende der 1. Nadel stricken, 1 M rechts verschränkt aus dem Querfaden zunehmen, 1 M rechts, 1 M rechts verschränkt aus dem Querfaden zunehmen. Diese Zunahmen jeweils beidseitig der zuvor gearbeiteten Zunahmen in jeder 2. Rd noch 3 × wiederholen = 9/11 M für den Daumenkeil.

Die M für den Daumenkeil in den folgenden Runden rechts stricken. 2 Rd ohne Zunahmen stricken, dann die 9/11 M des **Daumenkeils** abketten: * 2 M rechts zusammenstricken, die M zurück auf die linke Nadel; ab * stets wiederholen, bis alle M abgekettet sind.

Die übrigen 35/39 M weiter im **Rippenmuster** stricken, dabei in der 1. Rd oberhalb der Maschen für den Daumen 1 M zunehmen.

Nach 2/3 cm ab Daumenzwickelende = 19/21 cm ab Anschlag die M wie beschrieben **abketten** und alle Fäden vernähen.

Die **rechte Stulpe** ebenso arbeiten, jedoch die Zunahmen für den Daumenkeil vor und nach der 1. M der 4. Nadel stricken.

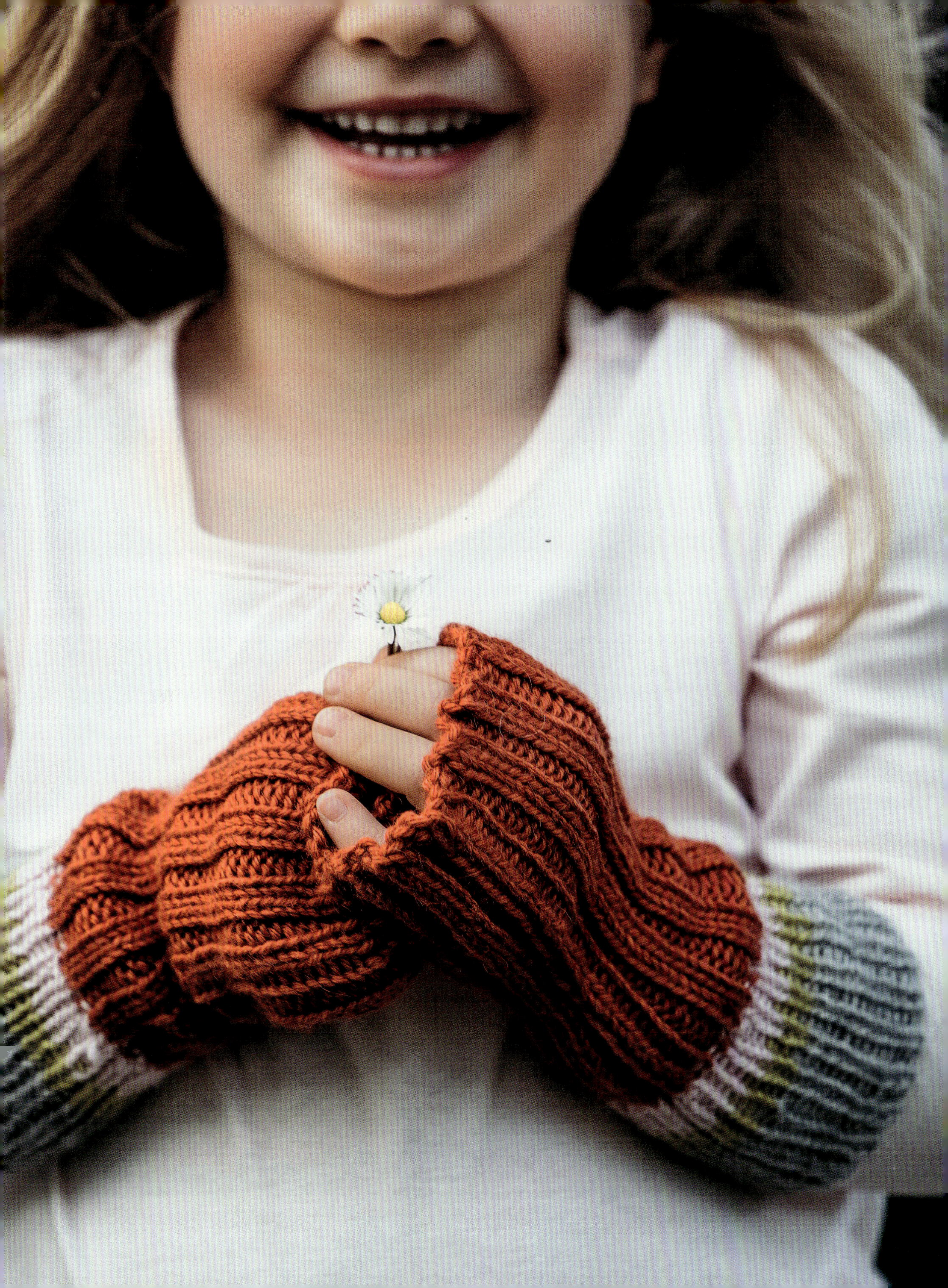

# Mummy and me

## Kinder- und Damenstulpen mit Herz und Stern

Schwierigkeitsgrad ★★

### Größe:

15,5/18/18/18/18 cm Länge

### Material:

- Schurwollgarn (100 % Schurwolle, LL ca. 160 m/50 g), 50 g in Zyklam/Steingrau und jeweils ein Rest Weiß/Weiß und Steingrau/Zyklam. Info: Aus je 50 g pro Farbe können beide Stulpen gestrickt werden.
- 1 Nadelspiel 3 mm
- 1 Häkelnadel 3 mm

### Muster:

**Glatt rechts:** In Runden stets rechts stricken.
**Kraus rechts:** In Runden abwechselnd 1 Rd linke Maschen, 1 Rd rechte Maschen stricken.
**Mäusezähnchen und Lochmuster:** 1 Rd:* 2 M rechts zusammenstricken, 1 Umschlag, ab * stets wiederholen; 2. Rd: alle Maschen und Umschläge rechts stricken.
**Jacquardmuster A:** Die Maschenzahl muss durch 6 teilbar sein. Nach Strickschrift A stricken. Es sind alle Runden gezeichnet. In der Breite den Mustersatz stets wiederholen. In der Höhe 1× die 1.–5. Rd arbeiten.
**Jacquardmuster B:** Die Maschenzahl muss durch 2 teilbar sein. Nach Strickschrift B stricken. Es sind alle Runden gezeichnet. In der Breite den Mustersatz stets wiederholen. In der Höhe 1× die 1. und 2. Rd arbeiten.
**Musterfolge:** 1 Rd glatt rechts, 4 Rd kraus rechts, 2 Rd Lochmuster, 1 Rd glatt rechts, 4 Rd kraus rechts = 12 Rd.

### Maschenprobe:

**Glatt rechts** mit Nadeln 3 mm:
26 M und 37 Rd = 10 × 10 cm

### Hinweis:

Die Angaben für die Kindergröße und vier Damengrößen sind durch Schrägstriche voneinander getrennt. Angaben für die Kindergröße stehen vor dem ersten Strich. Bei nur einer Angabe gilt diese für alle Größen.

### So wird's gemacht:

**Rechte Stulpe**

Die Maschen der Handfläche liegen auf der 1. und 2. Nadel, die Maschen des Handrückens auf der 3. und 4. Nadel.

42/48/54/60/66 M in Steingrau/Weiß **anschlagen**, die Maschen zu 10-11-10-11/12-12-12-12/13-14-13-14/15-15-15-15/16-17-16-17 M auf vier Nadeln verteilen und zur Runde schließen. Über 3 Rd glatt rechts stricken.

Für die **Bruchkante** 2 Rd Mäusezähnchen stricken. Danach in Zyklam/Steingrau fortfahren und 12 Rd in der Musterfolge stricken.

Dann 2 Rd **glatt rechts**, 5 Rd **Jacquardmuster** A und anschließend wieder **glatt rechts** in Zyklam/Steingrau arbeiten.

Nach 3,5/6/6/6/6 cm = 19/23/23/23/23 Rd ab Bruchkante für den **Daumenkeil** die 4. M der 1. Nadel markieren und beidseitig der markierten Masche je 1 M rechts verschränkt aus dem Querfaden herausstricken (= 3 M Daumenkeil). Die weiteren Zunahmen wie folgt stricken: * In der nächsten 4. Rd vor und nach den Daumenkeilmaschen jeweils 1 M rechts verschränkt aus dem Querfaden herausstricken, ab * 5×/6×/7×/7×/8× arbeiten = 13/15/17/17/19 Daumenkeilmaschen.

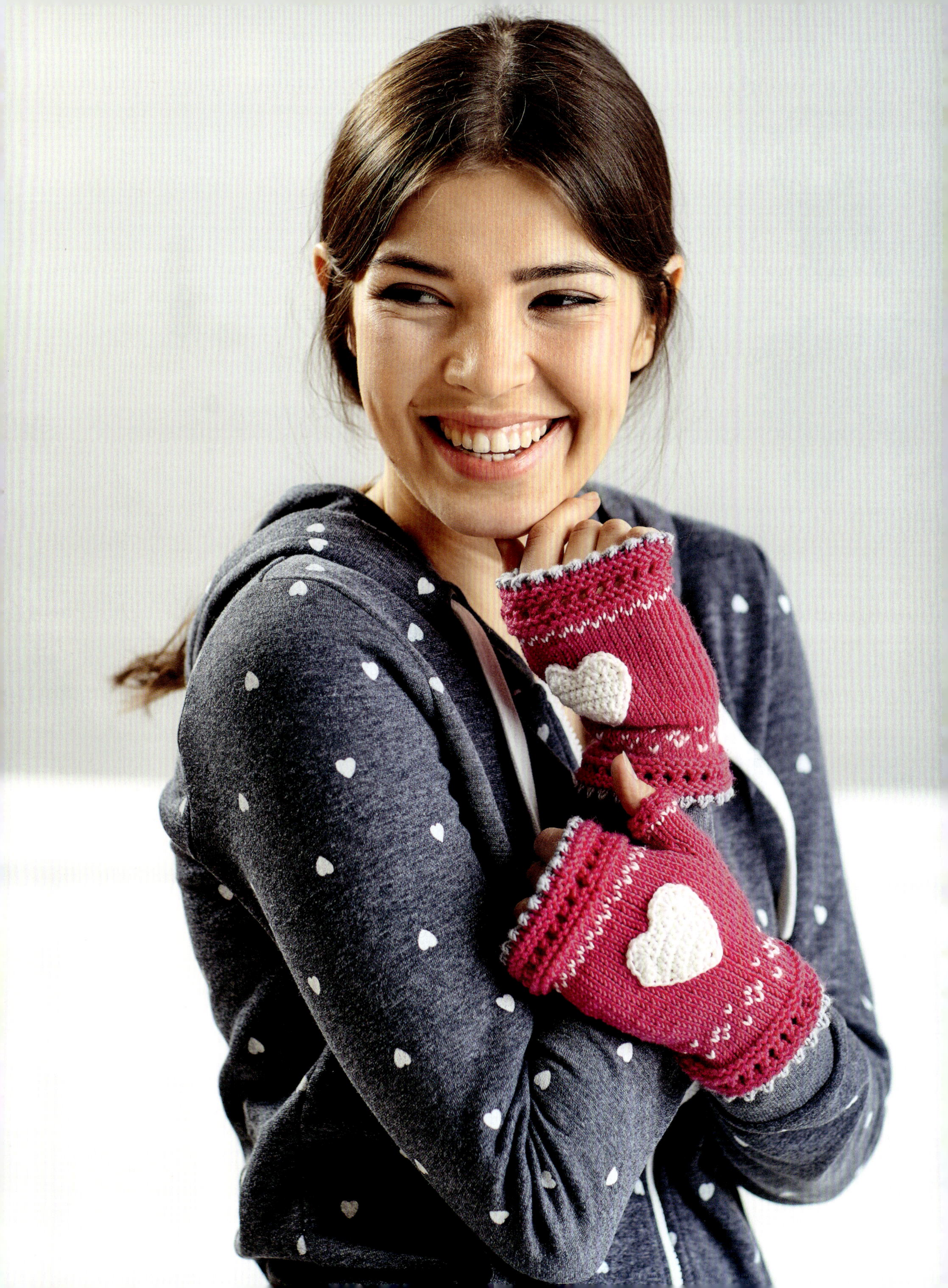

Die Zahl der Daumenkeilmaschen erhöht sich bei jeder Zunahme um 2 M. Die Daumenkeilmaschen stilllegen.

Dann über den Daumenkeilmaschen für den **Daumensteg** 5/7/9/9/11 M dazu anschlagen und 1 Rd glatt rechts stricken, dabei über die Maschen des Daumenstegs ebenfalls glatt rechts in Zyklam/Steingrau stricken. In der folgenden Runde die 1. Stegmasche mit der Masche davor rechts überzogen zusammenstricken (= 1 M wie zum Rechtsstricken abheben, 1 M rechts stricken und die abgehobene Masche überziehen) und die letzte Stegmasche mit der Masche danach rechts zusammenstricken. Diese Abnahmen in jeder Runde ebenso arbeiten, bis nur noch 1 Stegmasche übrig ist = 42/48/54/60/66 M.
Anschließend 2 Rd Jacquardmuster B, dann 2 Rd glatt rechts und danach 12 Rd in der Musterfolge und 1 Rd glatt rechts stricken.
Nun in Steingrau/Weiß weiterarbeiten und für die Bruchkante 2 Rd Mausezähnchen, danach noch 3 Rd glatt rechts stricken. Die Maschen abketten.

Für den **Daumen** die stillgelegten 13/15/17/17/19 Keilmaschen auf eine Nadel des Nadelspiels nehmen und 5/7/9/9/11 M aus dem Steg auffassen = 18/22/26/26/30 M. Die Maschen zu je 6-6-6/7-7-8/8-9-9/8-9-9/10-10-10 M auf drei Nadeln verteilen. Glatt rechts in Zyklam/Steingrau stricken. Die Stegmaschen wie beschrieben abnehmen, bis 1 Stegmasche übrig ist = 14/16/18/18/20 M.
Anschließend 2 Rd Jacquardmuster B und noch 3 Rd kraus rechts in Zyklam/Steingrau stricken, dann alle Maschen abketten.

### Linke Stulpe
Gegengleich zur rechten Stulpe arbeiten, somit liegen die Maschen für die Handfläche auf der 3. und 4. Nadel, die Maschen für den Handrücken auf der 1 und 2. Nadel.
Für den Daumenkeil die viertletzte Masche der 4. Nadel markieren.

### Herz (2×)
In Weiß mit Häkelnadel 3,0 mm 2 Luftmaschen anschlagen. Dann in der 1. R (= Hinreihe) 1 feste Masche in die 2. Luftmasche ab Nadel häkeln = 1 feste Masche.

Nun 8 R feste Maschen häkeln, dabei 4× in jeder Reihe und 1× in der folgenden 2. R beidseitig je 1 M zunehmen, dafür in die 1. bzw. letzte Masche je 2 feste Maschen häkeln = 11 feste Maschen.

In der 10. R (= Rückreihe) 1 Luftmasche, 1 feste Masche, 1 Masche überspringen, 5 Stäbchen in die nächste Masche häkeln, 1 Masche überspringen, 1 feste Masche, 1 Kettmasche, 1 feste Masche, 1 Masche überspringen, 5 Stäbchen in die nächste Masche, 1 Masche überspringen, 1 feste Masche arbeiten.

Den äußeren Rand der Herzen mit je 1 Rd fester Maschen umhäkeln. Arbeit beenden.

### Stern (2-mal)
In Weiß mit Häkelnadel 3 mm die 1.–4. Rd nach Häkelschrift um einen Magic Ring arbeiten, dabei die 4. Rd in Zyklam häkeln.

## Zu guter Letzt:
Den oberen und unteren Stulpenrand jeweils an der Bruchkante nach innen umschlagen und festnähen. Die Herzen bzw. die Sterne jeweils mittig auf die Handrücken nähen.

**Zeichenerklärung**

- ☐ = 1 Masche Grundfarbe
- ☒ = 1 Masche in Weiß (Zyklam)
- ◯ = Fadenring
- ∘ = 1 Luftmasche
- ⌄ = 1 Kettmasche
- ❙ = 1 feste Masche
- T = 1 halbes Stäbchen
- ┼ = 1 Stäbchen
- ╪ = 1 Doppelstäbchen

MS = Mustersatz

Laufen die Zeichen unten zusammen, die Maschen in eine Einstichstelle arbeiten.

**Häkelschrift Stern**

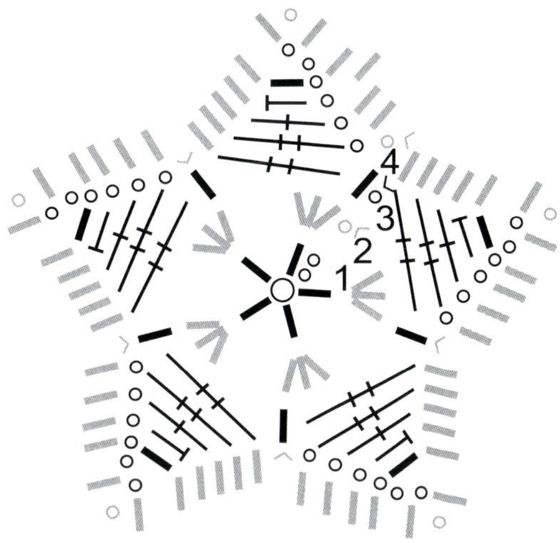


**Strickschrift A**

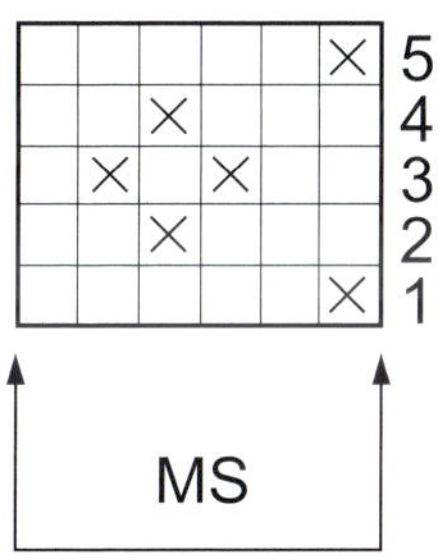


**Strickschrift B**

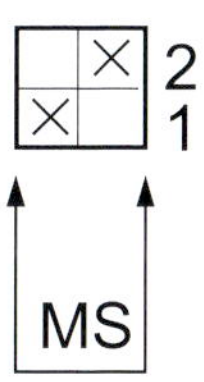


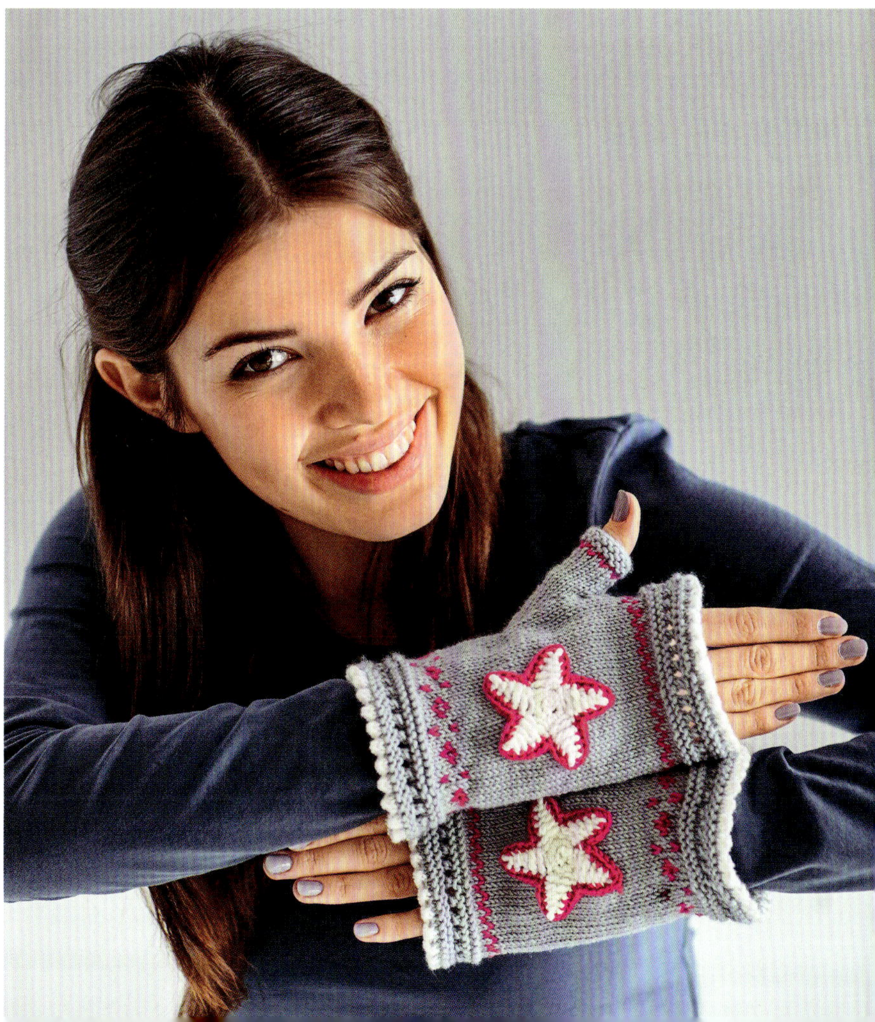

# Grundkurs Stricken

# Grundkurs Stricken

**2 Maschen rechts zusammenstricken**
Den Faden hinter die Arbeit legen. Mit der rechten Nadel von links nach rechts durch beide Maschen stechen.

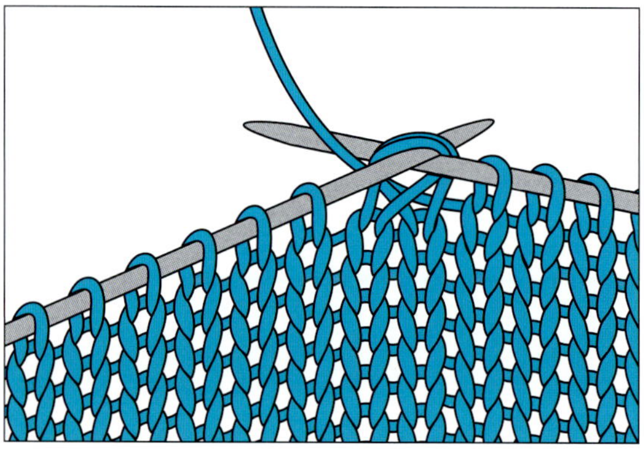

Den Faden durchholen und die Maschen von der linken Nadel gleiten lassen.

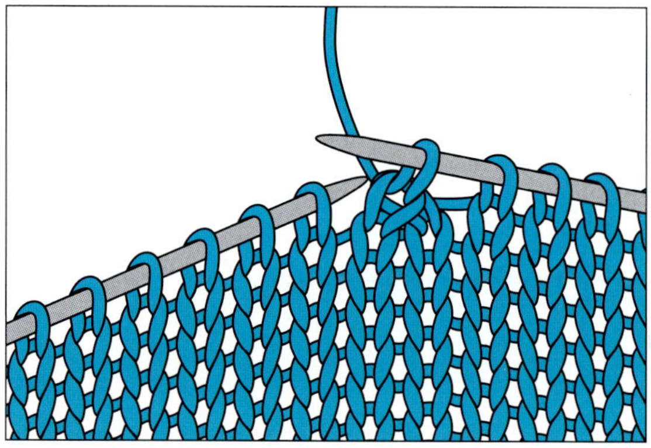

**2 Maschen links zusammenstricken**
Wie bei einer linken Masche den Faden vor die Arbeit legen, von rechts nach links durch beide Maschen stechen und den Faden durchholen.

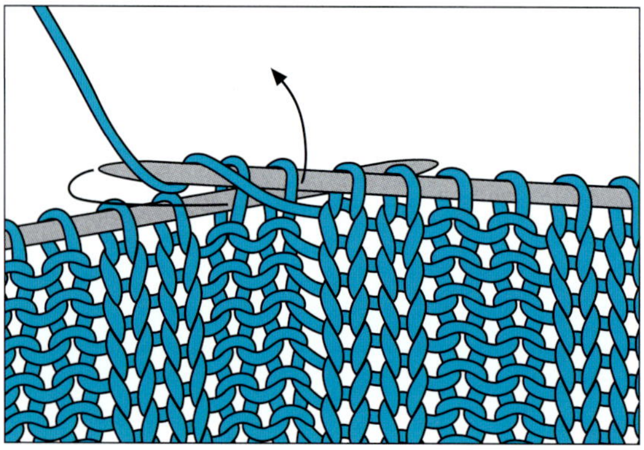

Die Maschen von der linken Nadel gleiten lassen.

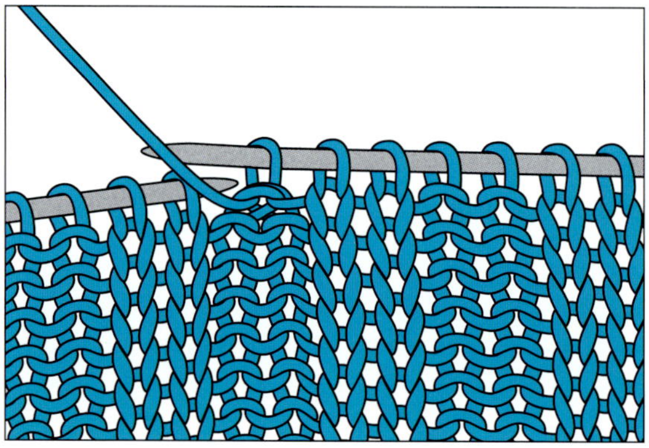

2 Maschen links verschränkt zusammenstricken
Von links nach rechts zugleich in das hintere Maschenglied der beiden Maschen einstechen und den Faden durchholen.

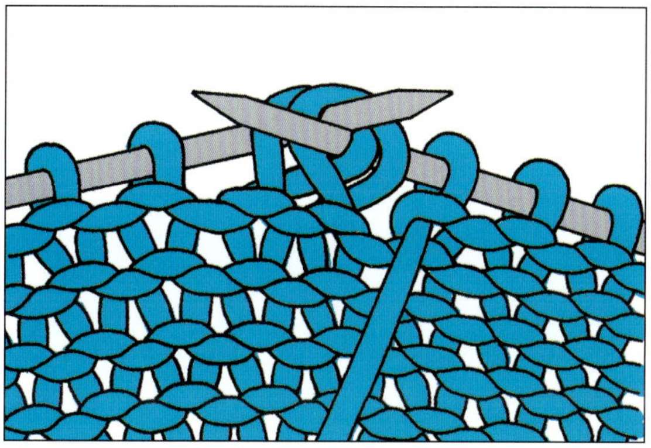

2 Maschen rechts überzogen zusammenstricken
1 Masche wie zum Rechtsstricken abheben.

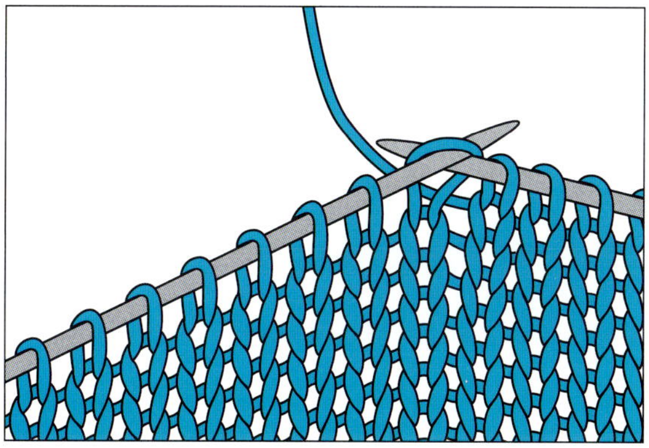

Die folgende Masche rechts stricken und die abgehobene Masche darüberziehen.

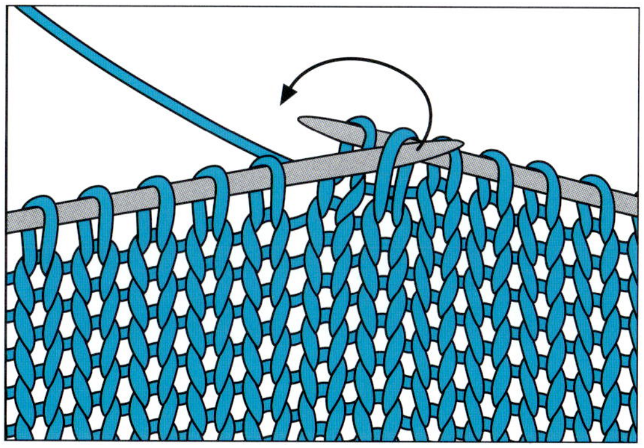

# Grundkurs Stricken

### 3 Maschen überzogen zusammenstricken

1 Masche wie zum Rechtsstricken abheben und die beiden folgenden Maschen rechts zusammenstricken.

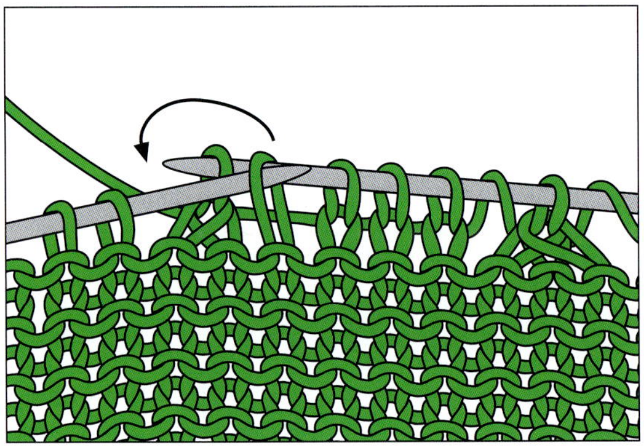

Dann die abgehobene Masche über die zusammengestrickten Maschen ziehen.

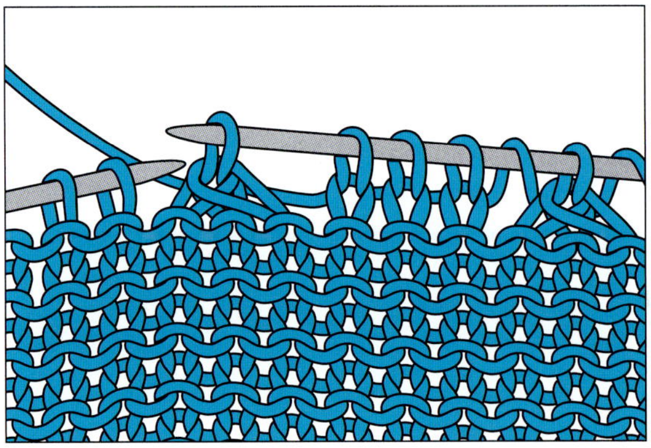

### 3 Maschen mit aufliegender Mittelmasche rechts zusammenstricken

Die Masche vor der Mittelmasche mit der Mittelmasche zusammen wie zum Rechtsstricken abheben.

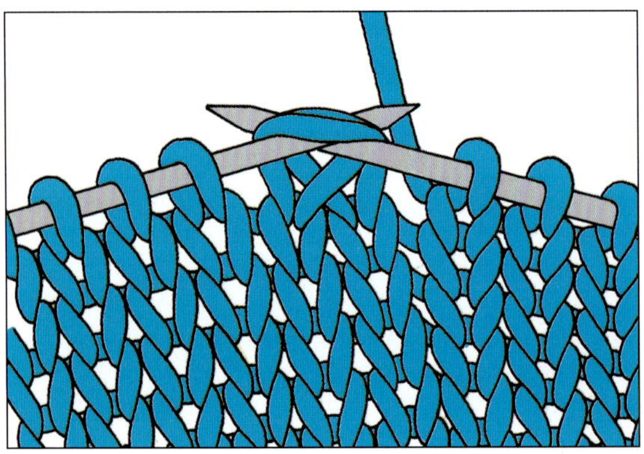

Die folgende Masche rechts stricken, dann die beiden abgehobenen Maschen zusammen über die gestrickte Masche ziehen.

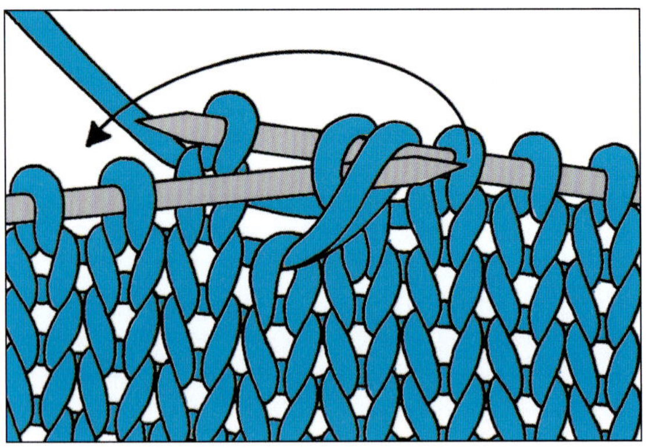

**Zunahme links verschränkt aus dem Querfaden**
Den Querfaden zwischen 2 Maschen mit der linken Nadel von vorn nach hinten aufnehmen.

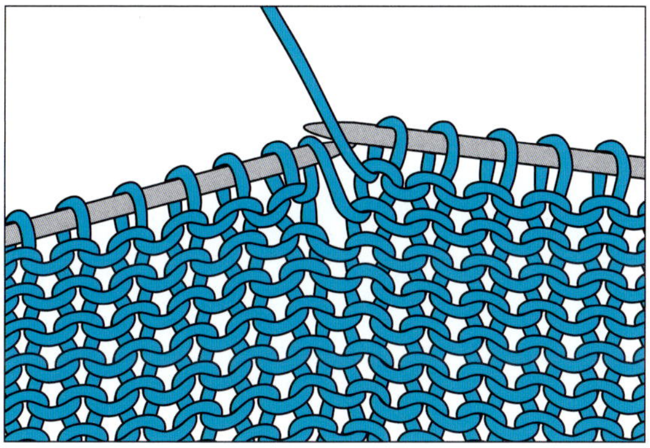

Den Arbeitsfaden nach vorne legen. Von links nach rechts in den hinteren Schlingenteil einstechen und den Faden durchholen. Den aufgenommenen Querfaden von der linken Nadel gleiten lassen.

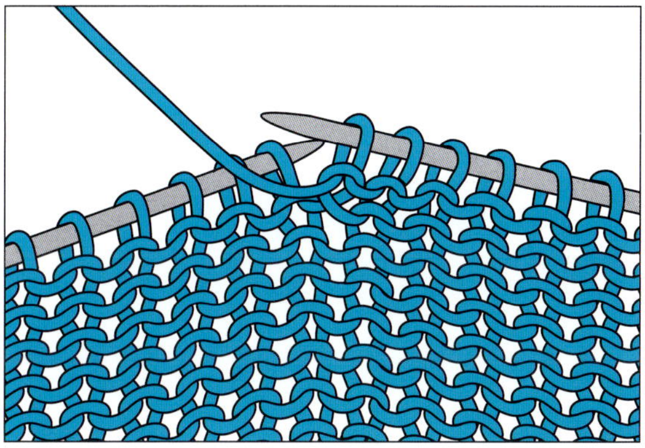

**Zunahme rechts verschränkt aus dem Querfaden**
Den Querfaden zwischen 2 Maschen mit der linken Nadel von vorn nach hinten aufnehmen.

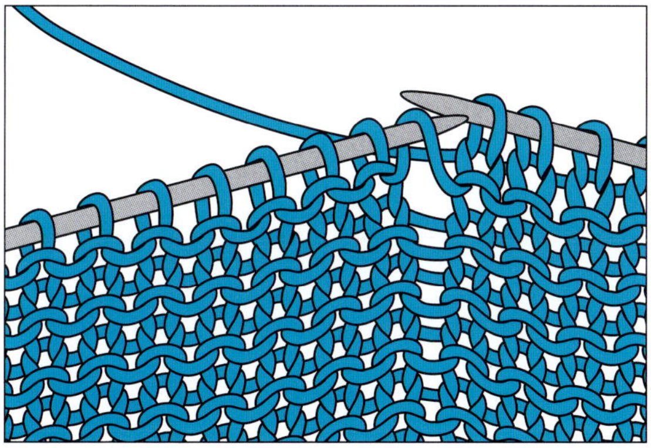

In den hinteren Schlingenteil einstechen. Der Arbeitsfaden liegt hinten. Faden durchholen. Den aufgenommenen Querfaden von der linken Nadel gleiten lassen.

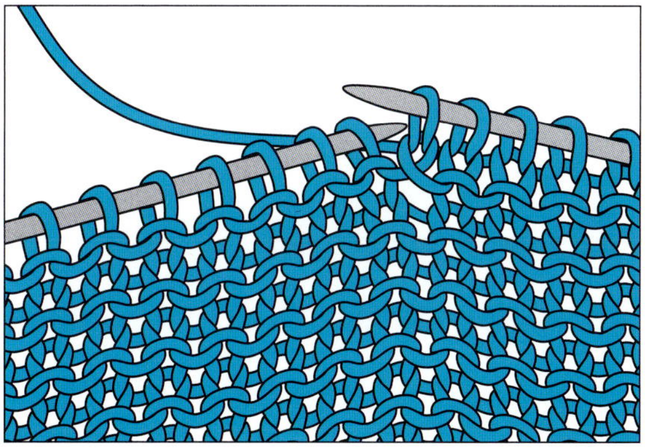

# Grundkurs Stricken

### Maschen herausstricken

5 Maschen aus 1 Masche (= 1 Masche rechts, 1 Umschlag im Wechsel, enden mit 1 Masche rechts): * Wie zum Rechtsstricken in die Masche einstechen, den Faden holen. Die Masche noch nicht von der linken Nadel gleiten lassen, sondern 1 Umschlag aufnehmen, ab * noch 1 x wiederholen, wieder zum Rechtsstricken in die Masche einstechen und den Faden holen. Nun die Masche von der Nadel gleiten lassen.

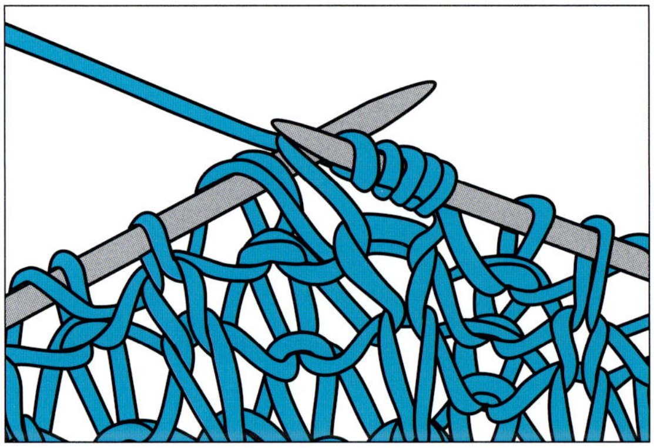

### Farbwechsel in der Reihe

Damit beim Farbwechsel keine Löcher entstehen, die Fäden verkreuzen, d. h. den alten Faden vor den neuen legen und mit dem neuen Faden weiterarbeiten. Auf eine gleichmäßige Fadenspannung achten.

Auch in der Rückreihe die Fäden verkreuzen, hier wird der alte Faden hinter den neuen gelegt. Der alte Faden bleibt auf der Arbeitsrückseite.

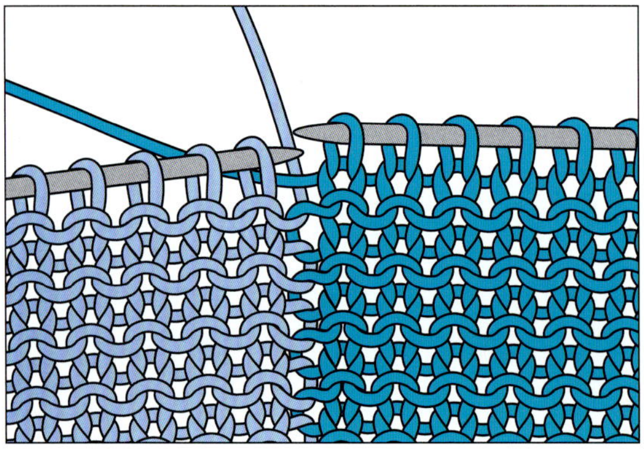

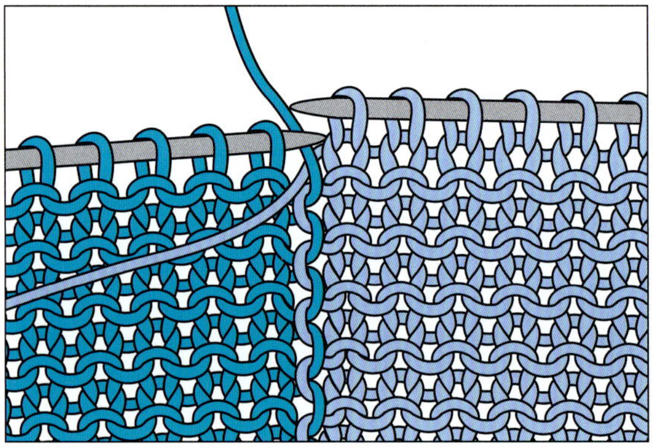

### Hebemaschen

Pro Reihe wird nur mit einer Farbe gestrickt. In der 1. Reihe (= Hinreihe) laut angegebener Strickschrift Maschen links abheben: den Faden hinter die Arbeit legen, wie zum Linksstricken in die Masche einstechen und sie auf die rechte Nadel nehmen, ohne sie zu stricken.

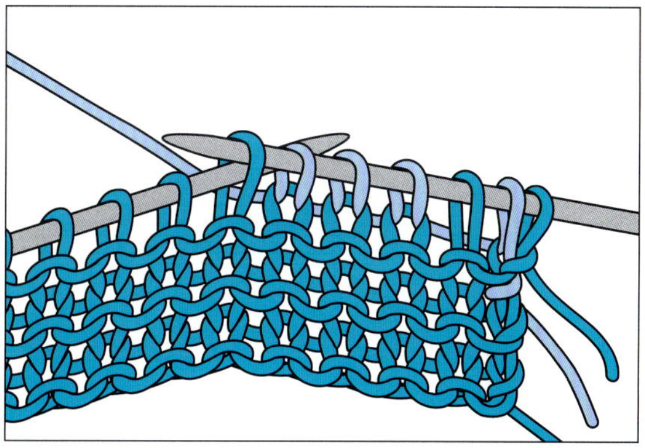

In den Rückreihen die Hebemaschen ebenfalls links abheben, der Faden liegt dabei aber vor der Arbeit: wieder wie zum Linksstricken in die Masche einstechen und sie auf die rechte Nadel nehmen, ohne sie zu stricken. Den Faden dabei locker vor der Masche weiterführen.

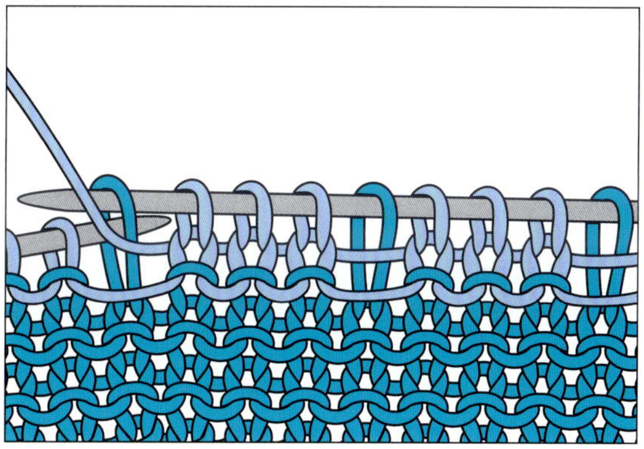

So werden die Hebemaschen von Reihe zu Reihe nur abgehoben und ziehen sich dadurch in die Länge. In der Anleitung ist angegeben, wann die Hebemaschen wieder mitgestrickt werden.

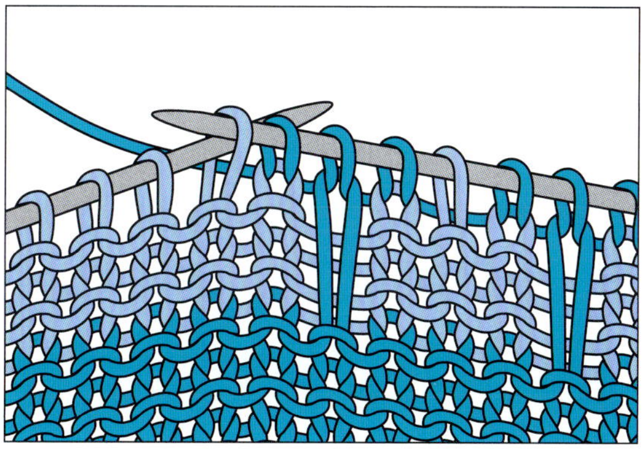

# Grundkurs Stricken

**Maschen auffassen**
Werden die Maschen an der Anschlag- oder Abkettkante aufgefasst, in die Masche unterhalb der Kante einstechen und den Faden durchholen. Hier wird aus jeder Masche eine Masche herausgestrickt.

Werden die Maschen am Reihenanfang oder -ende aufgefasst, mit der Nadel das außen liegende Maschenglied der 1. Masche nach der Randmasche erfassen und den Faden durchholen. Bei längeren Geraden ca. jede 4. Reihe übergehen.

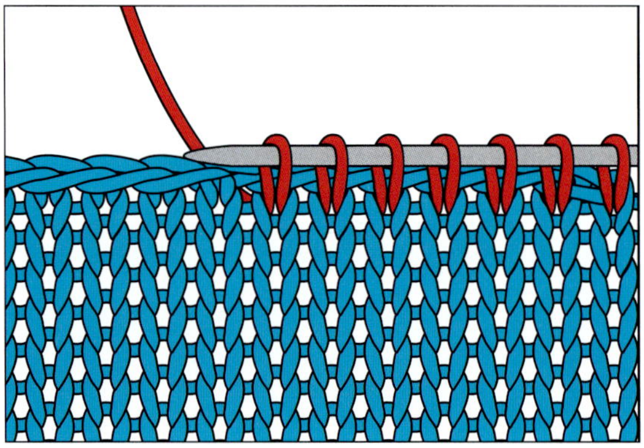

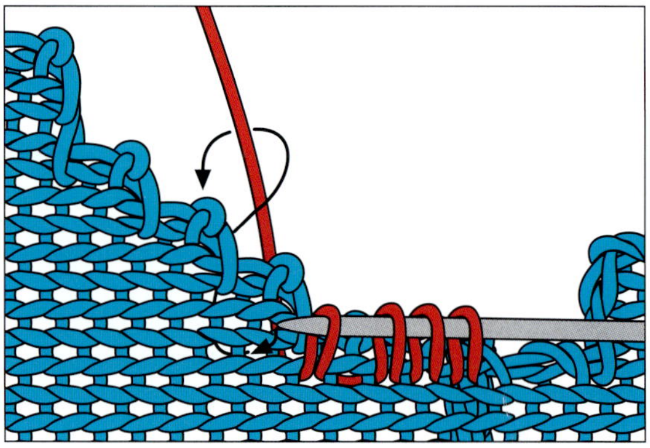

**Maschen abketten**
Die ersten 2 Maschen stricken. Mit der linken Nadel in die 1. Masche stechen, diese über die 2. Masche heben.

Die nächste Masche stricken und die vorhergehende Masche darüberziehen. Am Ende Faden abschneiden und durch die letzte Masche ziehen.

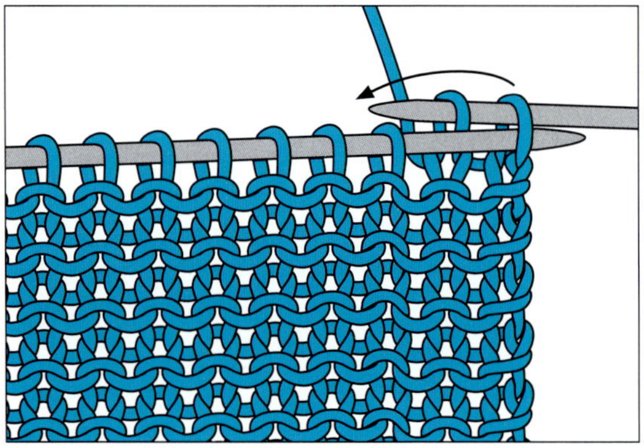

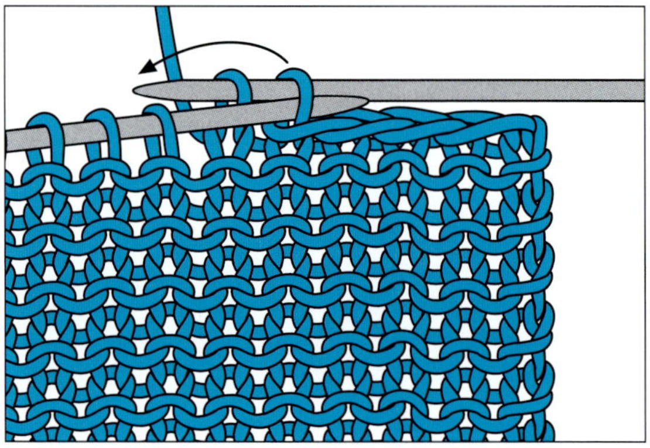

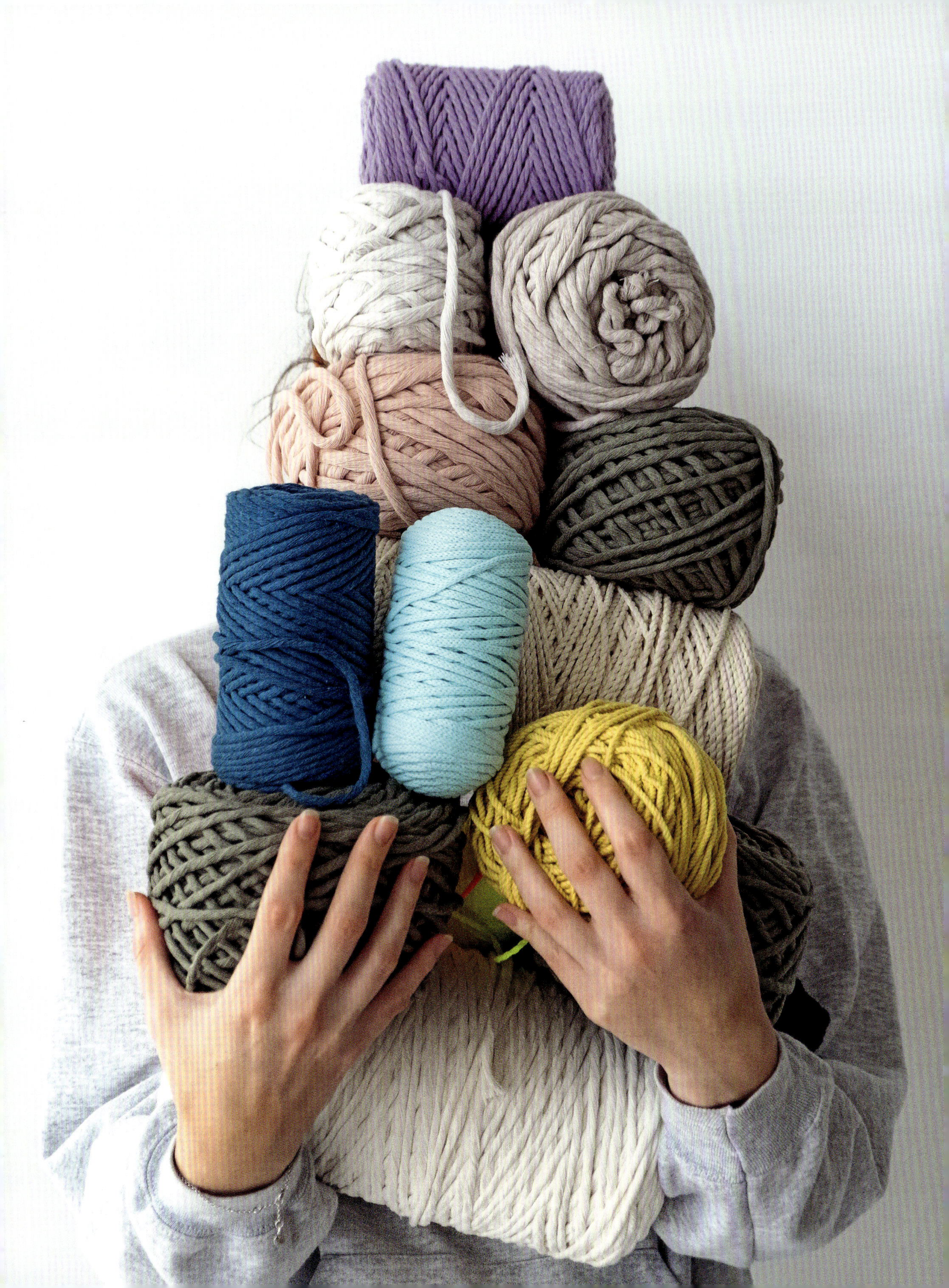

# Double-Face-Technik

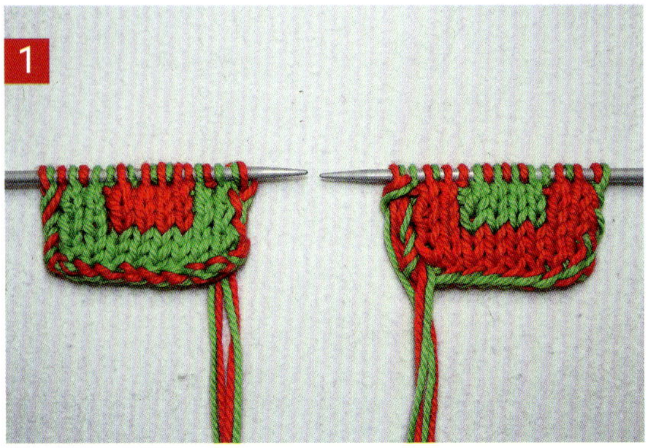


Beim Double-Face-Stricken erscheinen die Vorder- und die Rückseite der Arbeit glatt rechts. Im Wechsel wird immer eine Masche rechts und eine Masche links gestrickt.

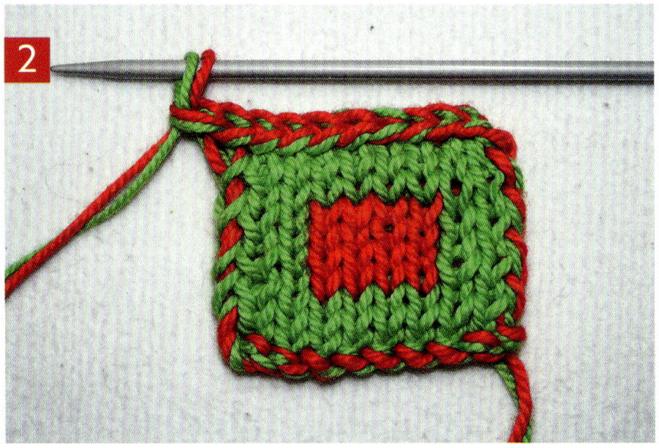


Die rechten Maschen bilden die Vorderseite, auf die man gerade sieht, die linken entsprechend die Rückseite. Durch das gleichzeitige Stricken von Vorder- und Rückseite im Farbwechsel bildet die Rückseite dann farblich das Negativ.

## Doppelter Anschlag

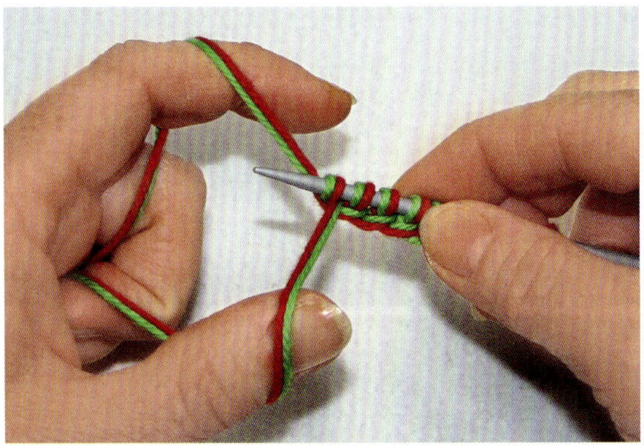

Die Maschen werden gleichzeitig mit beiden Fäden (Farbe A und Farbe B) angeschlagen. Die angegebene Maschenanzahl bezieht sich auf Doppelmaschen, die sich immer aus einer Masche der Farbe A und einer Masche der Farbe B zusammensetzen.
Die Reihenfolge der beiden Farben innerhalb einer Doppelmasche sollte von Anfang an der Farbvorgabe im Zählmuster entsprechen. Bei falscher Farbfolge der Anschlagmaschen zieht man vor dem Stricken der rechten Masche die richtige Masche vor und korrigiert so die farbliche Reihenfolge.

## Fadenhaltung

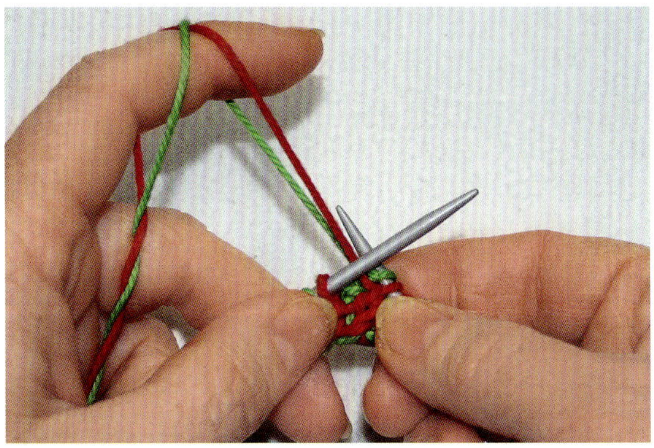

Gestrickt wird immer gleichzeitig mit beiden Fäden, die wie im Bild über dem Zeigefinger gekreuzt sind. Der hintere Faden wird stets links vorbei am vorderen Faden geholt.

## Die Randmaschen

Die erste Doppelmasche wird immer mit beiden Fäden rechts abgehoben. Die letzte Doppelmasche wird stets mit beiden Fäden zusammen links abgestrickt. Bei rund gestrickten Modellen entfallen die Randmaschen.

## Das Grundprinzip

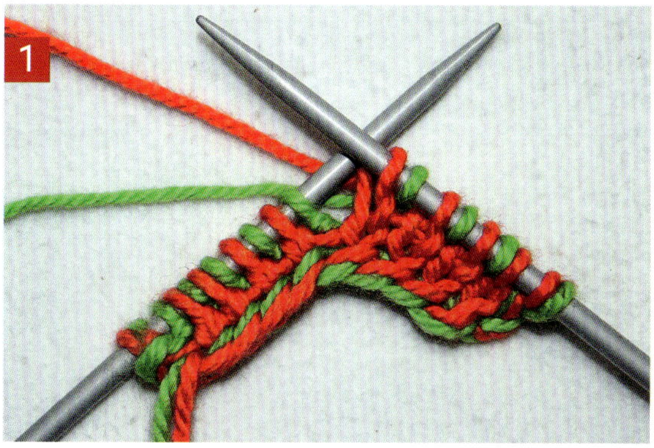


Die **1. Masche** einer Doppelmasche wird immer **rechts** gestrickt. Dabei müssen beide Fäden hinter der linken Nadel liegen. Gestrickt wird die rechte Masche dann nur mit dem Faden der Farbe, die laut Zählmuster an der Reihe ist. Der andere Faden bleibt unberücksichtigt.

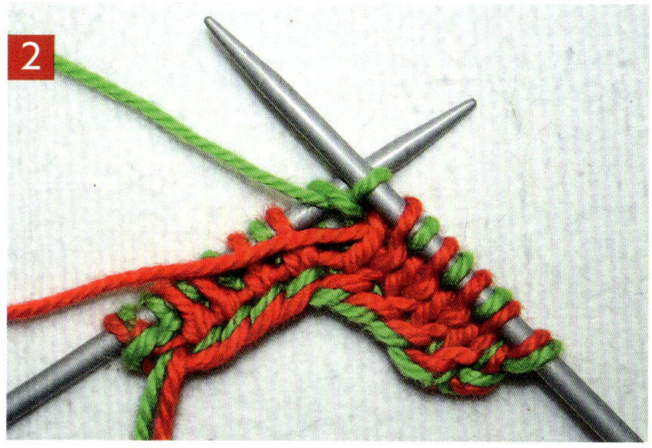


Die **2. Masche** einer Doppelmasche wird immer **links** gestrickt. Dabei müssen beide Fäden vor der linken Nadel liegen. Gestrickt wird die linke Masche nun mit dem Faden der zweiten Farbe. Der andere Faden bleibt unberücksichtigt.

## Farbwechsel im Zählmuster

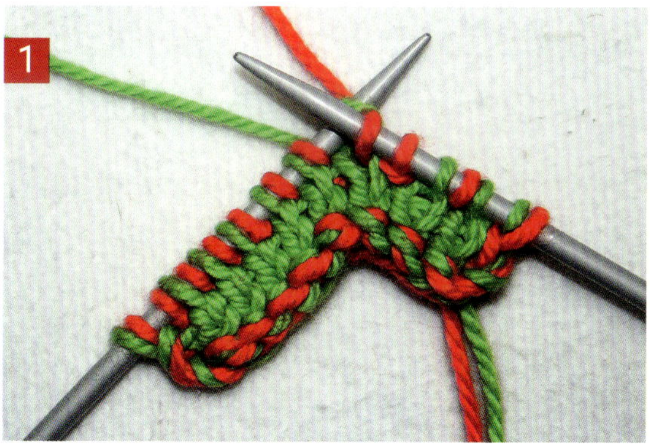


Ist laut Zählmuster ein Farbwechsel vorgesehen, so wird die rechte Masche, die bisher in Farbe A gestrickt wurde, nun in Farbe B gestrickt.

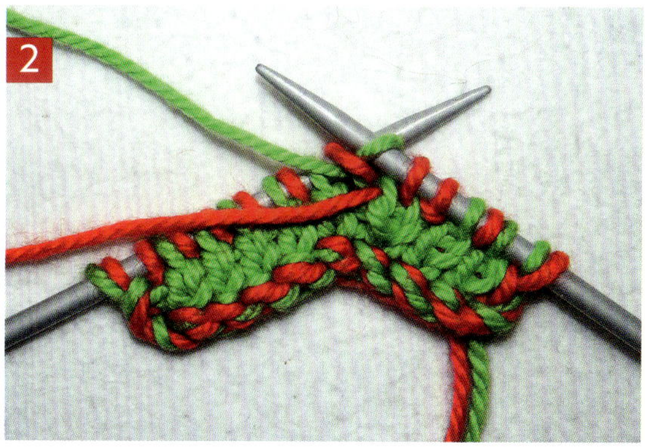


Die nächste linke Masche wird dann in Farbe A gearbeitet. Das obere Zählmuster auf Seite 175 zeigt einen solchen Farbwechsel in Reihe 3 bis 6.

## Abnehmen in der Double-Face-Technik

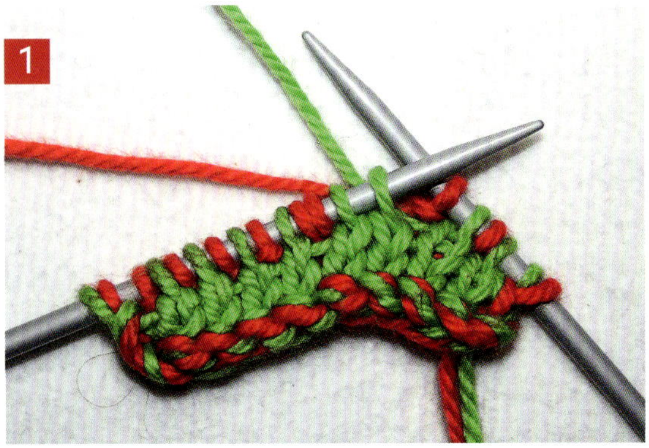


Um Maschen abzunehmen, wird zunächst bei beiden betreffenden Doppelmaschen die Reihenfolge der Maschen so geändert, dass die zwei rechten und die zwei linken Maschen nebeneinander liegen.

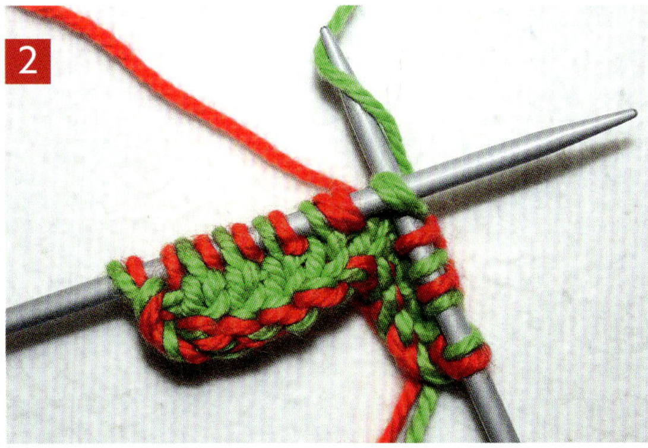


Die beiden rechten Maschen werden nun rechts in der zugehörigen Farbe zusammengestrickt. Dabei müssen beide Fäden hinter der linken Nadel liegen.

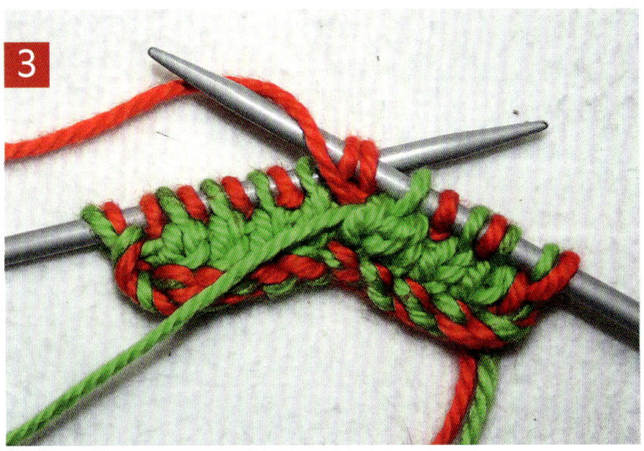


Die beiden linken Maschen werden links in der zweiten Farbe zusammengestrickt. Dabei müssen beide Fäden vor der linken Nadel liegen.
Nun hat man wieder eine Doppelmasche aus einer rechten und einer linken Masche in der abwechselnden Farbe.

## Zunehmen in der Double-Face-Technik

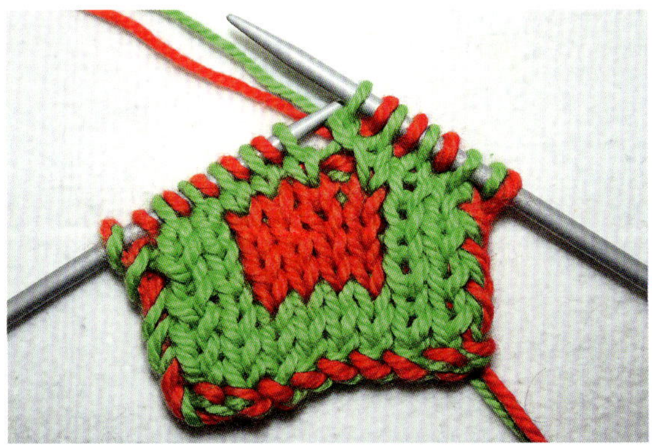

Für das Zunehmen einer Doppelmasche wird eine rechte Masche aus dem Querfaden der Vorderseite rechts verschränkt herausgestrickt. Eine linke Masche wird entsprechend links verschränkt aus dem Querfaden der hinteren Seite herausgestrickt, wie im Grundkurs Stricken (Seite 165) beschrieben. Die Fäden müssen auch hierbei jeweils vor bzw. hinter der linken Nadel liegen.

## Das Abketten

Beim Abketten werden die jeweiligen Doppelmaschen mit beiden Fäden zu einer Masche zusammengestrickt und dann ganz normal abgekettet, wie im Grundkurs Stricken (Seite 170) beschrieben.

## Das Zählmuster lesen

Wenn das Double-Face-Zählmuster alle Maschen zeigen würde, die gestrickt werden, sähe es aus wie das untere Zählmuster. Das Motiv ist dann aber kaum noch zu erkennen.

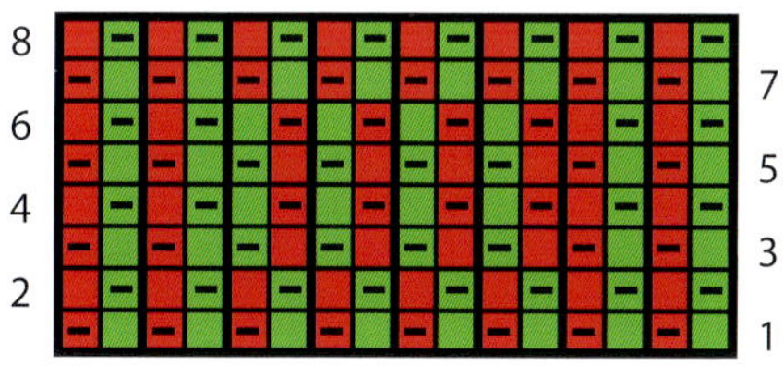


□ = 1 M re ⊟ = 1 M li

Die dickeren senkrechten Linien trennen jeweils die Doppelmaschen.

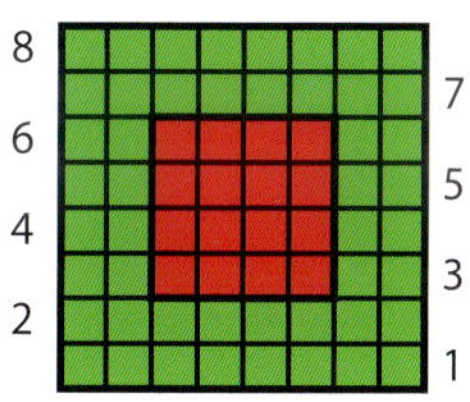


Darum zeigt das Zählmuster immer nur die rechten Maschen der Vorderseite und damit nur die Hälfte der Maschen, wie im Zählmuster oben gezeigt.
Beim Lesen muss man also bedenken: Stehen in der Hinreihe die grünen Kästchen für Farbe A und die roten Kästchen für Farbe B beim Stricken der rechten Maschen, so ist es in der Rückreihe umgekehrt. Hier stehen die grünen Kästchen für Farbe B und die roten Kästchen für Farbe A.

Will man die Anzahl der Maschen im Zählmuster mit denen des Strickstücks vergleichen, so zählt man nur die rechten Maschen oder die Doppelmaschen auf der Nadel.

## Die Leserichtung

Die Reihenzahl steht für die ungeraden Reihen jeweils rechts und für die geraden Reihen links vom Zählmuster. Gelesen werden die ungeraden Reihen von rechts, die geraden Reihen von links.
Bei den Zählmustern für die rund gestrickten Modelle stehen die Reihenangaben nur rechts. Gelesen werden diese Zählmuster immer von rechts.

## Die Maschenprobe

Maschenproben werden immer in der Double-Face-Technik gestrickt. Man wählt die Nadeln etwa eine Stärke dünner als auf der Banderole angegeben, damit die Maschen nicht zu locker werden.

Tipp: Um sich die Technik anzueignen, kann man zunächst ein einfaches Motiv stricken, z. B. ein Quadrat, wie im Zählmuster links gezeigt. So findet man schnell in diese Strickart hinein.

Die Double-Face-Technik ist viel leichter, als sie auf den ersten Blick erscheint. Mit ein wenig Übung wird das Prinzip schnell klar und es macht viel Spaß, die Motive Reihe für Reihe entstehen zu sehen.

# Käfermuster

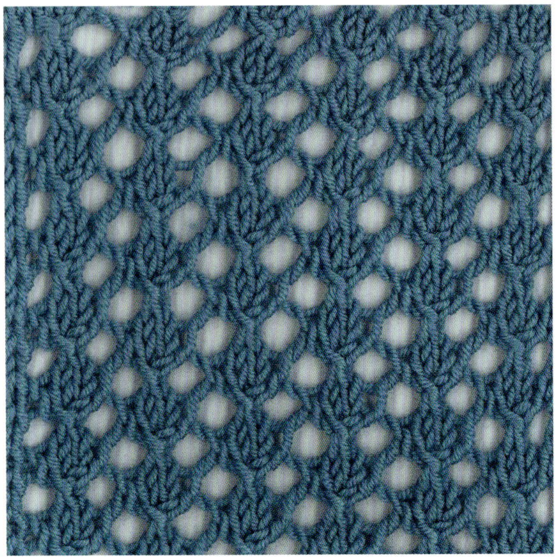

## STRICKEN NACH STRICKSCHRIFT

In der Strickschrift sind die Hinreihen notiert.

In den HinR mit der RandM und der M vor dem rechten Pfeil beginnen, den Rapport von 6 M zwischen den Pfeilen stets wiederholen und mit der M und der RandM nach dem linken Pfeil enden.
In den RückR alle M zwischen den RandM links stricken.

Die 1.–4. Reihe stets wiederholen.

Schwierigkeitsgrad mittel
Kategorie glatt rechts gefülltes Filetmuster

Maschenzahl teilbar durch 6 + 2 + 2 Randmaschen.

## STRICKEN NACH MUSTERBESCHREIBUNG

**1. Reihe (Hinreihe):** RandM, 1 M rechts, * 3 M rechts, 1 Umschlag, 1 doppelter Überzug, 1 Umschlag; ab * stets wiederholen, 1 M rechts, RandM.
**2. Reihe (Rückreihe) und alle folgenden Rückreihen:** RandM, alle M links, RandM.
**3. Reihe:** RandM, 1 M rechts, * 1 Umschlag, 1 doppelter Überzug, 1 Umschlag, 3 M rechts; ab * stets wiederholen, 1 M rechts, RandM.

Die 1.–4. Reihe stets wiederholen.

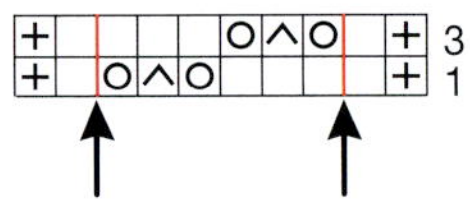


**Zeichenerklärung**

△ = 1 doppelter Überzug
○ = 1 Umschlag
□ = 1 Masche rechts
⊞ = Randmasche

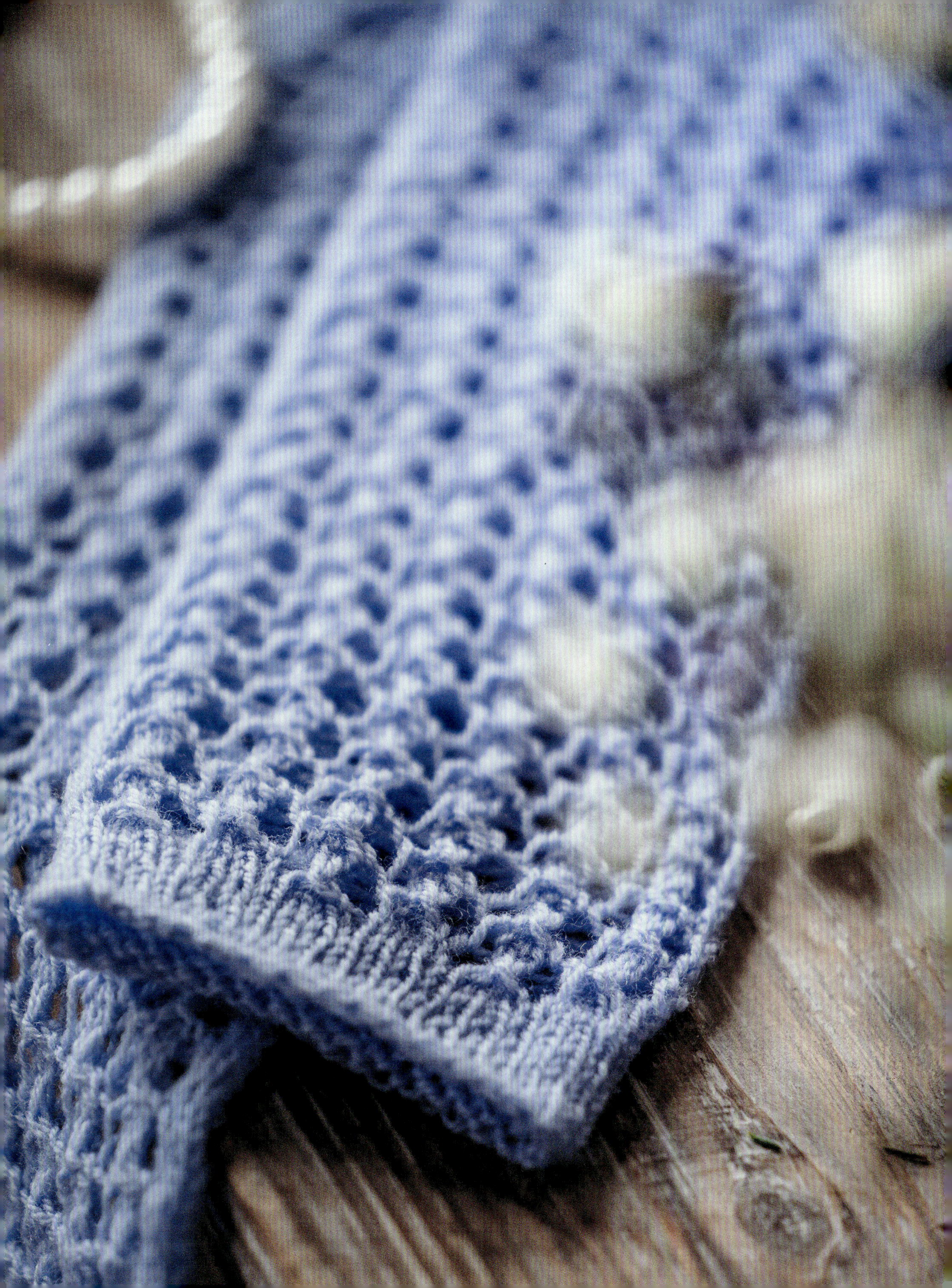

# Zweifarbiges Vollpatent

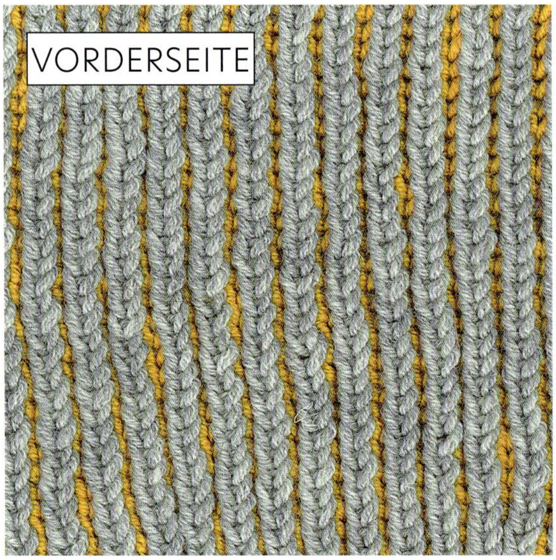


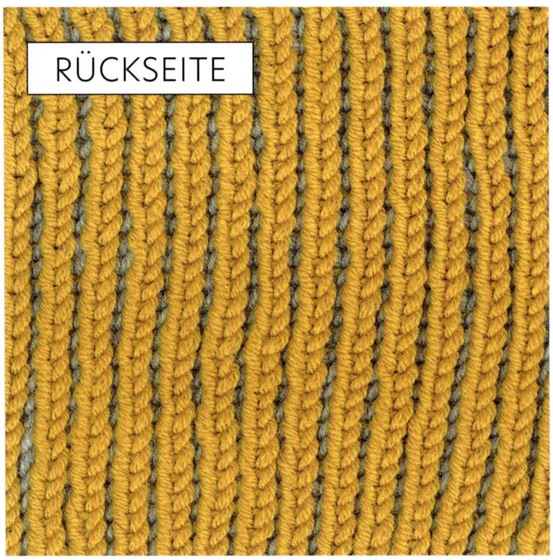


Schwierigkeitsgrad mittel
Kategorie Grundmuster

Maschenzahl teilbar durch 2 + 1 + 2 Randmachen; in Runden teilbar durch 2.

**Vorbemerkungen:**
Dieses Muster kann in Hin- und Rückreihen nur mit einer Rundstricknadel gestrickt werden, denn es werden abwechselnd jeweils 2 Hin- und 2 Rückreihen nacheinander gestrickt: Nach der 1. Hinreihe nicht wenden, sondern die Maschen an das andere Ende der Rundstricknadel schieben und mit der nächsten Farbe eine weitere Hinreihe stricken. Dann erst wenden und auf gleiche Weise 2 Rückreihen nacheinander stricken. Die Farben wechseln sich dabei nach Streifenfolge in jeder Reihe ab.
Jede Reihe oder Runde wird mit nur einer Farbe gestrickt. Senkrechte Farbstreifen entstehen dabei durch abgehobene Maschen. Vorder- und Rückseite unterscheiden sich. Die in der 1. Hin- bzw. Rückreihe verwendete Farbe liegt auf der durch die Hinreihen bestimmte Vorderseite als rechte Patentmasche obenauf. Beide Seiten eignen sich als Musterseite.

**Randmaschen:**
Die 1. M jeder R abheben (Faden hinten), die letzte M rechts stricken.

**STRICKEN NACH MUSTERBESCHREIBUNG**
Auf Hin- und Rückreihen achten! Das Muster wird zum Stricken in Reihen und in Runden beschrieben.

Zweifarbiges Patent in Reihen:
**1. Reihe (Hinreihe, Farbe A):** RandM, * 1 M mit Umschlag abheben, 1 M rechts; ab * stets wiederholen, 1 M mit Umschlag abheben, RandM.
**1. Reihe (Hinreihe, Farbe B):** RandM, * 1 M mit dem Umschlag links zusammen, 1 M mit Umschlag abheben; ab * stets wieder-

holen, 1 M mit dem Umschlag links zusammen, RandM.
**2. Reihe (Rückreihe, A):** RandM, 1 M mit Umschlag abheben, * 1 M mit dem Umschlag links zusammen, 1 M mit Umschlag abheben; ab * stets wiederholen, RandM.
**2. Reihe (Rückreihe, B):** RandM, 1 M mit dem Umschlag rechts zusammen, * 1 M mit Umschlag abheben, 1 M mit dem Umschlag rechts zusammen; ab * stets wiederholen, RandM.
**3. Reihe (Hinreihe, A):** RandM, * 1 M mit Umschlag abheben, 1 M mit dem Umschlag rechts zusammen; ab * stets wiederholen, 1 M mit Umschlag abheben, RandM.
**3. Reihe (Hinreihe, B):** RandM, * 1 M mit dem Umschlag links zusammen, 1 M mit Umschlag abheben; ab * stets wiederholen, 1 M mit dem Umschlag links zusammen, RandM.

1x die 1.-3. Reihe arbeiten, dann die 2.-3. Reihe stets wiederholen.

## Zweifarbiges Patent in Runden:

**1. Runde (Farbe A):** * 1 M mit Umschlag abheben, 1 M rechts; ab * stets wiederholen.
**2. Runde (Farbe B):** * 1 M mit dem Umschlag links zusammen, 1 M mit Umschlag abheben; ab * stets wiederholen.
**3. Runde (Farbe A):** * 1 M mit Umschlag abheben, 1 M mit dem Umschlag rechts zusammen; ab * stets wiederholen.

1x die 1.-3. Runde arbeiten, dann die 2.-3. Runde stets wiederholen.

## STRICKEN NACH STRICKSCHRIFT

Für das zweifarbige Vollpatent in Reihen sind in der Strickschrift alle Hin- und Rückreihen des Höhenrapportes notiert. Der Buchstabe hinter der Reihenziffer zeigt die Farbe an, in der die Reihe gearbeitet wird. Die Maschen sind so bezeichnet, wie sie gestrickt werden.
In den Hinreihen mit der RandM vor dem rechten Pfeil beginnen, den Rapport von 2 M zwischen den Pfeilen stets wiederholen und mit der M und der RandM nach dem linken Pfeil enden.
In den Rückreihen die Strickschrift entsprechend von links nach rechts lesen.
1x die 1.-3. Reihe arbeiten, dann die 2.-3. Reihe stets wiederholen.

Für das zweifarbige Vollpatent in Runden sind in der Strickschrift alle Runden des Höhenrapportes notiert. Der Buchstabe hinter der Reihenziffer zeigt die Farbe an, in der die Runde gearbeitet wird.

In jeder Rd den Rapport von 2 M zwischen den Pfeilen stets wiederholen.

1x die 1.-3. Runde arbeiten, dann die 2.-3. Runde stets wiederholen.

## Streifenfolge:

In Reihen * 1 HinR Farbe A, 1 HinR Farbe B, 1 RückR Farbe A, 1 RückR Farbe B; ab * stets wiederholen.
In Runden * 1 Rd Farbe A, 1 Rd Farbe B; ab * stets wiederholen.

Für die hier abgebildete Farbvariante wurde Hellgrau als Farbe A und Curry als Farbe B gewählt.

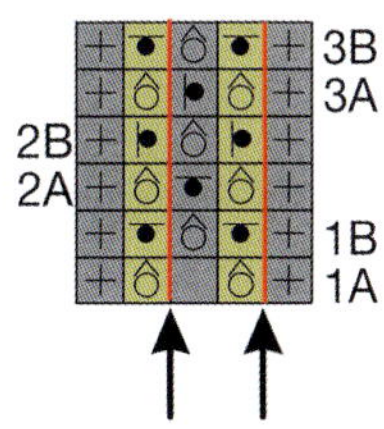


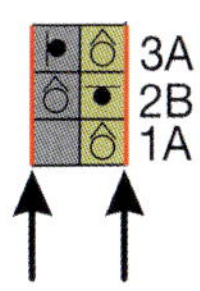


**Zeichenerklärung**

[+] = Randmasche (die 1. Masche jeder Reihe abheben, die letzte Masche jeder Reihe rechts stricken)
[ ] = 1 Masche rechts
[Umschlag] = 1 Masche mit 1 Umschlag abheben
[•] = 1 Masche mit dem Umschlag rechts zusammenstricken
[•] = 1 Masche mit dem Umschlag links zusammenstricken

# Raupenmuster

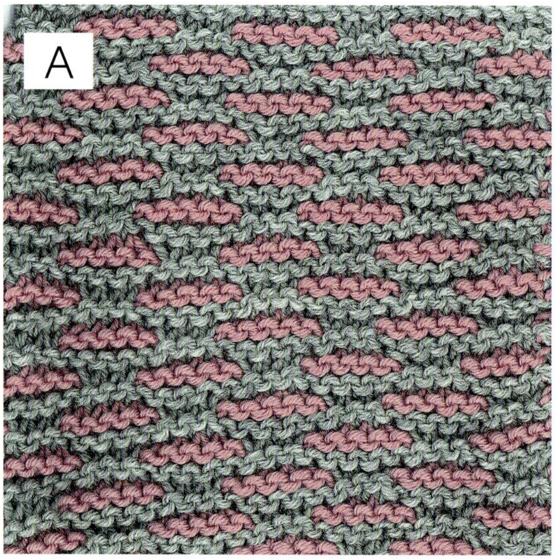


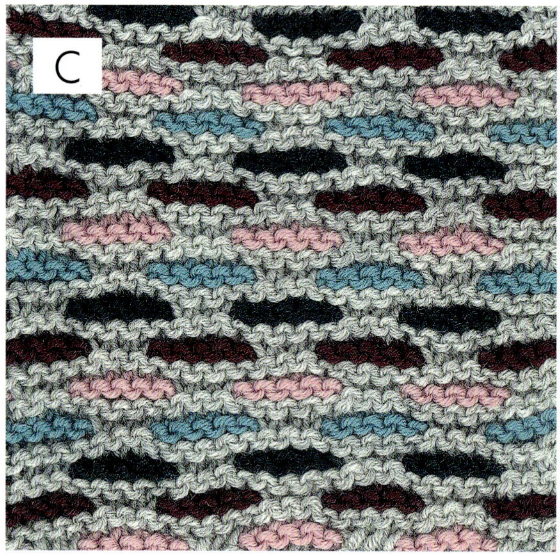


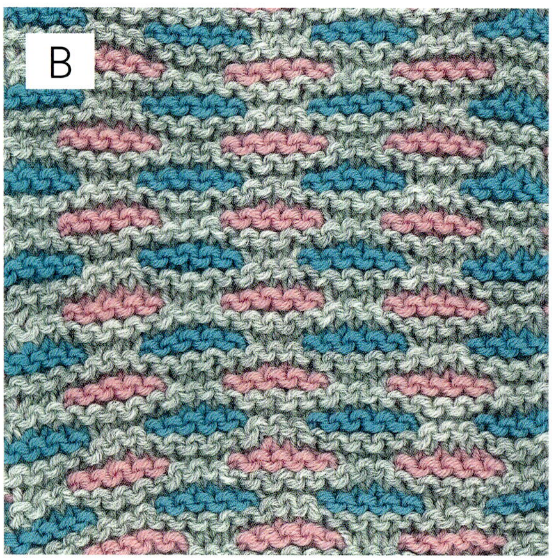


Schwierigkeitsgrad einfach
Kategorie kraus rechts gestrickte Hebemaschenmuster

Maschenzahl teilbar durch 8 + 7 + 2 Randmaschen.

## STRICKEN NACH MUSTERBESCHREIBUNG

**1. Reihe (Rückreihe, Farbe A):** RandM, alle M rechts stricken, RandM.
**2. Reihe (Hinreihe, Farbe B):** RandM, 2 M rechts, * 3 M abheben (Faden hinten), 5 M rechts, ab * stets wiederholen, 3 M abheben (Faden hinten), 2 M rechts, RandM.
**3. Reihe (Rückreihe, Farbe B):** RandM, 2 M rechts, * 3 M abheben (Faden vone), 5 M rechts, ab * stets wiederholen, 3 M abheben (Faden vorne), 2 M rechts, RandM.
**4. Reihe (A):** RandM, alle M rechts stricken, RandM.
**5. Reihe (A):** RandM, alle M rechts stricken, RandM.
**6. Reihe (B):** RandM, 2 M rechts, * 4 M rechts, 3 M abheben (Faden hinten), 1 M rechts, ab * stets wiederholen, 5 M rechts, RandM.
**7. Reihe (B):** RandM, 2 M rechts, * 4 M rechts, 3 M abheben (Faden vorne), 1 M rechts, ab * stets wiederholen, 5 M rechts, RandM.
**8. und 9. Reihe (A):** RandM, alle M rechts stricken, RandM.

Einmal die 1.-9. Reihe arbeiten, dann die 2.-9. Reihe stets wiederholen.

## STRICKEN NACH STRICKSCHRIFT

In der Strickschrift sind alle Hin- und Rückreihen des Höhenrapportes notiert. Die Maschen sind so bezeichnet, wie sie gestrickt werden. In Hin- und Rückreihen rechts gestrickte Maschen ergeben also ein kraus rechts gestricktes Maschenbild.
In den HinR mit der RandM und den 2 M vor dem rechten Pfeil beginnen, den Rapport von 8 M zwischen den Pfeilen stets wiederholen und mit den 5 M und der RandM nach dem linken Pfeil enden.
In allen Rückreihen die Strickschrift entsprechend von links nach rechts lesen. Dabei die Streifenfolge beachten. Einmal die 1. - 9. R arbeiten, dann die 2. - 9. R stets wiederholen. Die 1. R ist dabei eine Rückreihe.

Streifenfolge 1 (zweifarbig):
1 R Farbe A, * 2 R Farbe B, 2 R Farbe A, ab * stets wiederholen.

Streifenfolge 2 (dreifarbig):
1 R Farbe A, * 2 R Farbe B, 2 R Farbe A, 2 R Farbe C, 2 R Farbe A, ab * stets wiederholen.

Streifenfolge 3 (fünffarbig):
1 R Farbe A, * 2 R Farbe B, 2 R Farbe A, 2 R Farbe C, 2 R Farbe A, 2 R Farbe D, 2 R Farbe A, 2 R Farbe E, 2 R Farbe A, ab * stets wiederholen.

### Die hier abgebildeten Farbvarianten wurden wie folgt gestrickt:

**Farbvariante A:** 1 R Hellgrau, * 2 R Rosa, 2 R Hellgrau, ab * stets wiederholen.
**Farbvariante B:** 1 R Hellgrau, * 2 R Rosa, 2 R Hellgrau, 2 R Petrol, 2 R Hellgrau, ab * stets wiederholen.
**Farbvariante C:** 1 R Hellgrau, * 2 R Rosa, 2 R Hellgrau, 2 R Rot, 2 R Hellgrau, 2 R Dunkelgrün, 2 R Hellgrau, 2 R Petrol, 2 R Hellgrau, ab * stets wiederholen.

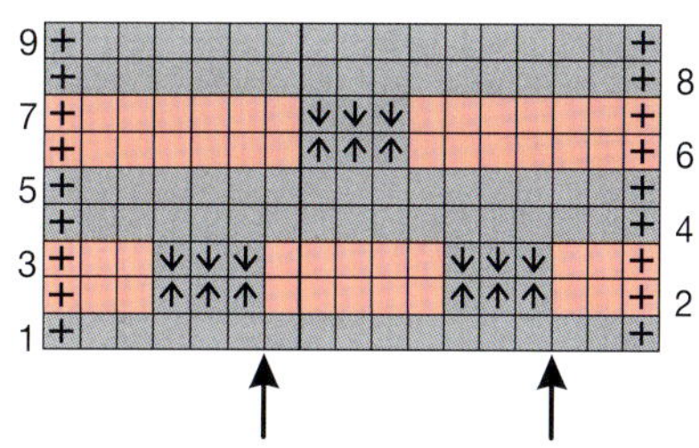


**Zeichenerklärung**

- + = Randmasche
- □ = 1 Masche rechts
- − = 1 Masche links
- ↑ = 1 Masche abheben (Faden hinten)
- ↓ = 1 Masche abheben (Faden vorne)

# Autorinnen

Britta Hölgert: Sandra Knüfping: S. 8-13
Birgit Rath-Israel: S. 14-15, S. 68-69, S. 134-137
Susanne Schaadt: S. 16-23
Ines Kollwitz: S. 32-35
Veronika Hug, Silvia Jäger: S. 24-31,
Veronika Hug und Marion Reinfels: S. 36-44
Babette Ulmer: S. 46-65, S. 70-77, S. 78-129, S. 138-145, S. 148-151, S. 158-161
Claudia Laermann: S. 152-157

# Bildnachweis

Florian Bilger Fotodesign: S. 14-15, S. 24-31, S. 46-65; S. 68-69, S. 78-129, S. 134-137, S. 138-145; S. 158-161
Florian Bilger Fotodesign und Anna Munz: S. 36-44
Nicolas Olonetzky: S. 8-13
Michael Löffler Photodesign: S. 16-23
Anne Schulz: S. 32-35, S. 70-77, S. 148-151, S. 152-157, S. 176-181
Susanne Schaadt: S. 172-175,

Shutterstock: S. 171 Demetrio Zimino;
Aufmacher-Illustrationen: S. 4-5, S. 66-67 TairA; S. 7-8 Luria; S. 132-133, S. 146-147 ami mataraj

# Ebenfalls erhältlich ...

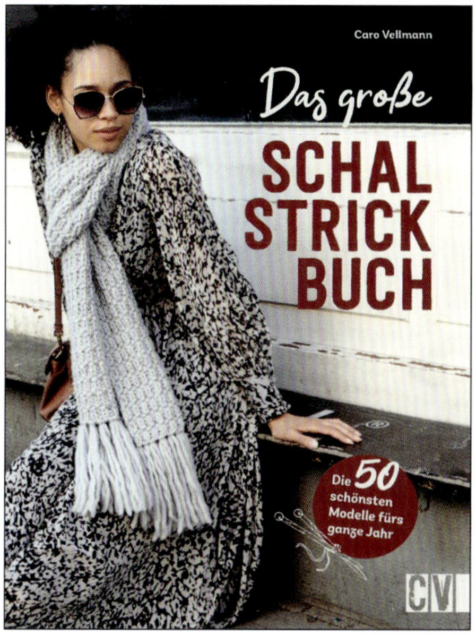


ISBN 978-3-8410-6729-6

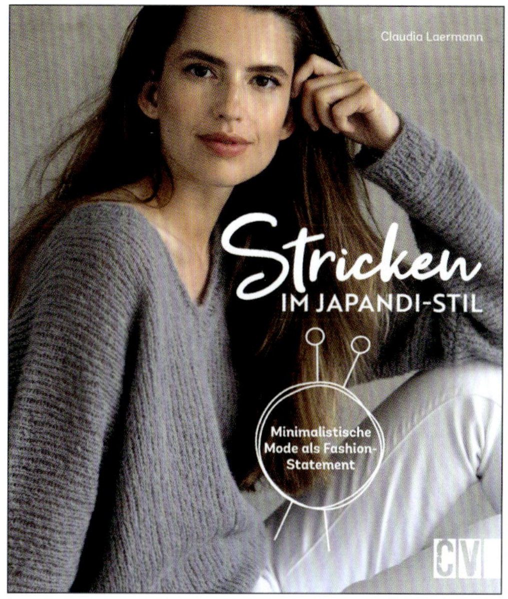


ISBN 978-3-8410-6679-4

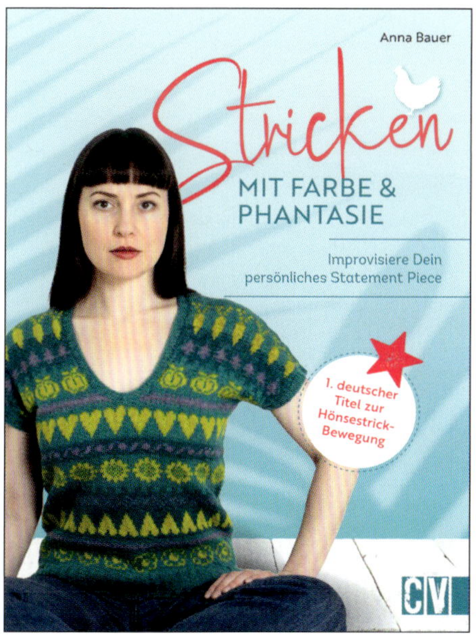


ISBN 978-3-8410-6648-0

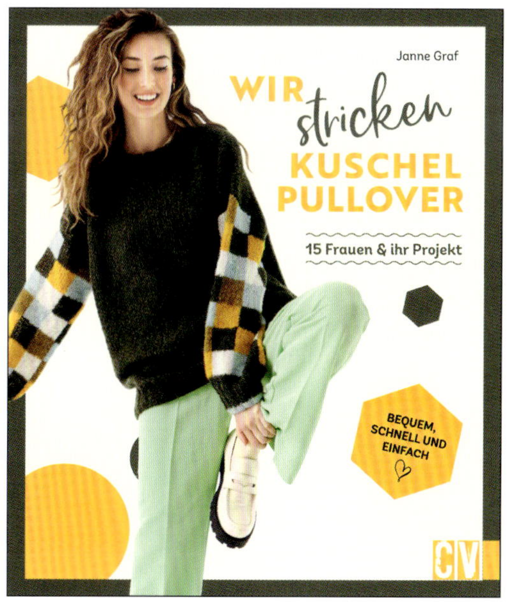


ISBN 978-3-8410-6726-5

CV
www.christophorus-verlag.de

# Impressum

Projektmanagement: Johanna von Pechmann
Lektorat: Dr. Stefanie Gronau
Korrektorat: Mareike Weber
Umschlaggestaltung: Louise Lemke
Satz: satz & repro Grieb, München
Repro: LUDWIG:media
Herstellung: Kathleen Baumann

Printed in Turkey by Elma Basim

★★★★★

Sind Sie mit diesem Titel zufrieden? Dann würden wir uns über Ihre Weiterempfehlung freuen. Erzählen Sie es im Freundeskreis, berichten Sie Ihrem Buchhändler oder bewerten Sie beim Onlinekauf. Und wenn Sie Kritik, Korrekturen, Aktualisierungen haben, freuen wir uns über Ihre Nachricht an: Christian Verlag, Postfach 40 02 09, 80702 München oder per E-Mail an lektorat@verlagshaus.de.

Unser komplettes Programm finden Sie unter

www.christophorus-verlag.de



In diesem Buch wird aus Gründen der besseren Lesbarkeit das generische Maskulinum verwendet. Weibliche und anderweitige Geschlechteridentitäten werden dabei ausdrücklich mitgemeint, soweit es für die Aussage erforderlich ist.

Die Deutsche Nationalbibliothek verzeichnet diese Publikation in der Deutschen Nationalbibliografie; detaillierte bibliografische Daten sind im Internet über http://dnb.de abrufbar.


Infanteriestraße 11a
80797 München



ISBN 978-3-8410-6730-2

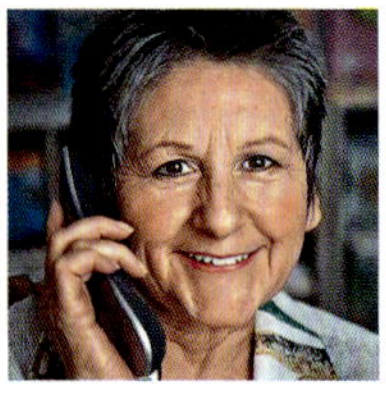

## Kreativ-Service

Sie haben Fragen zu den Büchern und Materialien? Frau Erika Noll ist für Sie da und berät Sie rund um alle Kreativthemen. Rufen Sie an! Wir interessieren uns auch für Ihre eigenen Ideen und Anregungen. Sie erreichen Frau Noll per E-Mail: kreativ-service@c-verlag.de oder Tel.: +49 (0) 89. 13 06 99-577.

Besuchen Sie uns im Internet: www.christophorus-verlag.de & selbstgemacht.de